AF567637

Accessoires & Schmuck in

Mikro-Makramee

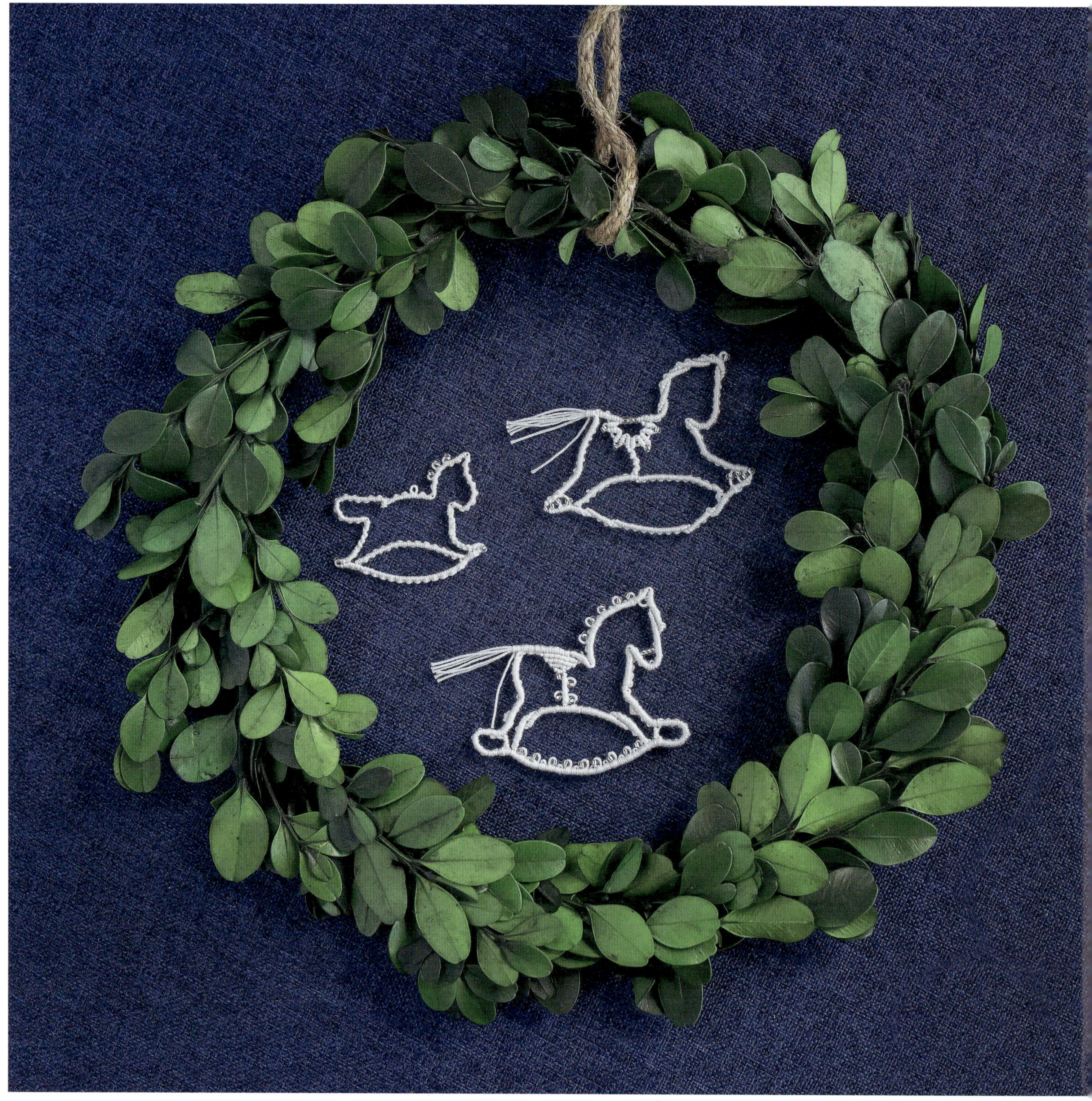

Heike Becker

Accessoires & Schmuck in

Mikro-Makramee

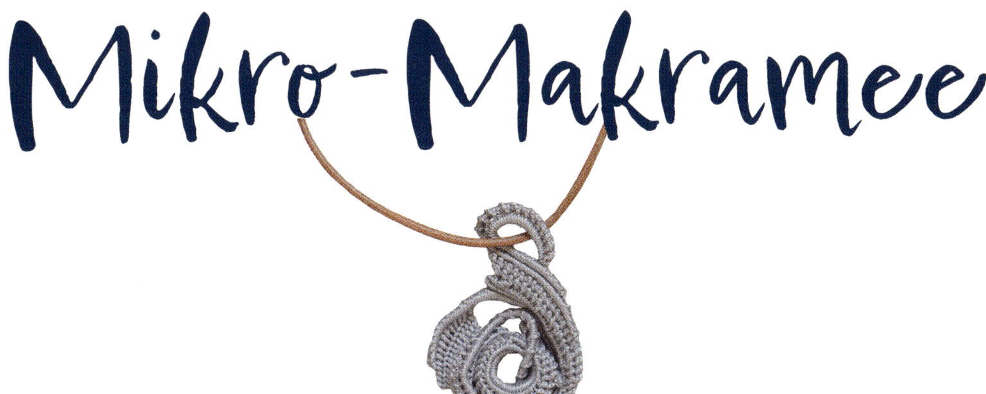

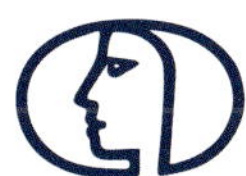

Trotz gewissenhafter Bearbeitung kann eine Haftung für den Inhalt nicht übernommen werden.
Für aktuelle Ergänzungen und Anregungen ist der Verlag jederzeit dankbar.
Wir bedanken uns bei allen, die uns unterstützt haben.

Gerichtsweg 28, 04103 Leipzig
Tel.: 0341 / 493574-0, Fax: 0341 / 493574-40
www.buchverlag-fuer-die-frau.de

Titelfotos: Sandra Neuhaus, Leipzig
Fotos: Sandra Neuhaus (S. 2–3, 11–12, 14, 16, 20, 23–24, 27–28, 30, 33, 36, 38, 42, 46, 50, 54, 58, 63, 70, 77), Heike Becker (S. 8, 13, 15, 17–19, 21–22, 24–37, 39–41, 43–45, 47–49, 51–53, 55–57, 59–62, 64–69, 71–76, 78–87)
Einband, Satz, Repro, Typografie: Amrei Serfling, Leipzig
Druck und Bindung: COULEURS Print & More GmbH
Printed in European Union

1. Auflage 2023
ISBN 978-3-89798-653-4

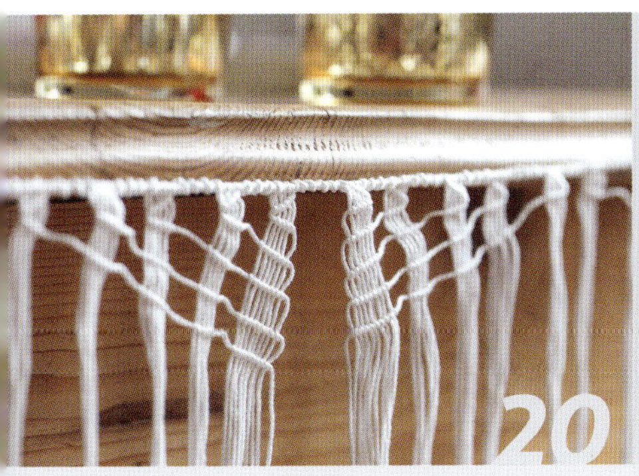
20
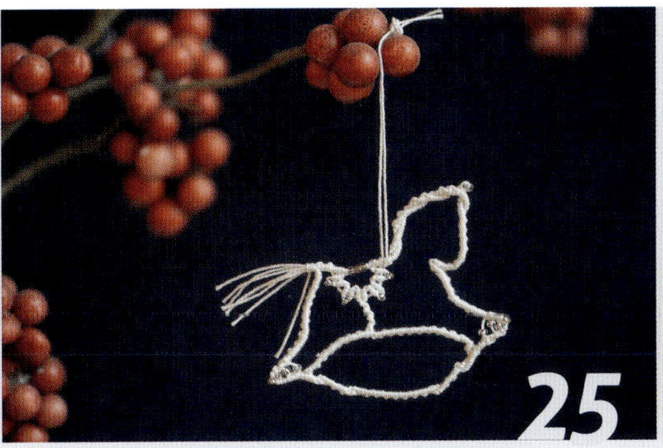
25
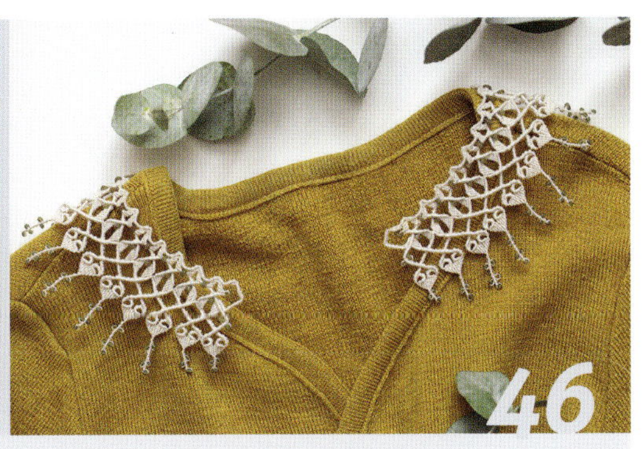
46

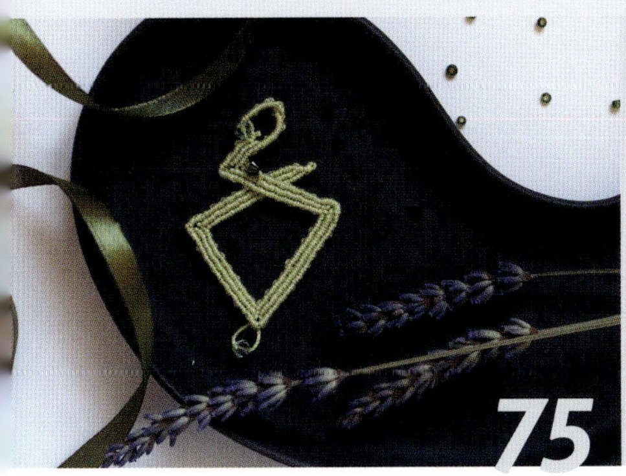
75
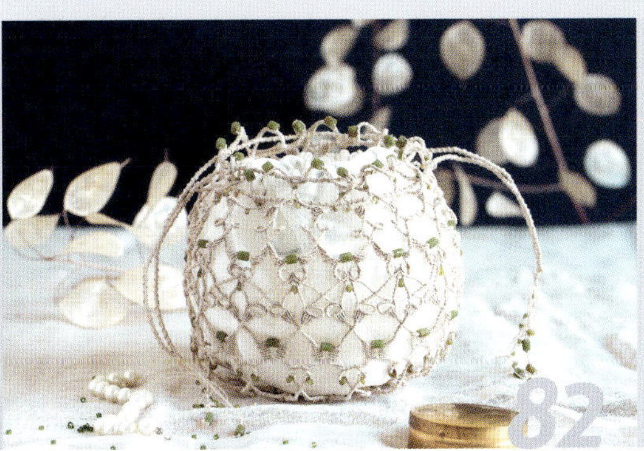
82
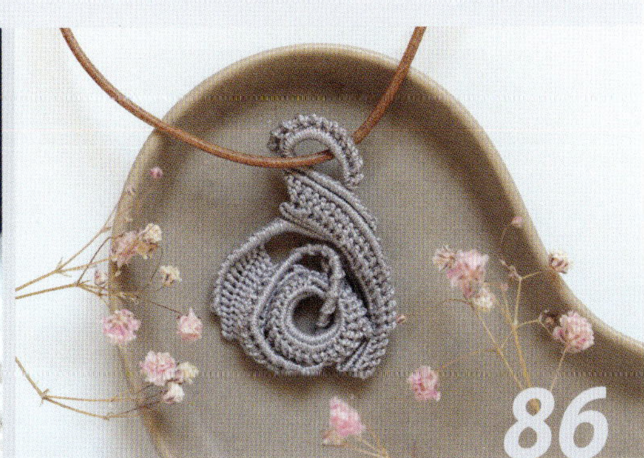
86

Einleitung

Die ***Makramee-Knüpftechnik*** gehört zu den ältesten Handarbeitstechniken, deren Ursprung in den unterschiedlichsten Kulturen zu finden ist. Dazu gehören die von den Assyrern verknüpften Fransen, die Knotenschrift der Altperuaner, altägyptische Teppichverzierungen, chinesische geknüpfte Botschaften, arabische und spanische Knüpfarbeiten.

Mikro-Makramee stammt aus Südamerika und wird von peruanischen Handwerkern für Schmuck, Halsketten und Armbänder verwendet. Es wird vor allem mit dem Rippenknoten und dem Weberknoten gefertigt. Verwendet wird widerstandsfähiges, schimmelresistentes, waschbares und gewachstes, 1 mm starkes, Polyestergarn.

Die ***Margaretenspitze*** wurde 1913 von Margarete Naumann kreiert und verwendet nur den Schling- bzw. Rippenknoten. Sie hat einige Besonderheiten, wie das Auflösen, Bündeln, ermöglicht formenreiches, kreatives und dreidimensionales Arbeiten.

Die Margaretenspitze ist eine zwischendurch lang vergessene Knüpftechnik. Angefertigt wird die Knüpfarbeit auf einer Unterlage, gut festgesteckt und mit fest verarbeiteten Fäden. Ohne Musterzeichnung oder Vorlagen ist diese Technik leicht erlernbar. Durch Bündelung oder Auflösung kann die Richtung geändert werden und strahlige Formen können in eine andere, eigene Laufrichtung führen. Der Beginn kann ein über eine Nadel geknüpfter Faden sein, auf den neue Fäden aufgeschoben werden oder ein ganzes Bündel, das von einem Faden umknüpft, nach und nach aufgelöst und in den verschiedensten Formen weiter geknüpft wird. Die Bündel und der sehr feste, dicht an dicht geknüpfte Rippenknoten geben der Arbeit einen festen Halt, so dass kein Stärken notwendig ist.

Die Anleitungen können von Anfängern in einfachen Schritten nachgeknüpft werden und steigern sich nach und nach in den Schwierigkeitsgraden. Zum Nachschlagen empfehlenswert sind auch alle Bücher zur Margaretenspitze beim BuchVerlag für die Frau und von Lotte Heinemann.

Materialien

- Knüpfplatte/ Klöppelkissen
- verschiedene Baumwollgarne und Kunstfasern in unterschiedlichen Farben und Stärken
- Perlen, Ringe, Gläser, Vasen, Töpfe
- Schere, Steck- und Stopfnadeln, Maßband, Häkelnadel

Knoten und Abkürzungen

Beginn: Anknüpfen, Aufschieben, Einhängen

Weberknoten = flacher Doppelknoten, Jagdtaschenknoten, Doppelkn., Flachknoten	**Wkn**
versetzter Weberknoten	**vers Wkn**
Flecht- oder Wellenknoten	**Wekn**
Schlingknoten	**Schlkn**
versetzter Schlingknoten	**vers Schlkn**
Rippenknoten	**Rkn**
Überhandknoten	**Ühkn**
Arbeitsfaden	**AF**
Leitfaden	**LF**
rechts	**re**
links	**li**

Grundregeln

Zu jedem Arbeitsbeginn und auch beim Knüpfen gilt die Regel: Immer erst mit dem AF **unter** dem LF oder dem Bündel **hindurch zur Gegenseite** wechseln, dabei auch die Hände wechseln!
Werden Fäden oder Bündel gekreuzt, gilt: **rechts über links** und in der oberen Regel weiterknüpfen! Ein Bündel kreuzen wir, indem unten die AF re. über li. gelegt werden und darüber die Bündel re. über li., so dass jedes Bündel seinen AF wieder verwendet.
Aufschieben eines neuen Fadens kann man als „Brezel in der Luft" oder an der Knüpfarbeit an einem festen Faden oder Bündel ausführen.
Auflösen – der letzte AF bleibt liegen und alle Fäden werden zu dieser Seite aufgelöst. Man nimmt einen gut auf dieser Seite liegenden Faden vom Bündel, knüpft um das Bündel einen Rkn. und legt ihn zur Seite. Diesen Vorgang wiederholen, bis nur noch 1 LF übrig ist.
Bündeln – das Gegenteil vom Auflösen! Alle einzeln liegenden Fäden werden zu einem Bündel geknüpft. Der 1. Faden wird als LF über alle anderen geführt, der 2. Faden knüpft auf den 1. Faden mit einem Rkn. und legt sich zum 1. Faden als LF dazu. Nun knüpft der 3. Faden über 2 Fäden, wieder dazulegen. So verfahren, bis alle Fäden sich im Bündel befinden.

Auflösen, Bündeln und auch das Knüpfen kann mit Mehrfachschlingknoten ausgeführt werden, das ist dann in den jeweiligen Beschreibungen zu finden. Dadurch erreicht man die Verlängerung einzelner Partien sowie einen gedrehten Effekt in der Knüpfarbeit!
Zum korrekten Knüpfen ist es wichtig, viele **Nadeln** zu stecken, die ich oft beim Fotografieren entfernen musste! Da die Festigkeit der Knüpfarbeit bei jedem Ausführenden unterschiedlich ist, möchte ich darauf hinweisen, dass man sich an den Fotos orientieren soll und manchmal kreativ die Anzahl der Knoten verändern kann!

Alle Modelle sind als Anregung gedacht und können in Farbe, Form und Materialien beliebig verändert werden.

Kleine Knotenkunde

1 Beginn: Einhängen
(2 Möglichkeiten)

2 Beginn: Doppelaufhängung
(zum Ausprobieren, nicht bei den Projekten im Buch)
Fäden gleich lang einhängen, d.h. die Mitte jeden Fadens einhängen, so dass beide Enden gleich lang sind

3 Beginn: Einknüpfen/ Aufschieben

3a Faden einknüpfen mit Rippenknoten
(Anknüpfen oder Aufschieben)

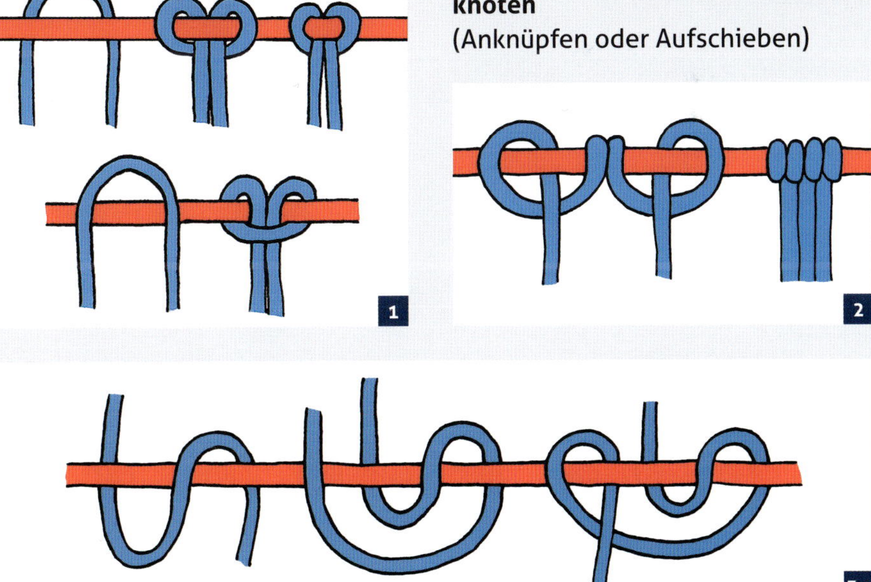

3b Brezel in der Luft und andere Anfänge

Meistens wird mittig begonnen, die Brezel kann auf einem oder mehreren Fäden in der Luft sowie am aufgesteckten Objekt ausgeführt werden. Alle Fäden zwischen Daumen und Zeigefinger der linken Hand festhalten, einen Faden zum Aufschieben nehmen. Alle anderen Fäden werden zwischen Ring- und Mittelfinger festgehalten. Es wird 2-mal ein großes „D" über das Bündel gelegt und der Faden durch den Bauch geholt. **[Bilder 3b-1–4]**

Alle Fäden mittig über einen Ring hängen und mit einem Weberknoten beginnen **[Bild 3b-5]**

Beginn mit einem Faden und einem Schlingknoten (bzw. Rippenknoten) **[Bilder 3b-6–7]**

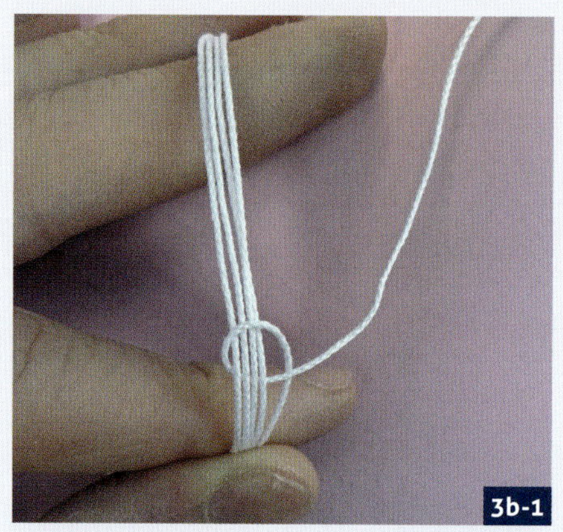
3b-1

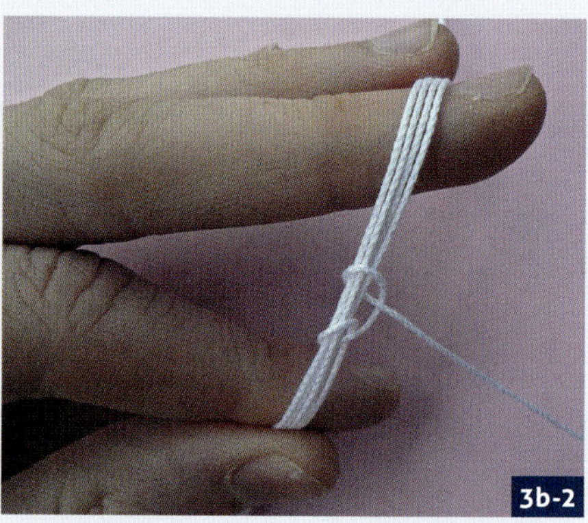
3b-2

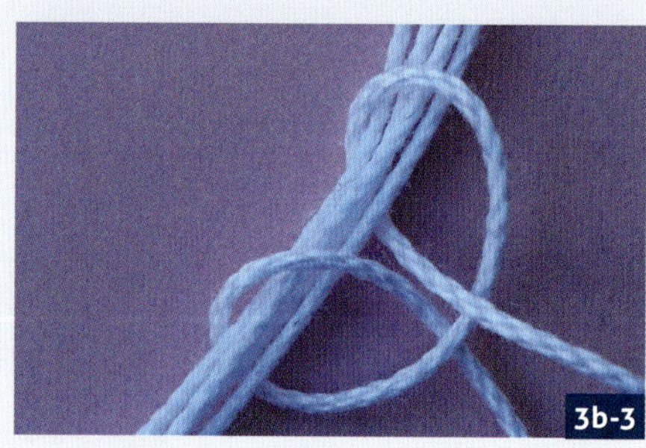
3b-3

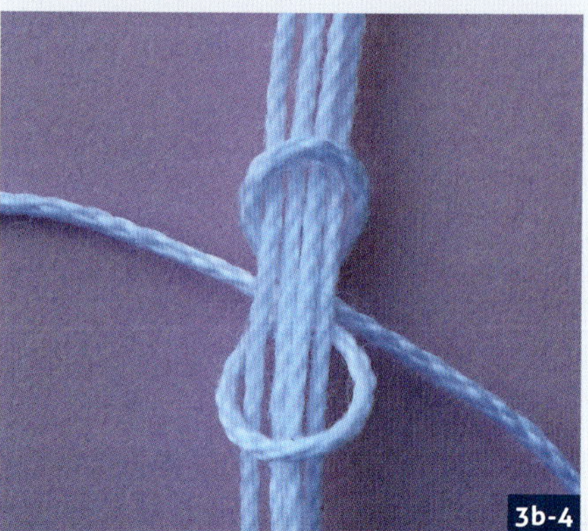
3b-4

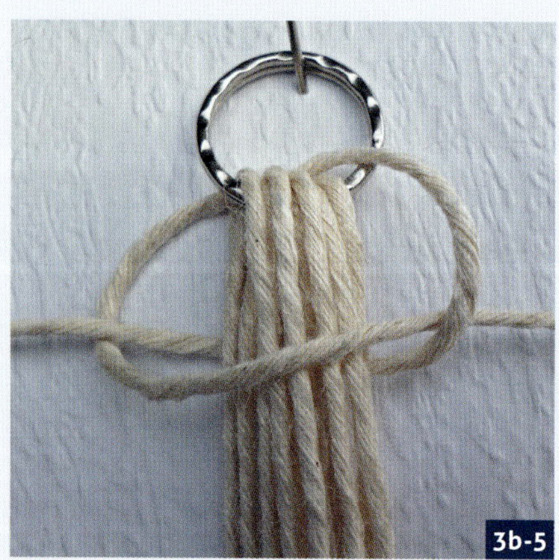
3b-5

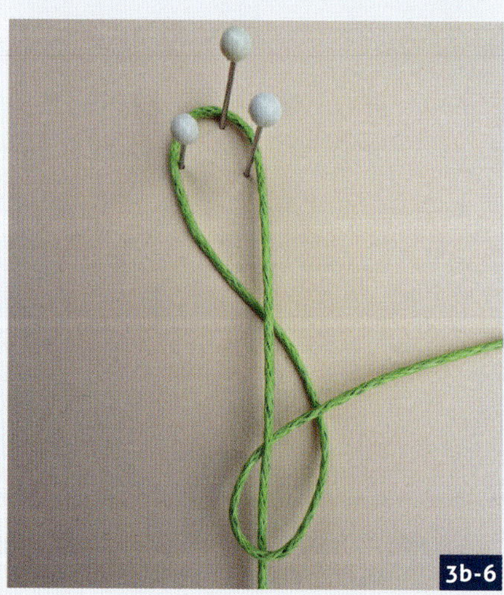
3b-6

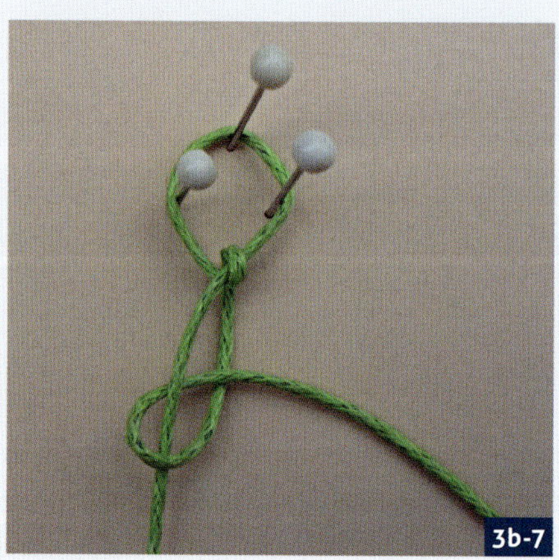
3b-7

4 Schlingknoten
Das ist der einfachste Knoten: Er ist ein Knoten über dem Leitfaden, der nach rechts oder links ausgeführt werden kann. Der Knoten dreht sich, wenn er immer mit derselben Hand geknüpft wird, es entsteht eine Spirale.

5 Kettknoten
Ein Kettknoten entsteht, wenn man Schlingknoten versetzt knüpft: einmal nach rechts und einmal nach links, dabei werden jeweils Arbeits- und Leitfaden vertauscht.

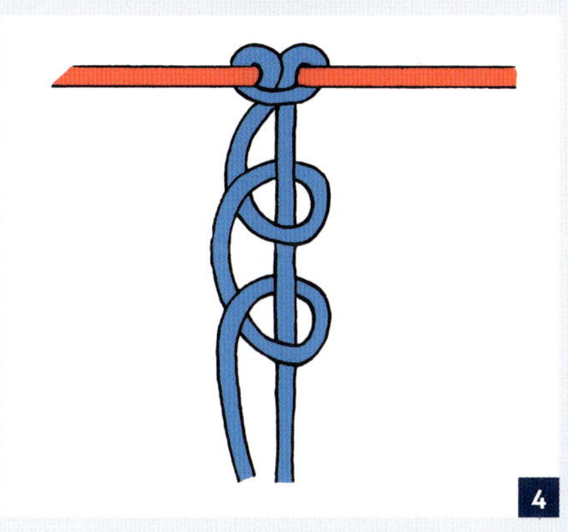
4

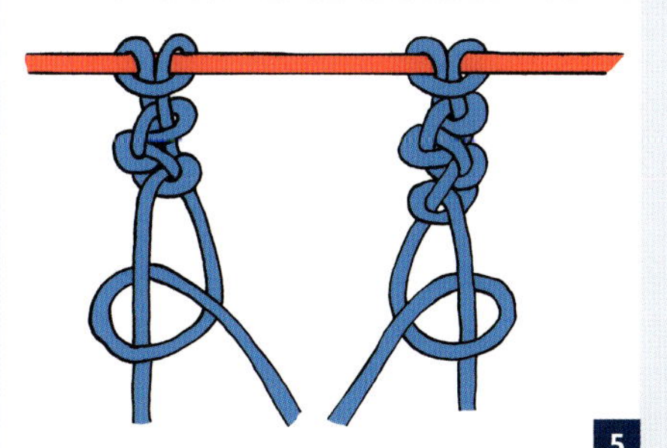
5

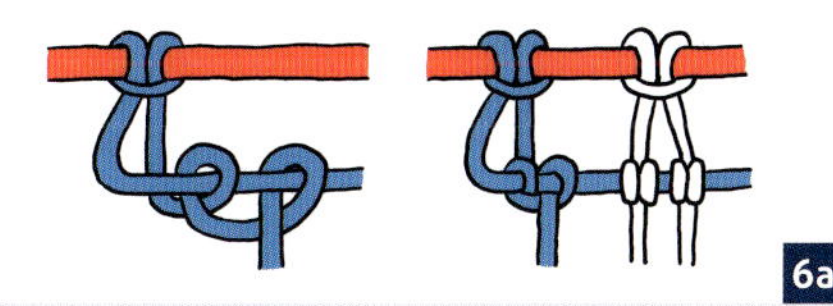
6a

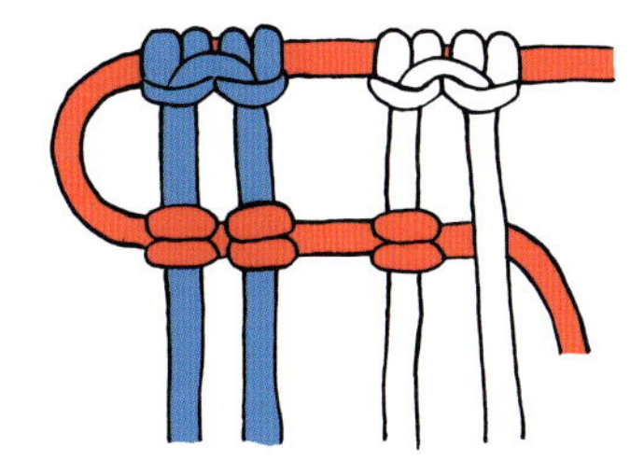
6b

6 Rippenknoten
2 Schlingknoten ergeben den Rippenknoten, den man strangförmig knüpfen kann. Ein gerades Band erhält man, wenn man über einen oder mehreren Leitfäden 2 Schlingknoten nach rechts und 2 Schlingknoten nach links knüpft. Mit mehreren Fäden kann flächig gearbeitet werden: Die Fäden können meist in einer Richtung mit waagerechten **[6a]**, senkrechten **[6b]** oder diagonalen Rippenknoten verknüpft werden.

7 Wellenknoten
Den Wellenknoten arbeite ich auch immer in derselben Richtung mit 2 Arbeitsfäden, die um zwei oder mehrere Fäden, je nach gewünschter Stärke des geknüpften Bandes, geknüpft werden.

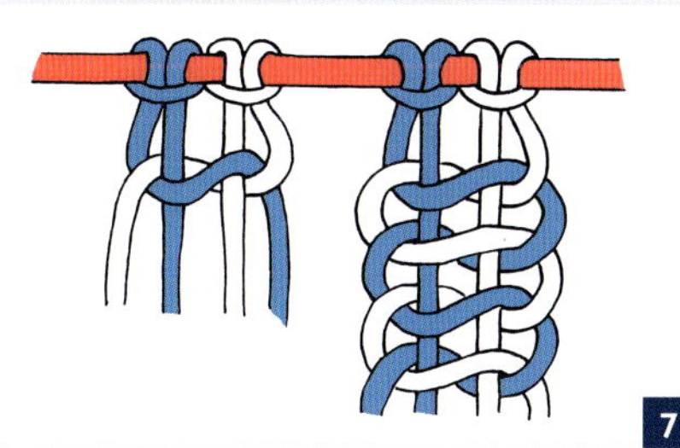
7

Der Wellenknoten ist der 1. Schritt des Weberknotens.

8 Weberknoten (Flachknoten)
Für diesen Knoten einmal von rechts und einmal von links beginnen und um den Leitfaden/die Leitfäden knüpfen. Um den Knoten festzuziehen und richtig zu platzieren, braucht man etwas mehr Übung.
Die Arbeitsfäden werden mit etwas Abstand verwendet, der gleichmäßig erscheinen sollte.

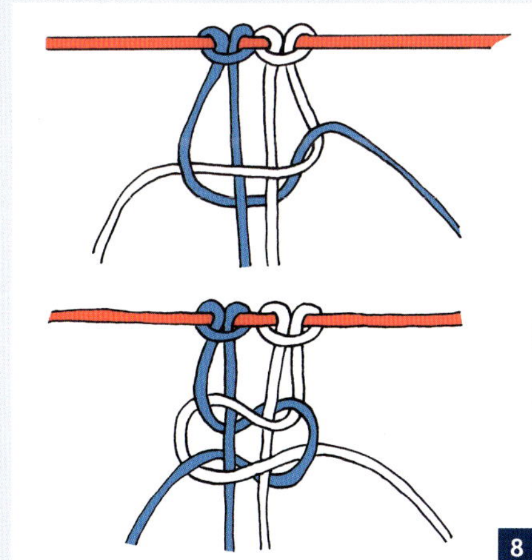
8

Wenn mehrere Fäden vorhanden sind (die Anzahl muss aber durch 4 teilbar sein), kann der Weberknoten versetzt werden: In der 2. Reihe wird von den Nachbarweberknoten in der Regel 1 Arbeitsfaden und 1 Leitfaden verwendet, wobei die Leitfäden zu Arbeitsfäden werden und je 2 äußere Fäden mit Abstand liegen bleiben. Sie werden in der nächsten Reihe wie in der 1. Reihe geknüpft.

9 Überhandknoten

Der Überhandknoten ist ebenfalls ein sehr einfacher Knoten, der die Arbeit beenden, das Aufsplissen des Fadens verhindern oder einen Punkt in die Knüpferei bringen kann.

Dafür zuerst eine Schlinge nach links auf den herunterhängenden Faden legen. Dann das Fadenende von hinten nach vorn durch diese Schlinge führen und den Knoten festziehen.

Tipp: Um den Knoten punktgenau zu setzen, am besten durch die noch offene Schlinge eine Nadel an diese Stelle setzen und den Knoten dann festziehen.

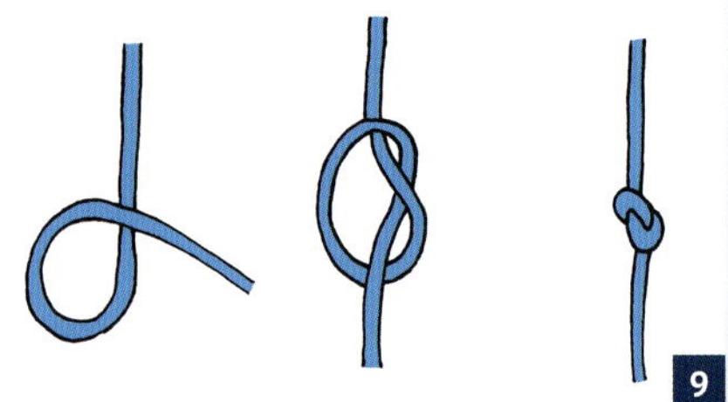
9

10 Kreuzknoten

Für einen Kreuzknoten braucht man 2 Fäden, die in Form einer „8" miteinander verschlungen werden: Beide Fäden über Kreuz legen (den linken über den rechten). Den rechten Faden von vorn nach hinten über den linken Faden führen und nach hinten durchziehen – wie bei einem normalen Knoten.

Dann den rechts liegenden linken Faden mit dem links liegenden rechten Faden kreuzen. Der linke Faden liegt dabei oben und wird von hinten nach vorn durch die Schlinge gezogen.

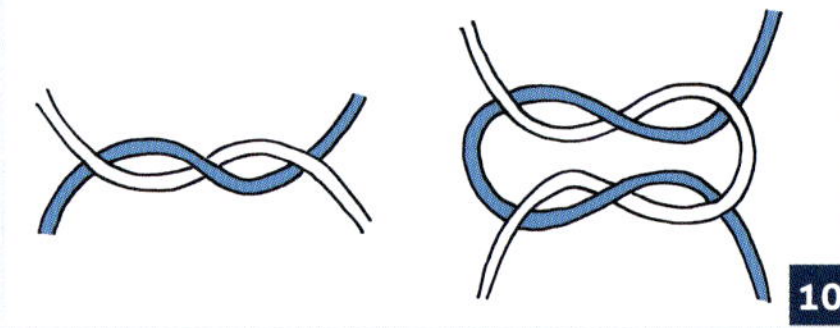
10

11 Blatt- oder Feigenknoten

Den Blatt- oder Feigenknoten verwende ich für größere Dekorationen, aber auch für Armbänder!

Man braucht vier Fäden, die zu Beginn und am Schluss mit einem Weberknoten verknüpft und zwischendurch einzeln durchgeschlungen werden.

12 Erbs- oder Perlknoten

Für den Erbs- oder Perlknoten werden 3 bis 5 Weberknoten aus 4 Fäden (2 Arbeits- und 2 Leitfäden) untereinander geknüpft, die Leitfäden werden nach hinten durchgezogen und am Ende mit einem Weberknoten befestigt.

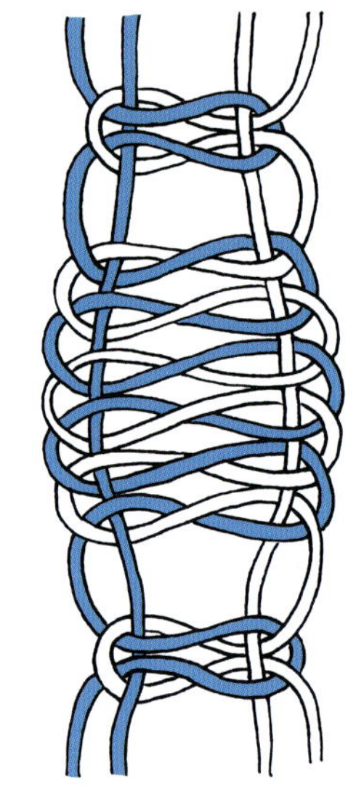
11

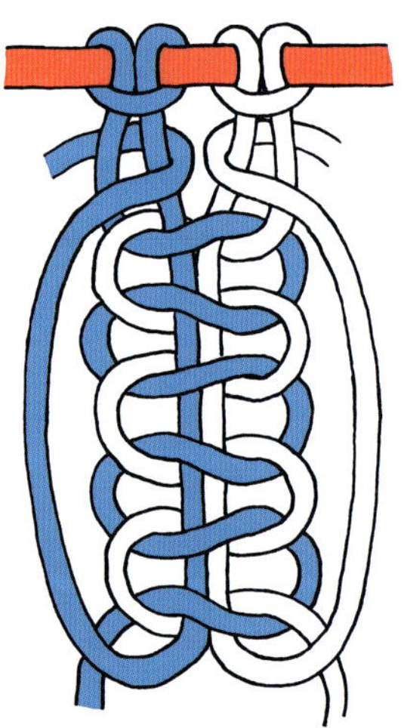
12

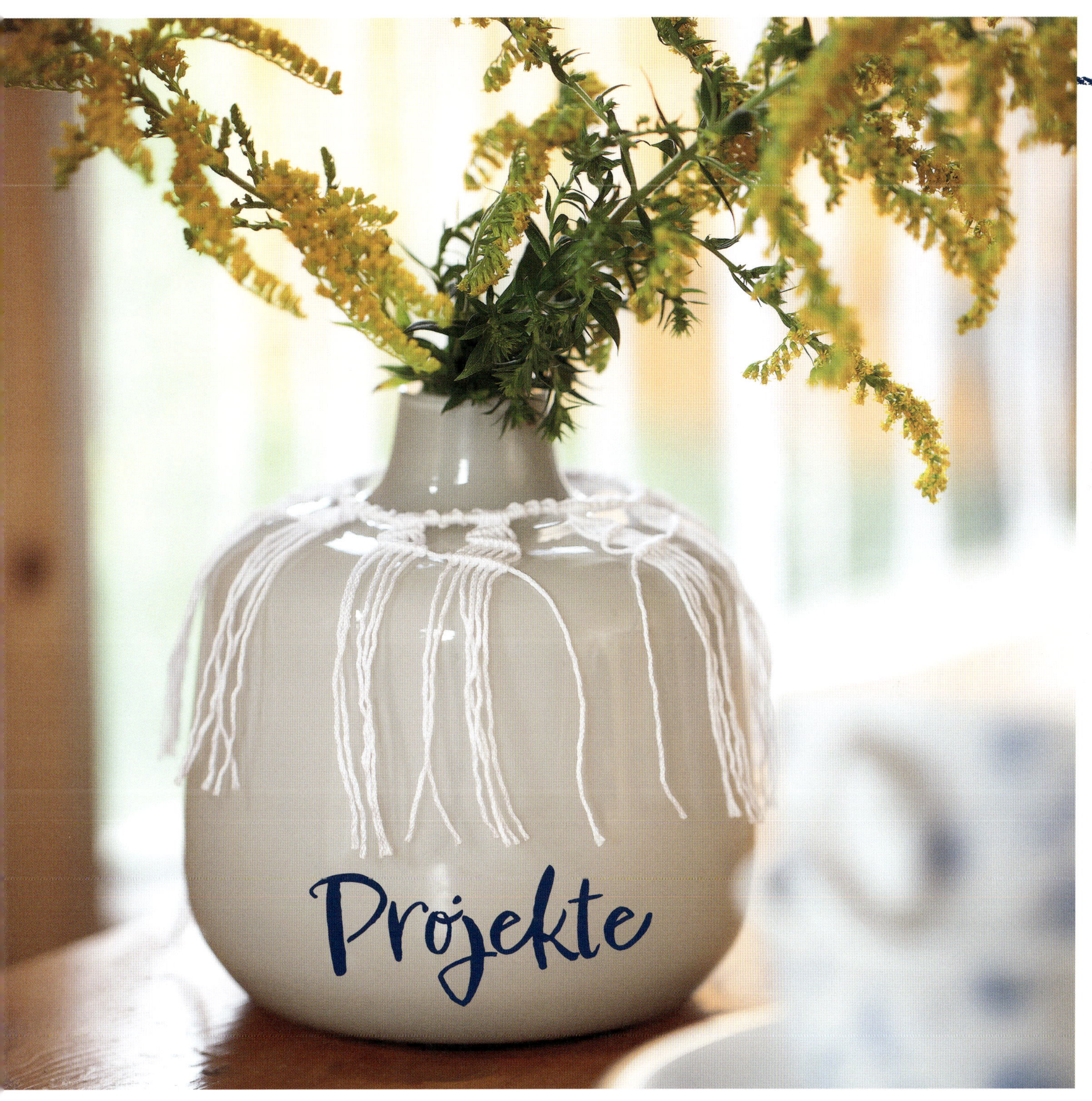

Projekte

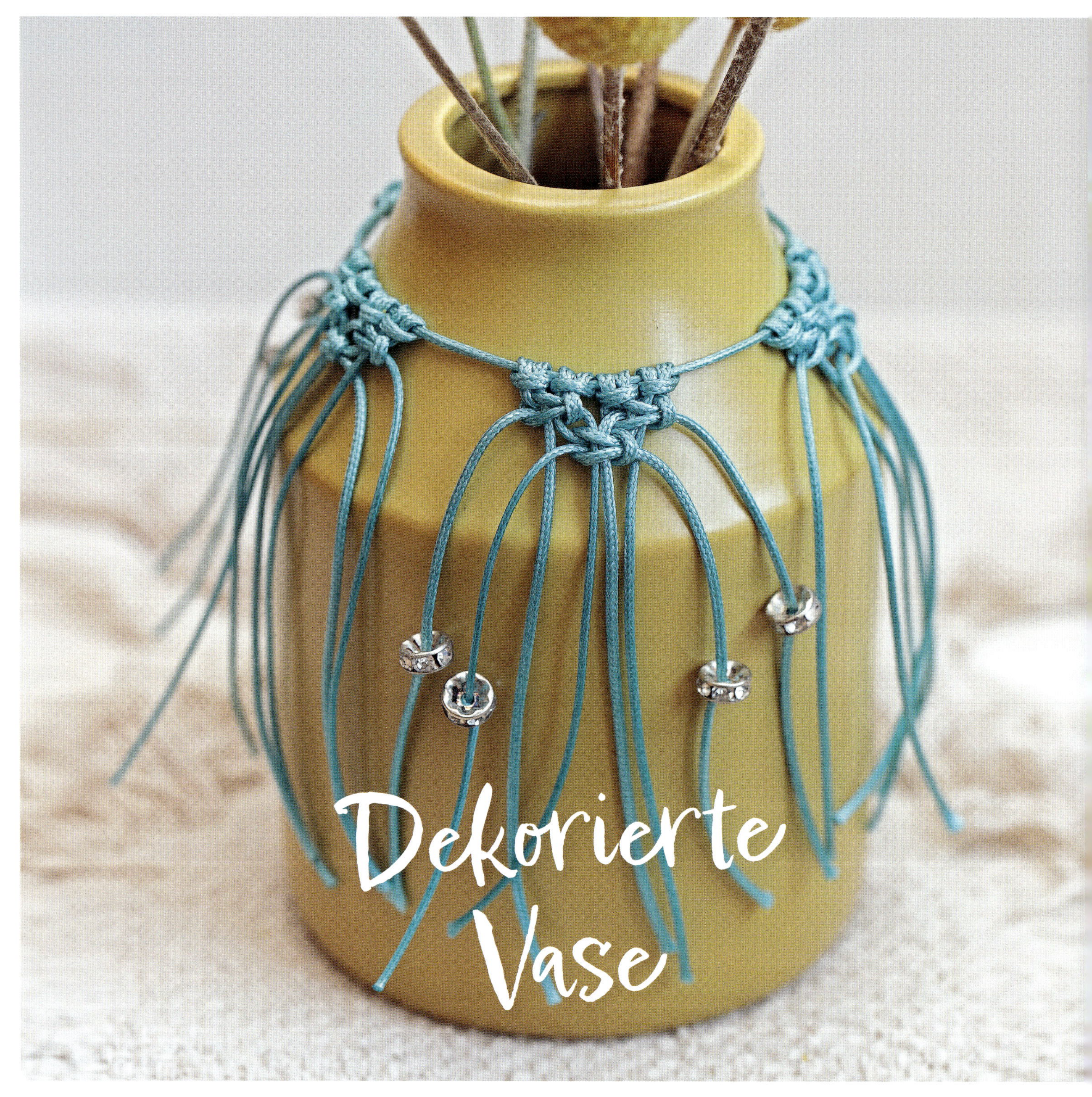
Dekorierte
Vase

Material:

- Vase (alternativ ein schönes Glas oder anderes, das verziert werden soll)
- 1 mm Durchmesser gewachstes Polyester- oder Baumwollgarn (letzteres rutscht nicht so sehr), 1 querliegender Leitfaden je nach Dicke des Objektes, bei 5 cm Durchmesser 55 cm Garn, 16 Fäden à 40 cm zum Aufschieben
- Perlen nach Belieben

Alle Fäden mittig auf den querliegenden Leitfaden aufschieben. Je 4 aufgeschobene Fäden ergeben ein Musterensemble mit einem 3er Weberknoten: 1. Reihe – immer 4 Fäden mit einem Weberknoten verknüpfen, in der 2. Reihe die jeweils zwei äußeren Fäden hängen lassen und 1 Weberknoten versetzt knüpfen. **[1–6]**

Den querliegenden Faden um das Gefäß legen und rechts über links mit einem Rippenknoten verbinden, dieser lässt sich schieben, um die Knüpfarbeit auf verschiedenen Objekten zu befestigen. **[7]**

Zusätzlich kann man eine Schleife binden und Perlen auf einzelne Enden auffädeln, die mit einem Überhandknoten fixiert werden. **[8]**

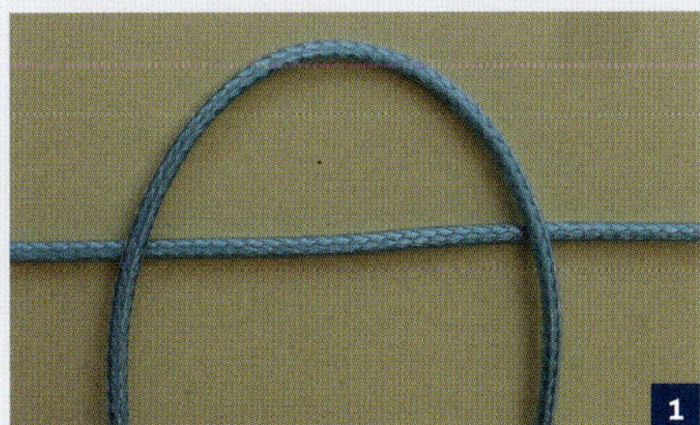

1

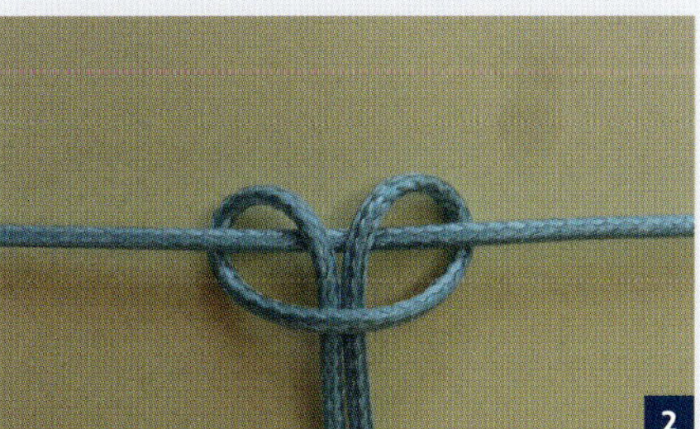

2

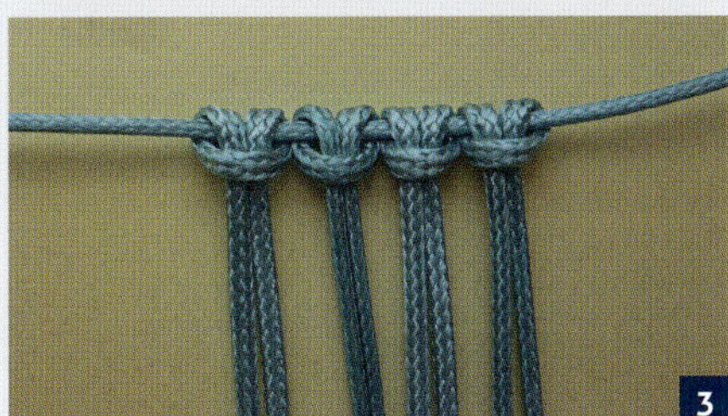

3

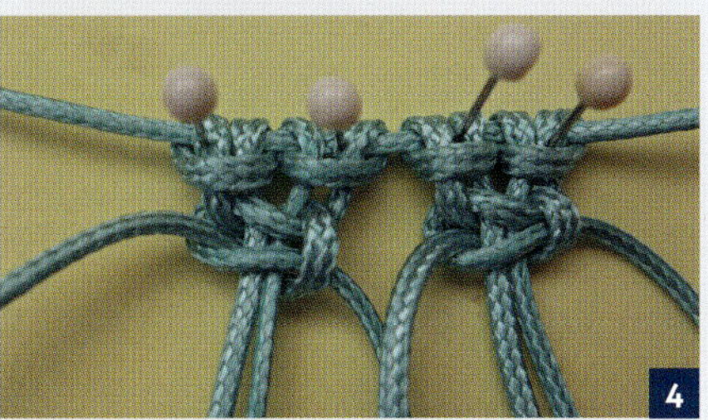

4

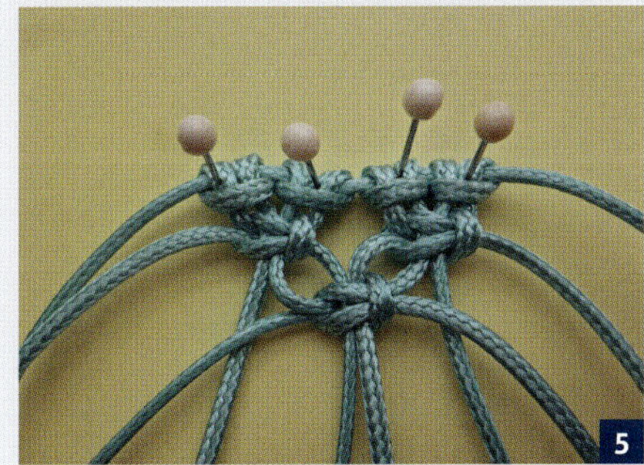

5

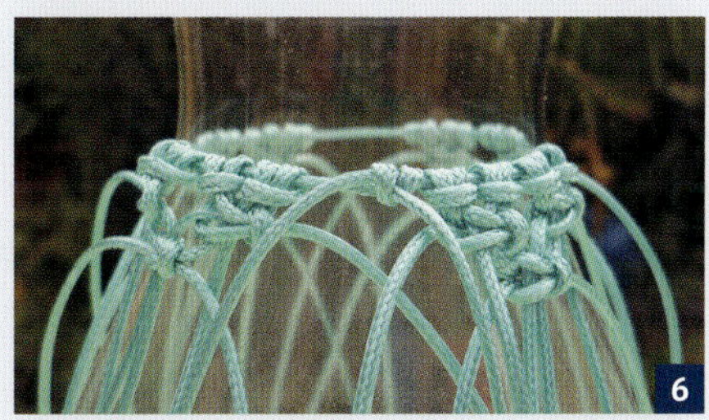

6

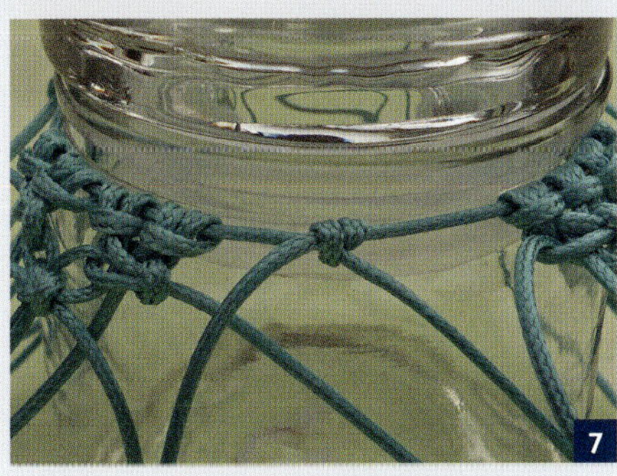

7

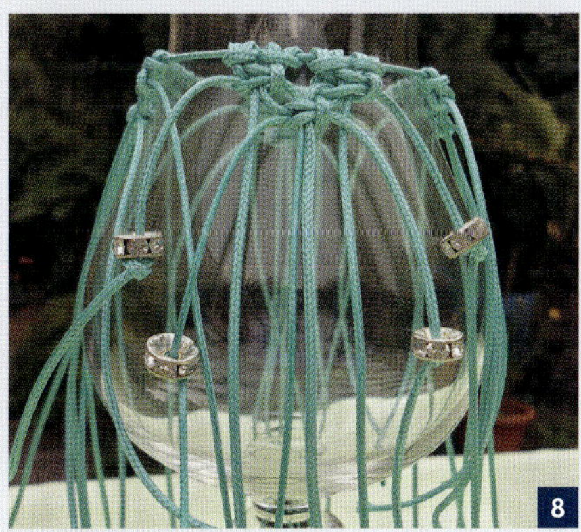

8

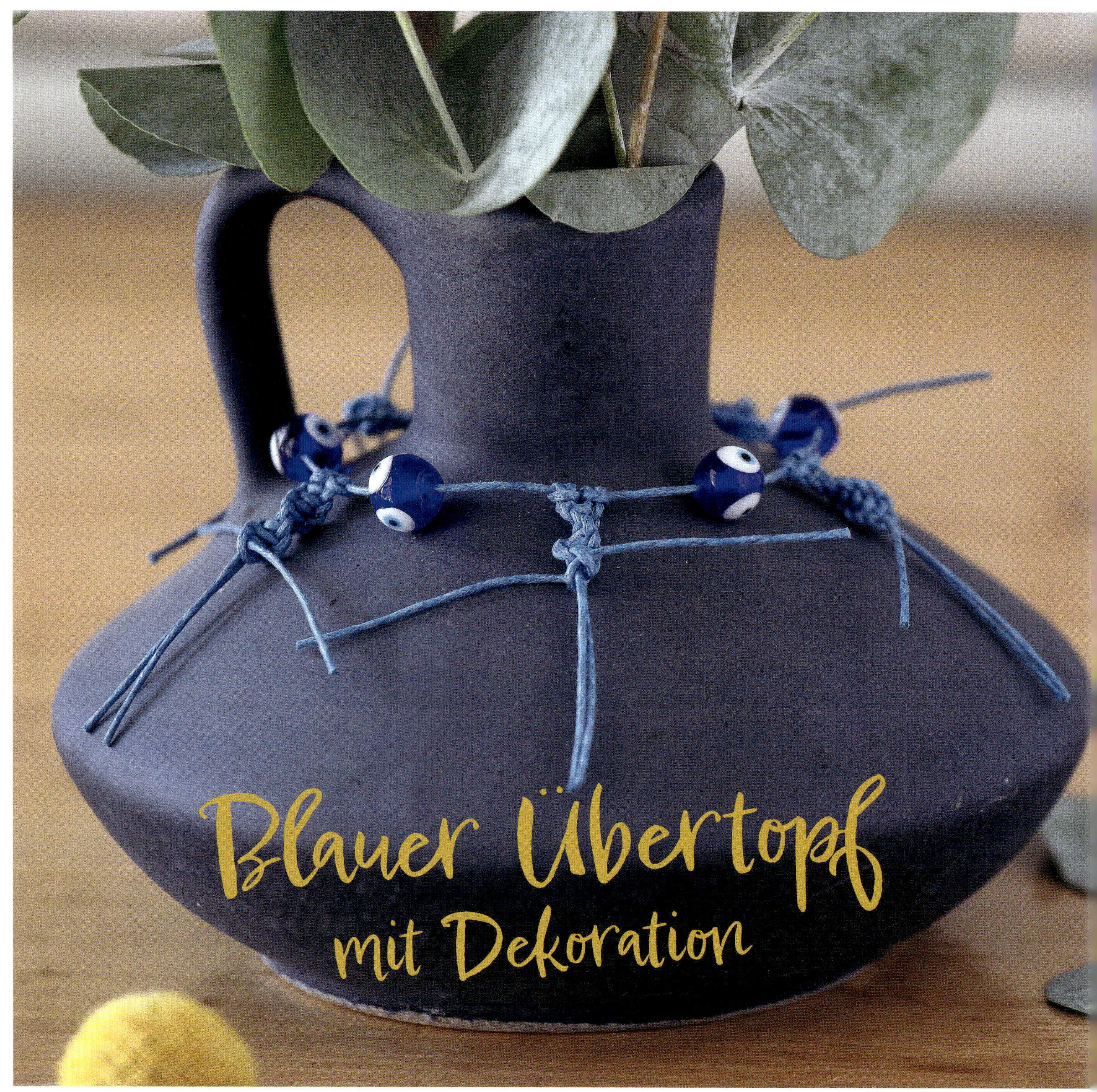
Blauer Übertopf
mit Dekoration

Material:

- Übertopf mit Umfang 6 cm, (bei größerem Umfang einfach mehr Fäden aufschieben) alternativ eine Vase mit breiter Auflagefläche
- Perlen nach Belieben
- 1 mm starke gewachste Polyester- oder Baumwollschnur: Leitfaden (LF für den Anfang, querliegend) 60 cm, pro geknüpften Dreher 2 Fäden à 60 cm

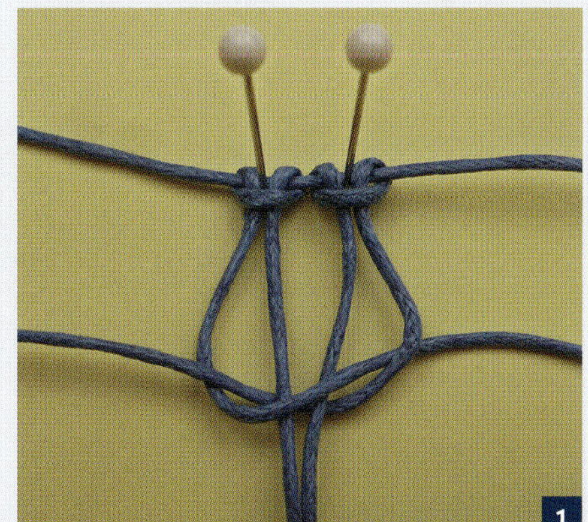

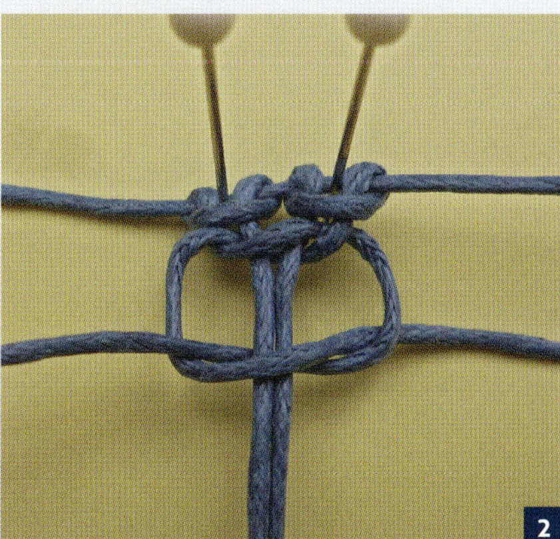

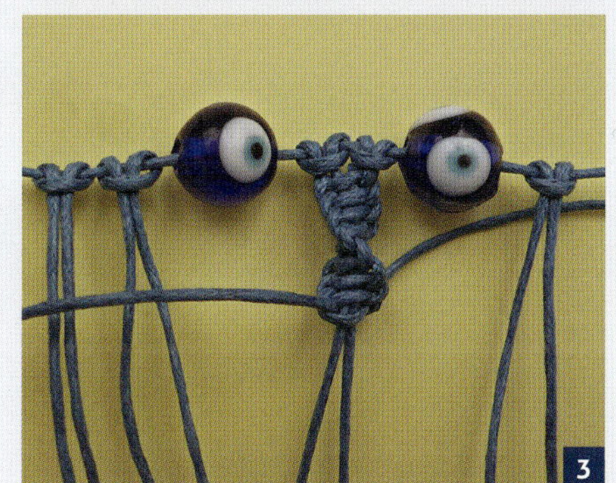

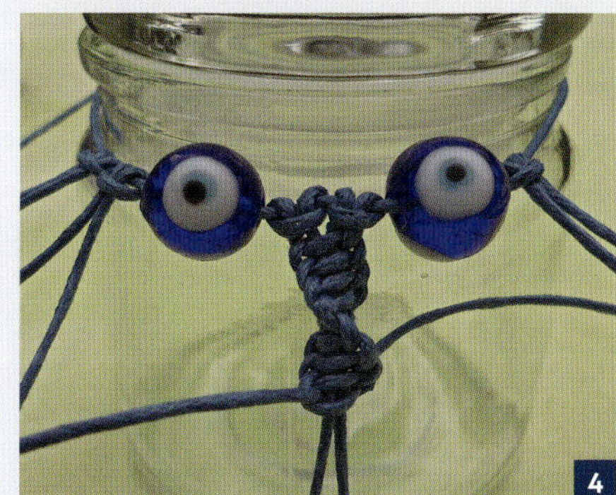

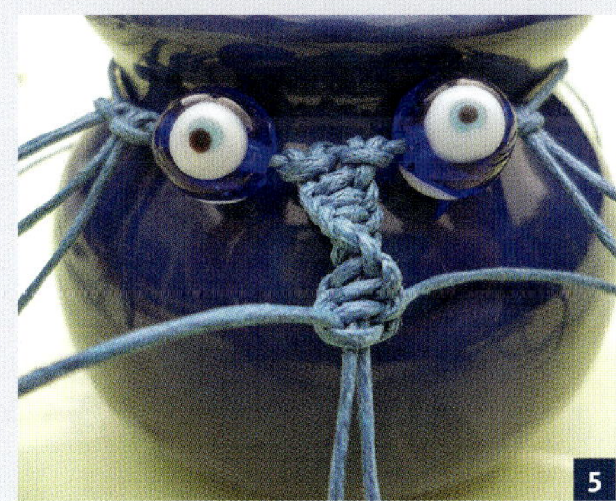

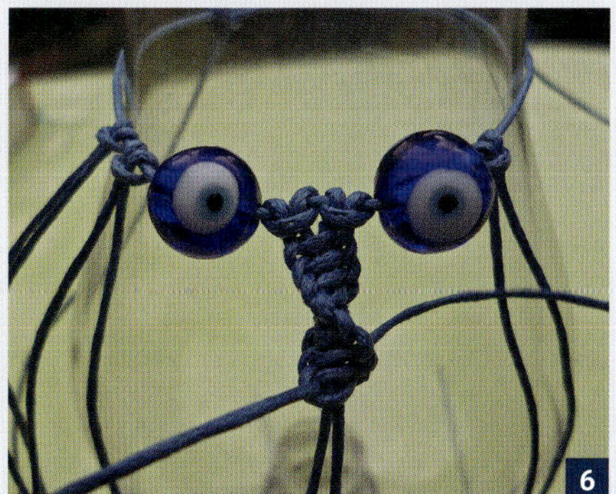

Auf den LF im Wechsel 2 Fäden aufschieben, 1 Perle auffädeln.
Mit den 2 außenliegenden Arbeitsfäden (AF) werden die 2 innenliegenden Leitfäden (LF) mit 8 Wellenknoten überknüpft.
Gut ausrichten, mit dem querliegenden Faden um ein Gefäß mit einer Schleife festbinden, damit die Knüpfarbeit beim Abwaschen nicht nass wird. **[1–3]**

[4–6] Beispiele für verschiedene Gefäße

Gardine und Teelichthalter

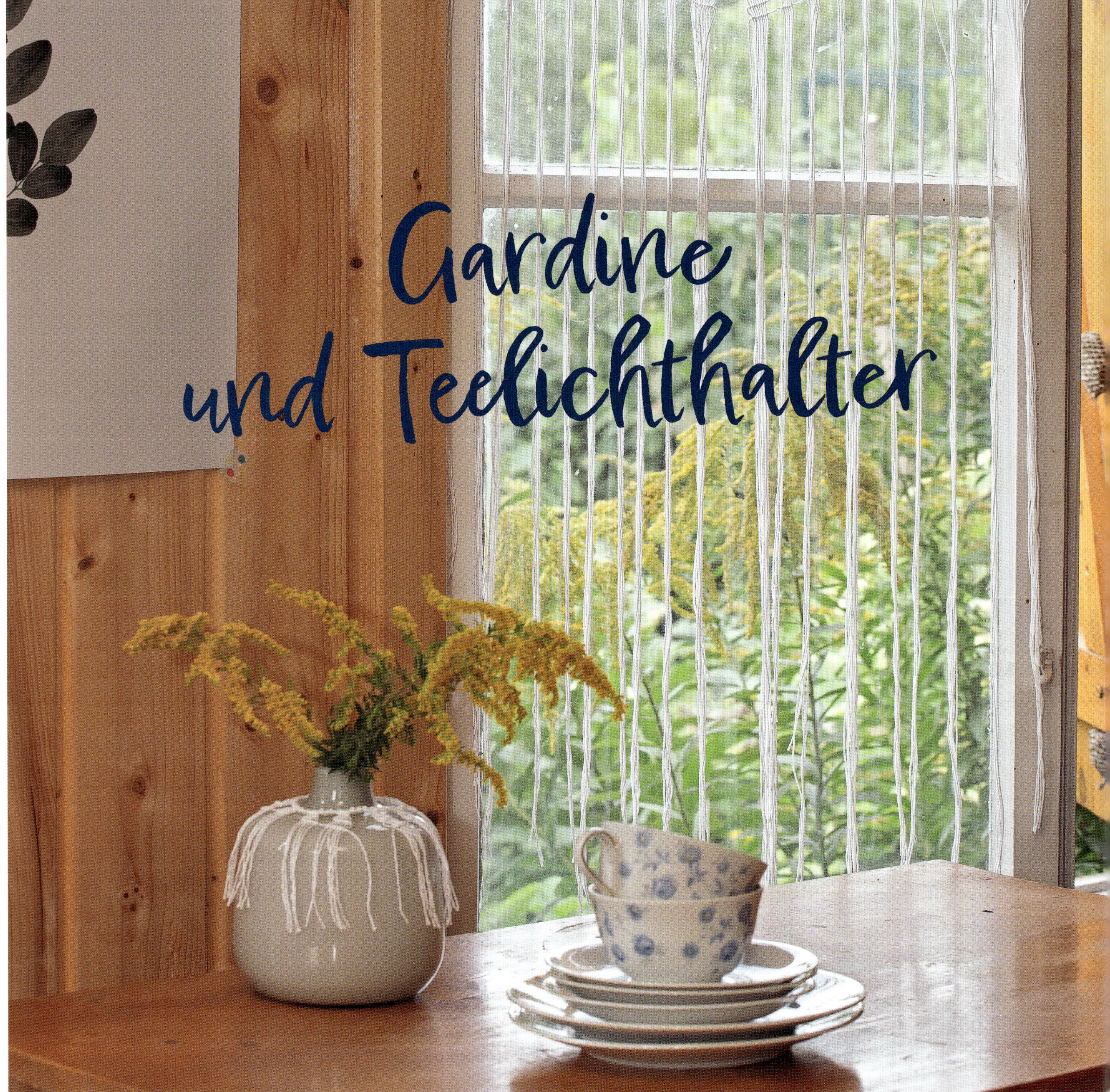

Material:

- für 22 cm Gardinenbreite Baumwollhäkelgarn Nr. 5 – 60 Fäden à 160 cm lang, 3 Fäden oben quer, auf die alle anderen Fäden aufgeschoben werden, je nach gewünschter Breite
- für Teelichthalter 40 cm lange Fäden
- 2 Saugnäpfe, Karo- oder Millimeterpapier

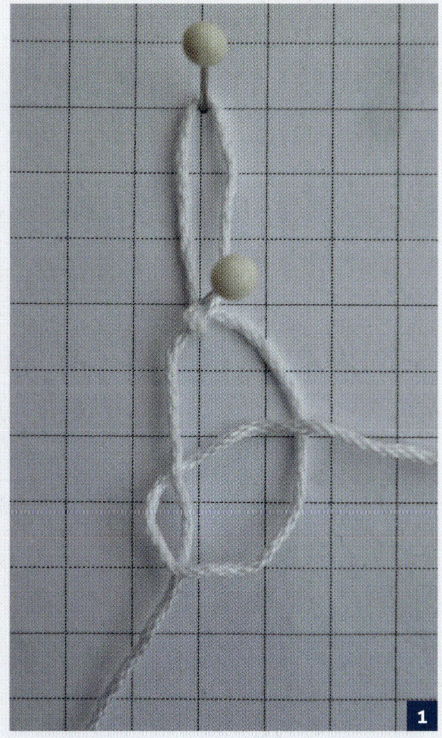

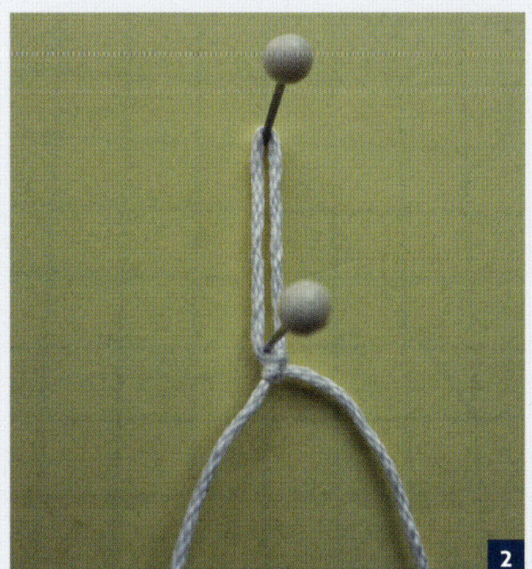

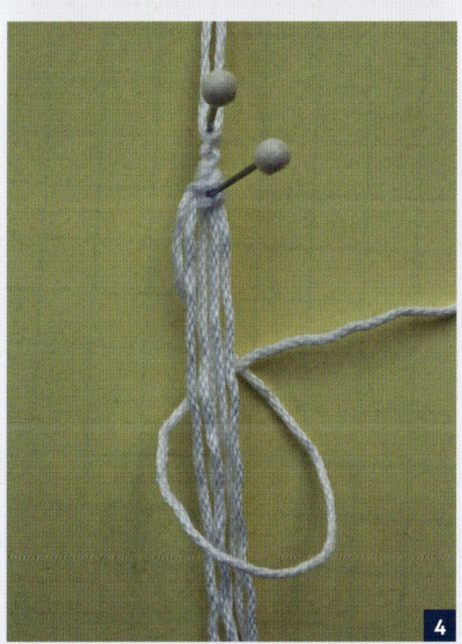

Den 1. der 3 Fäden über 1 Nadel hängen und 2. Nadel in ca. 15 mm Abstand stecken, Arbeitsfaden (AF) unter Leitfaden (LF) durch und 1 Rippenknoten (Rkn) knüpfen. [1–2]

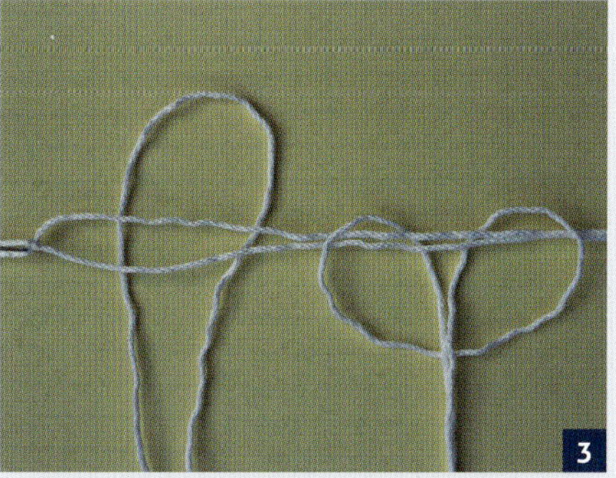

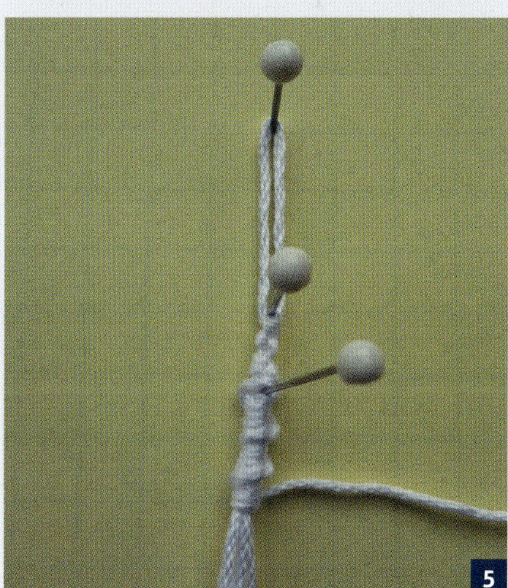

Für Teelichthalter genügt 1 Faden und darauf 3 Fäden aufschieben. [3]

Für Gardine: Auf beide Fäden zusammen den nächsten Faden aufschieben, alles dazulegen und 3. Faden aufschieben. [4–5]

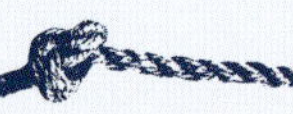

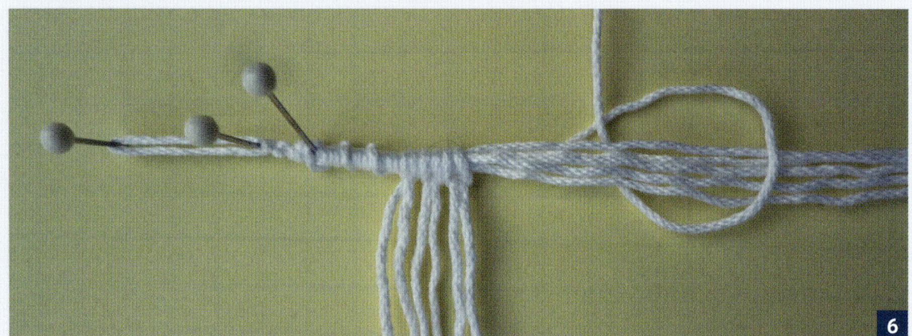

20 Schlingknoten (Schlkn) knüpfen und wieder 3 Fäden aufschieben, die 3 Fäden bleiben liegen und 1 Faden vom Bündel knüpft die Abstände – in Schlkn bis 20 Bündel hängen. Jeweils der li Faden, von 5 Bündeln, wird schräg von den anderen hängenden Fäden überknüpft. Bei den nächsten 5 Bündeln wird der re Faden als LF überknüpft. **[6–10]**

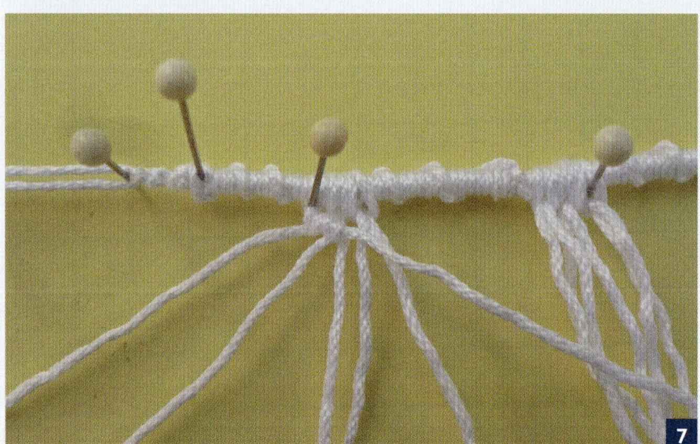

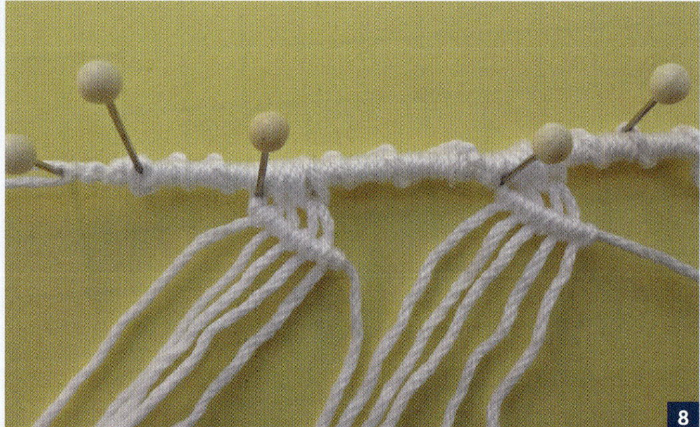

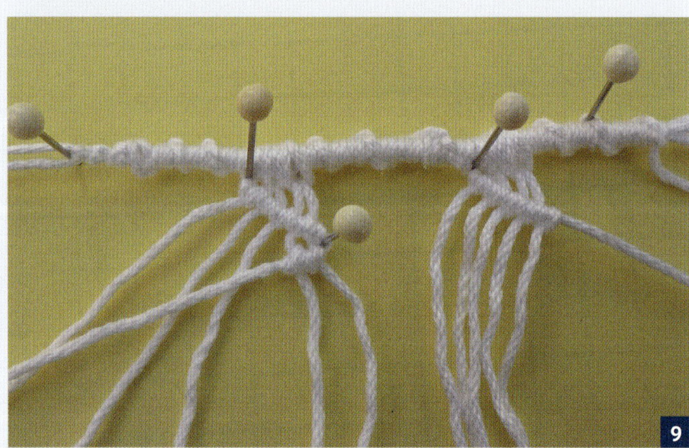

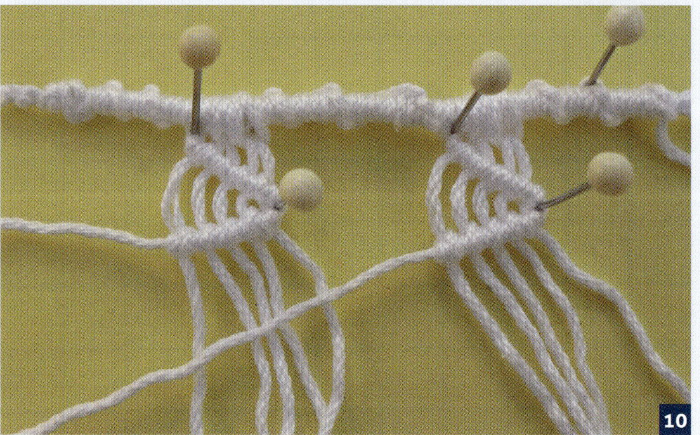

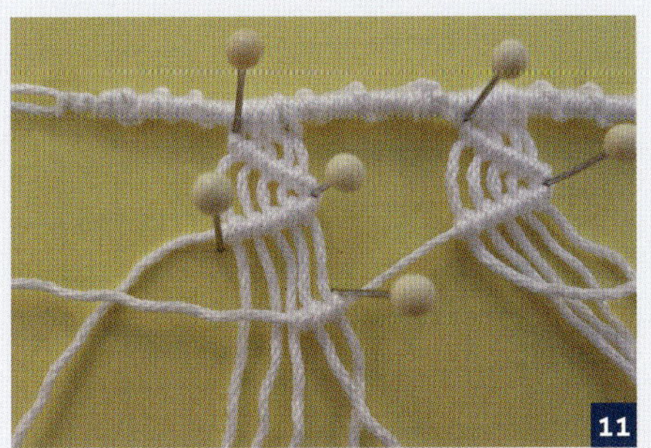
11

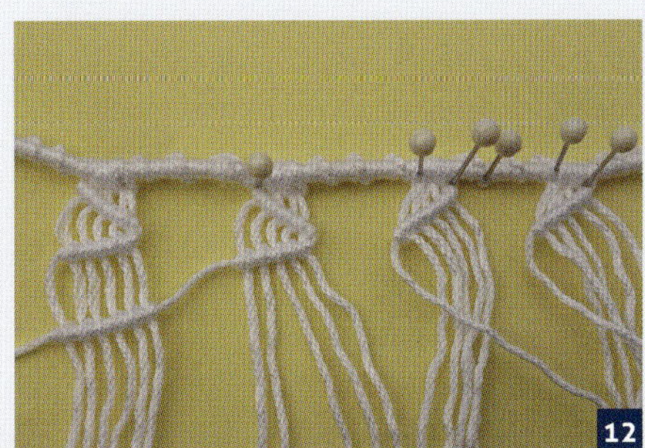
12

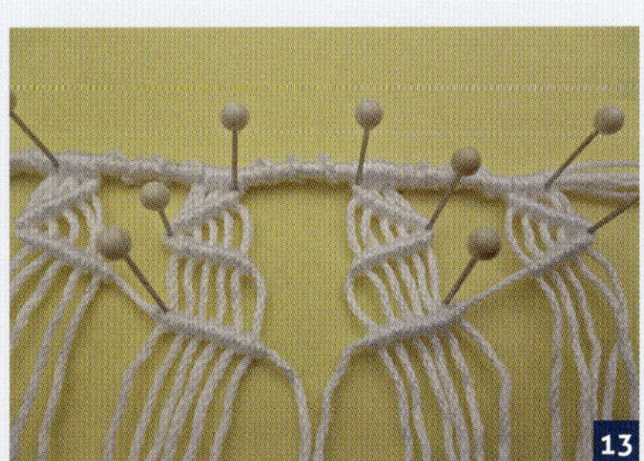
13

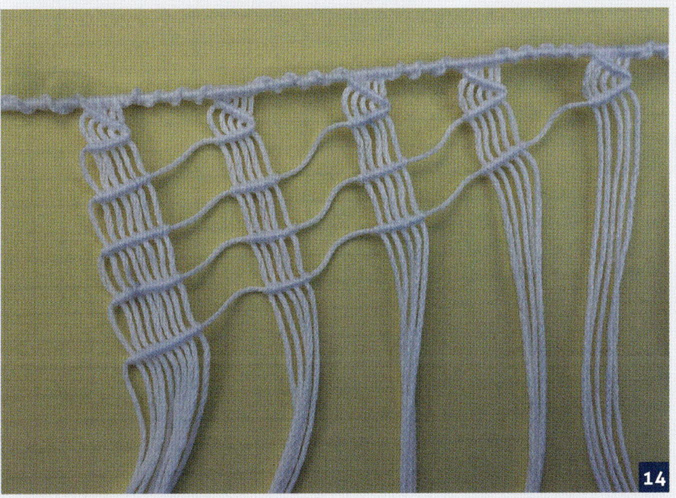
14

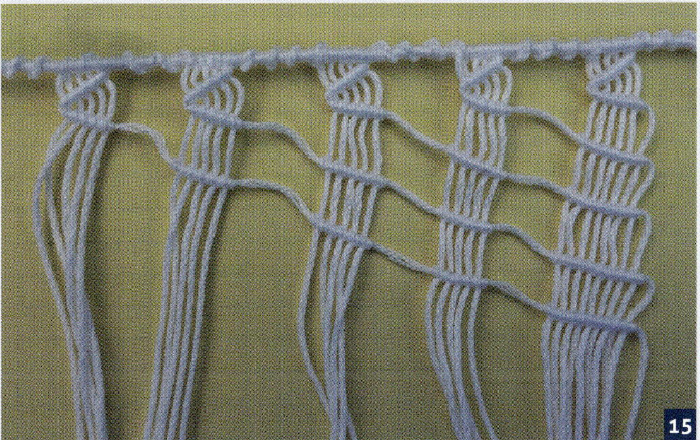
15

LF der Nachbarbündel werden mit Abstand weiter überknüpft. So werden die äußeren Bündel 5 x geknüpft und in der Mitte laufen die Schrägen aufeinander zu. **[11–15]**

[Beispiel 16–18]

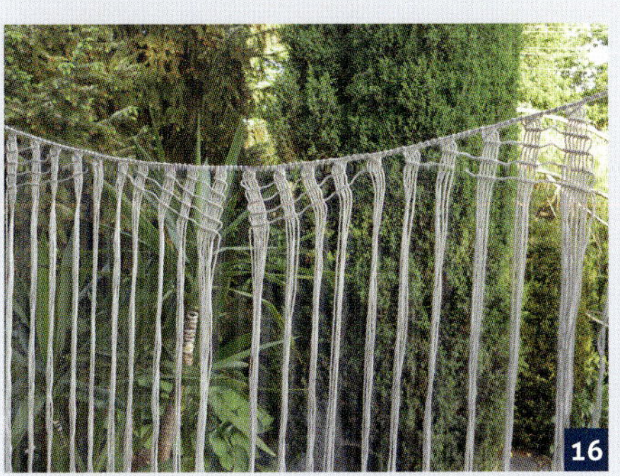
16

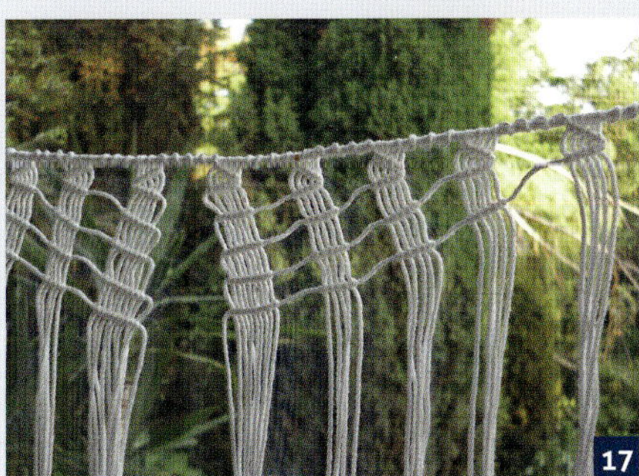
17

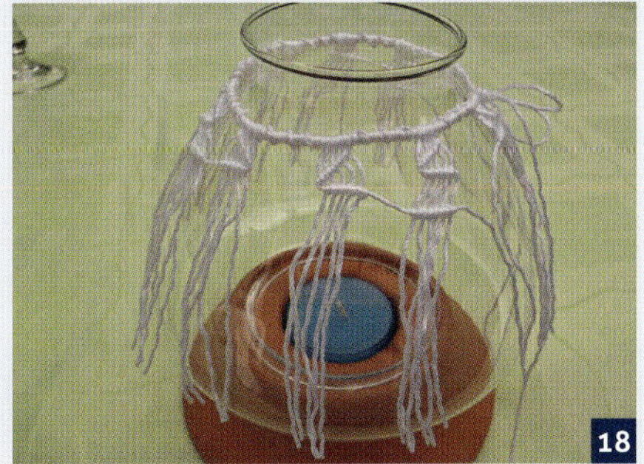
18

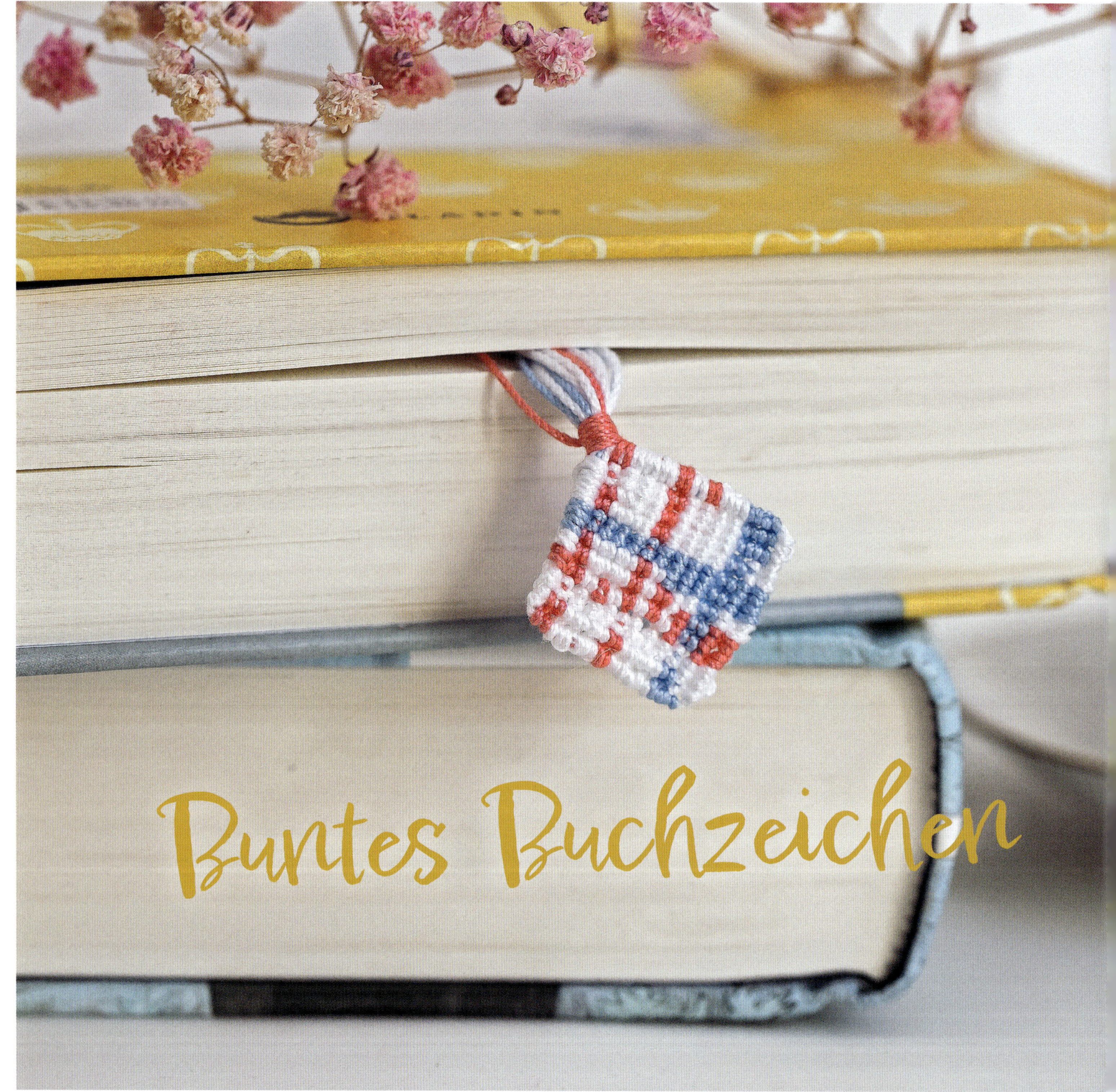

Buntes Buchzeichen

MATERIAL:

» 7 Fäden in Weiß, je 2 Fäden in Rosé und Hellblau, alle 80 cm lang

Alle Fäden werden mittig verwendet. Mit 2 weißen Fäden beginnen, Brezel in der Luft, Knoten feststecken und linken (li) Teil, unten durch, mit 1 Rippenknoten (Rkn) nach rechts (re) knüpfen. **[1–2]**

1 rosa Faden aufschieben, li Teil nach re knüpfen, 1 weißen Faden aufschieben, li Teil zum Leitfaden (LF) dazu, 1 hellblauen Faden, li Teil nach re, den weißen Faden nach re auflösen, 1 weißen Faden aufschieben und li Teil nach re knüpfen. **[3]**

Oberen LF im rechten Winkel um Nadel und wieder aufschieben: 1 hellblauen Faden, re Teil unten durchlegen und knüpfen, 2 weiße Fäden und beim 2. Faden re Teil zum LF legen. 1 rosa Faden, re Teil zum LF legen, 1 weißen Faden auflösen, 1 weißen Faden aufschieben, rosa Faden auflösen. **[4]**

Die Leitfäden re und li bleiben liegen. Die oberen mittleren Fäden werden re über li gelegt und 1 Rkn geknüpft, diese Fäden werden als LF nach re und li überknüpft bzw. wenn

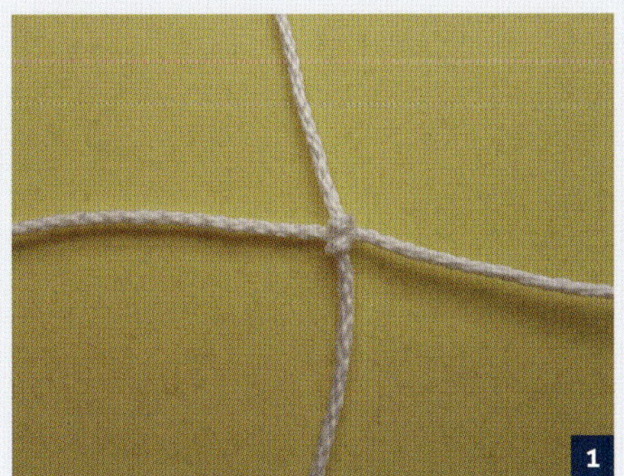

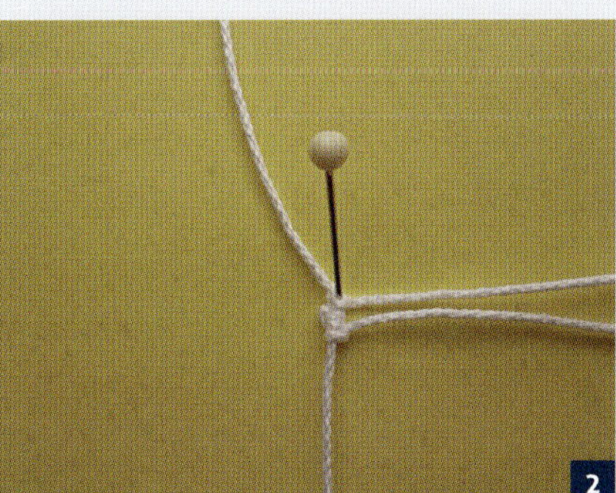

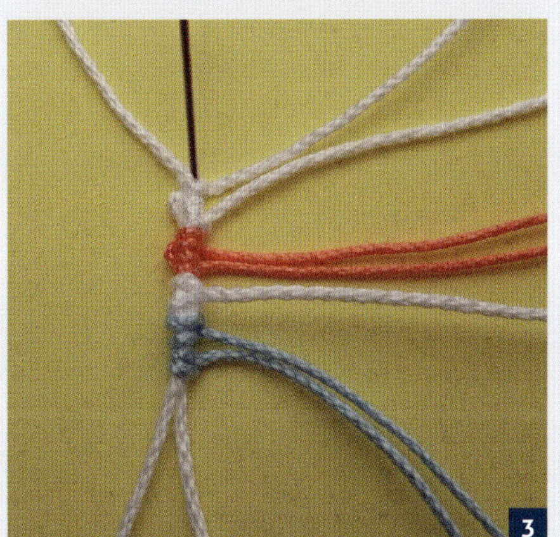

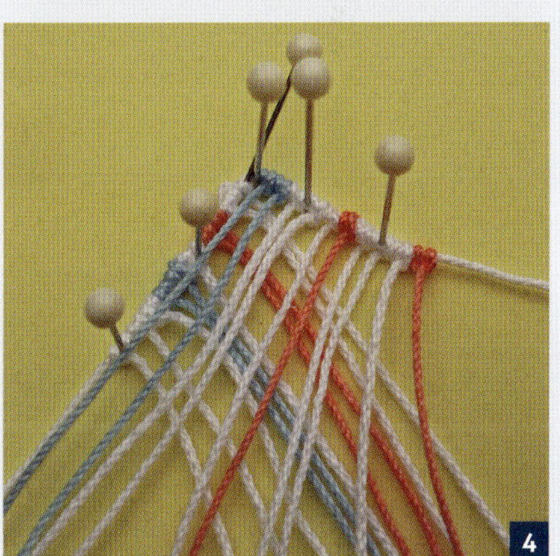

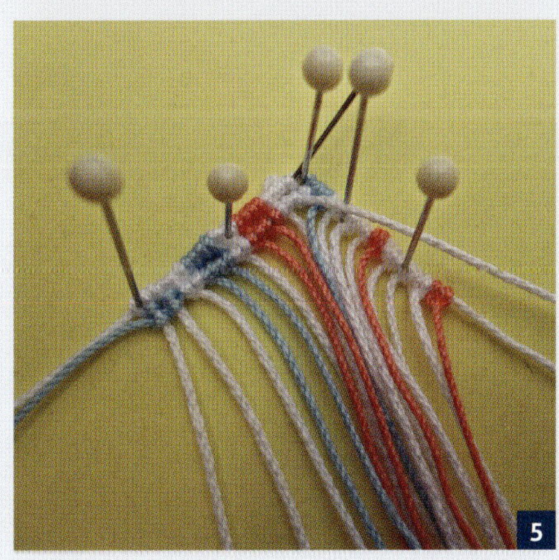

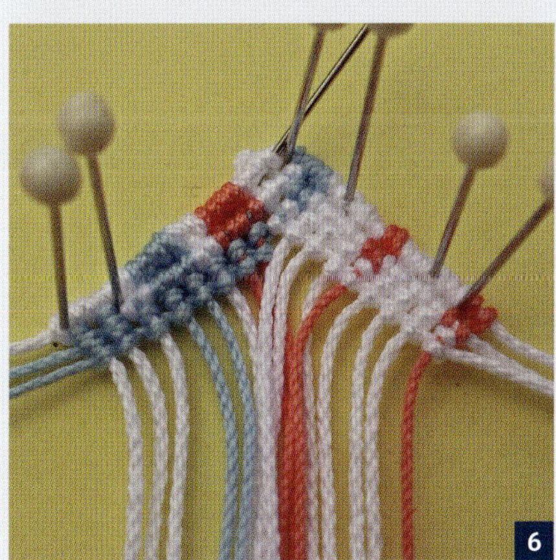

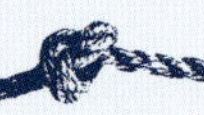

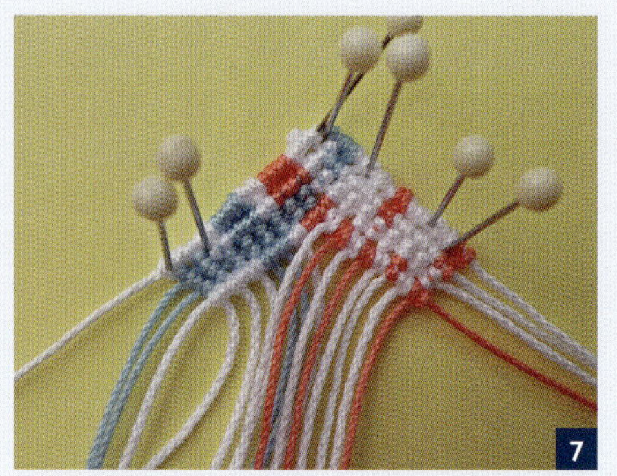

7

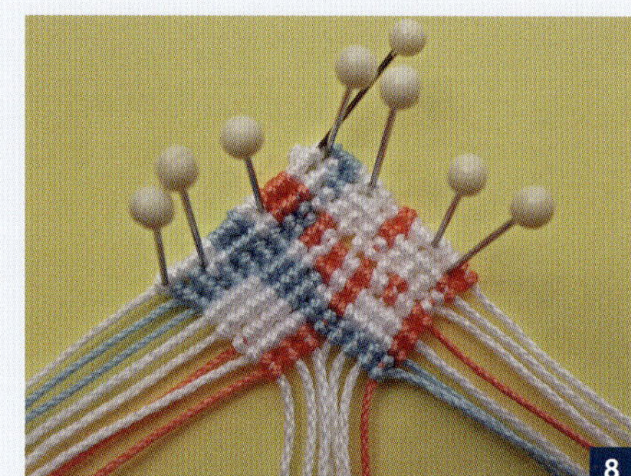

8

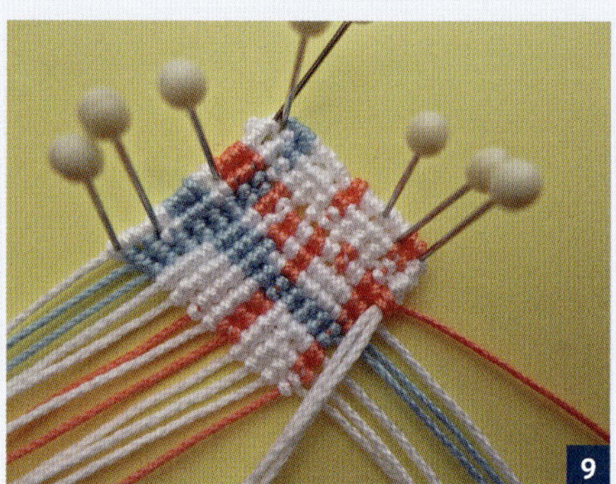

9

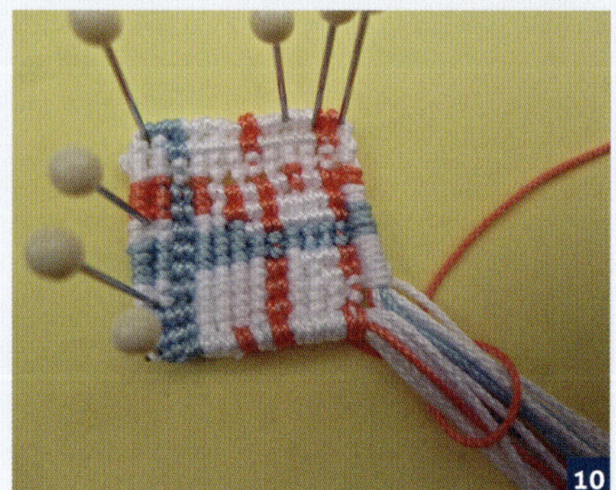

10

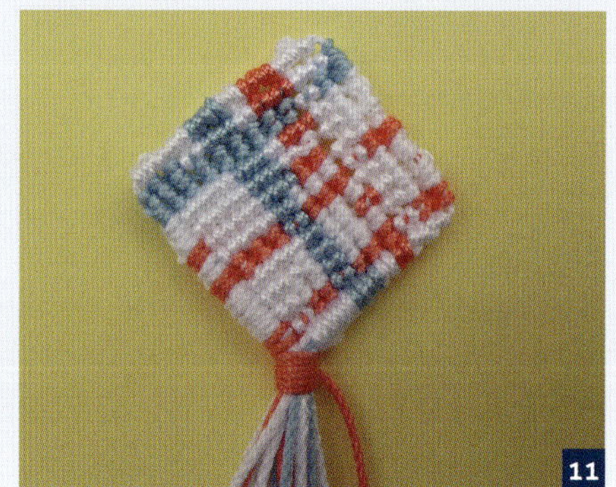

11

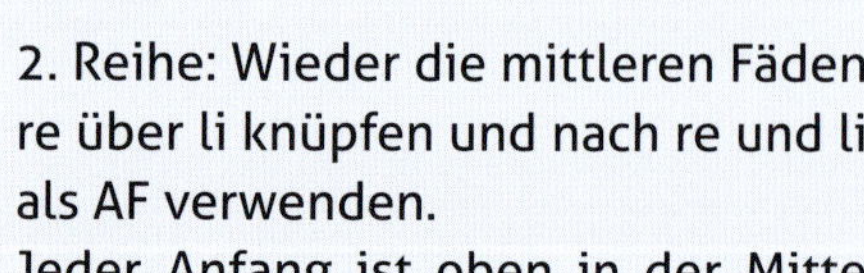

die Farbe herauskommen soll, dann diese knüpfen. Es ist viel Kreativität möglich!

2. Reihe: Wieder die mittleren Fäden re über li knüpfen und nach re und li als AF verwenden.
Jeder Anfang ist oben in der Mitte und alle Fäden bleiben außen liegen. **[5–9]**

Ist das Viereck ausgefüllt, werden alle hängenden Fäden gebündelt, LF um Nadel legen, 2. Faden knüpft, legt sich zum LF, 3. Faden knüpft usw. **[9–12 Rückseite, 13 andere Farbkombination]**

Zum Schluss alle Fäden mit einem AF zusammenführen und mit Rkn oder Schlkn beliebig verknüpfen.

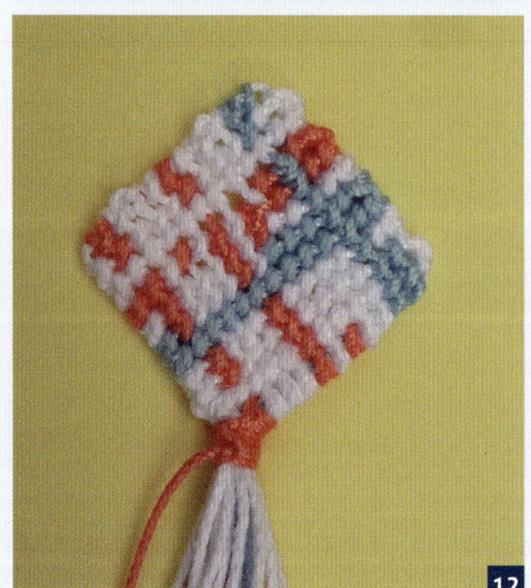

12

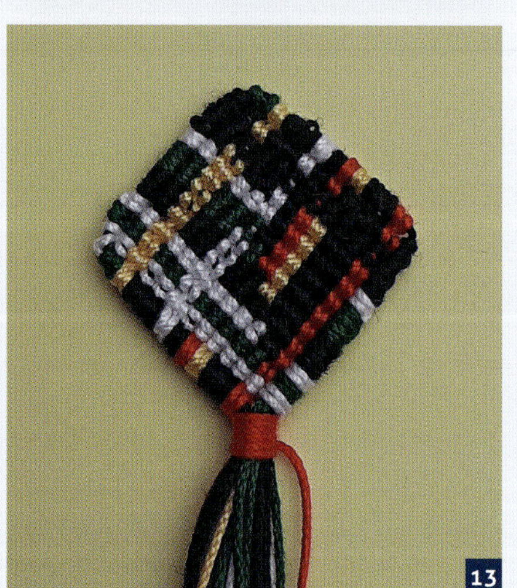

13

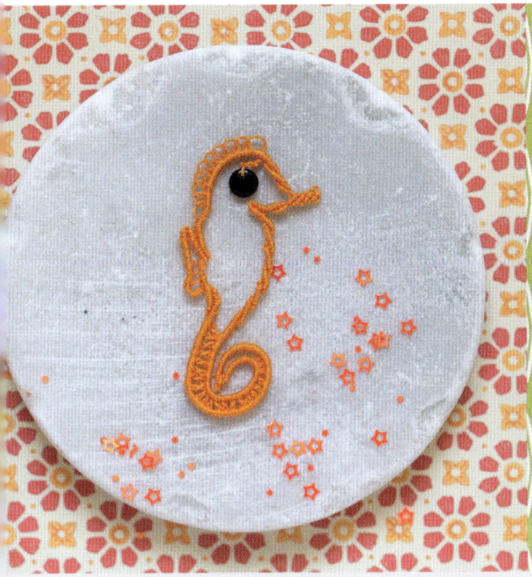

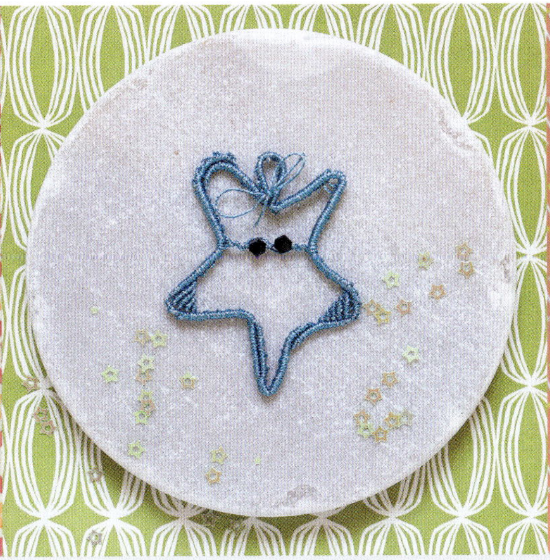

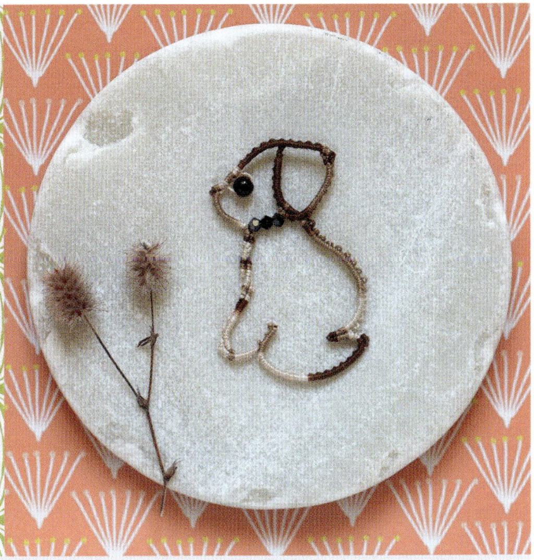

Lieblingstiere

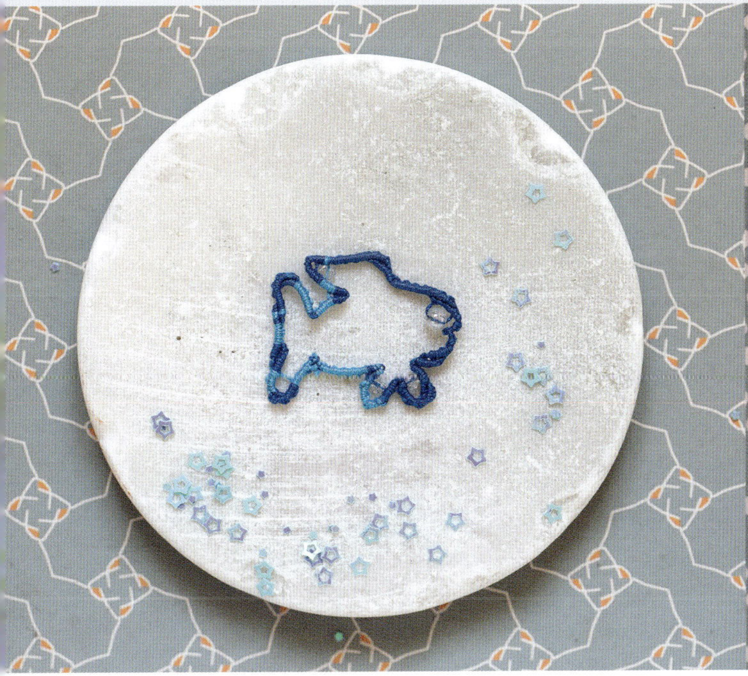

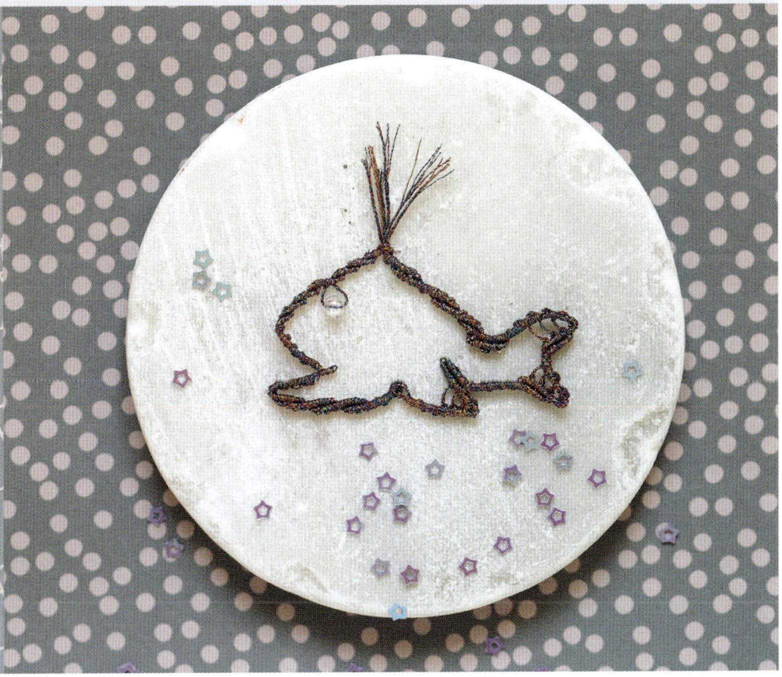

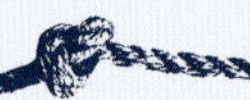

Für die Figuren eine passende Silhouette zeichnen, die Knüpfarbeit kreativ darauf ausführen und den Linien folgen. Je nach Stärke des Materials die Anzahl der Fäden variieren und auch in der Länge anpassen, für dickeres Garn benötigt man längere Fäden. Es können Perlen aufgefädelt werden, kleine Besonderheiten wie Auflösen und Bündeln setzen Akzente. Man kann die Figuren auf Passepartout-Karten, auf T-Shirts, Schuhe etc. aufnähen. Sehr hübsch sind sie auch als Schmuckstücke wie Kettenanhänger oder Ohrringe oder als kleine Geschenkanhänger.

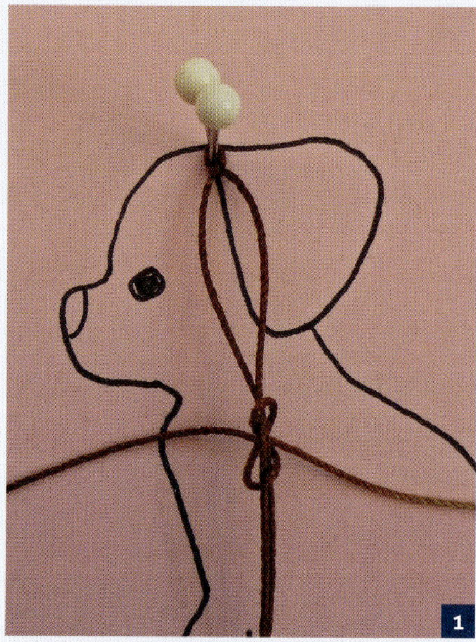

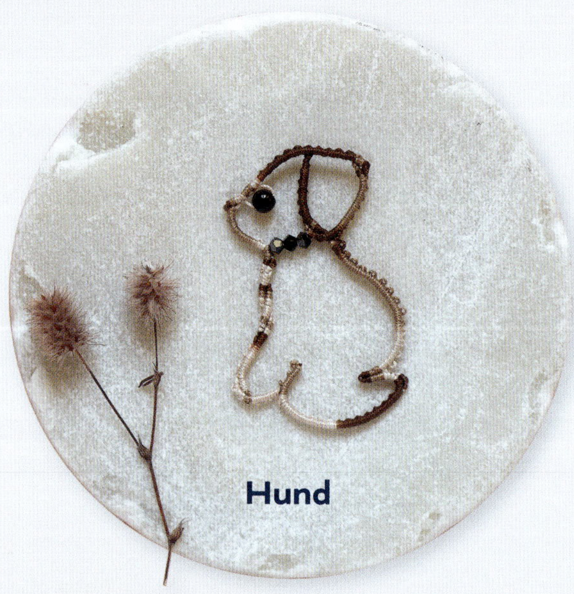

Hund

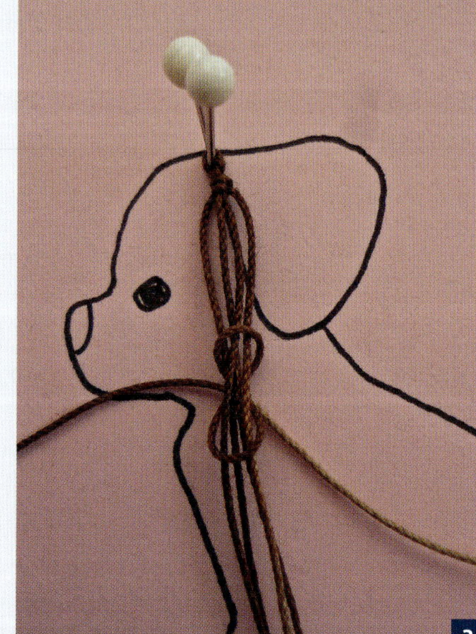

MATERIAL:

- 5 Fäden Lizbeth Garn 20-150 Rootbeer Float
- 1 Perle für Auge
- 3 Perlen für Halsband (Swarowski 3 mm hermatite)

Alle Fäden werden mittig verwendet, beginnend mit 3 Fäden am Ohransatz, 1 Faden über 2 Nadeln und 1 Rkn, beide Fäden zusammen und 1 neuen Faden aufschieben. Wieder Fäden zusammen und noch 1 Faden aufschieben. **[1–2]**

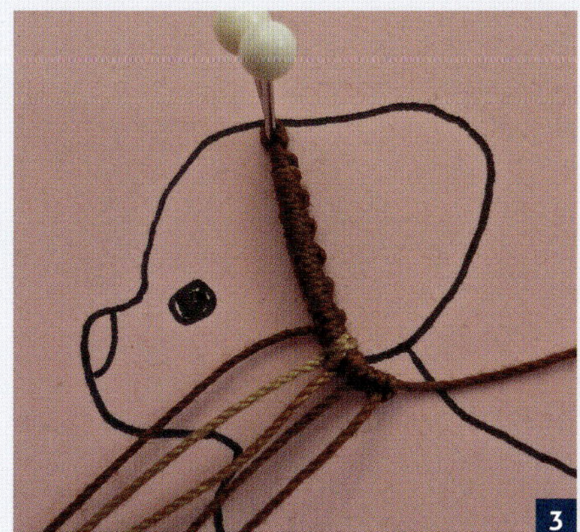

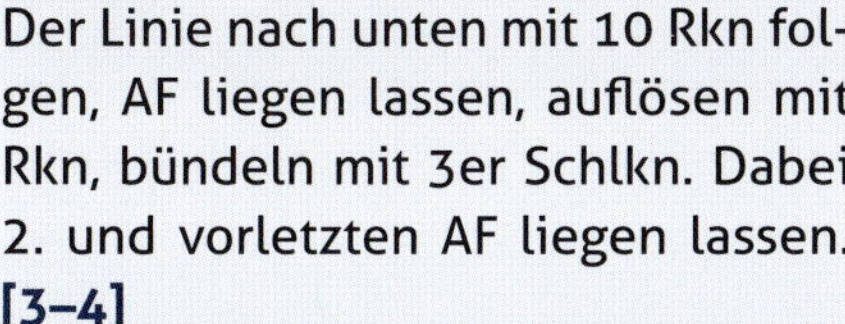
Der Linie nach unten mit 10 Rkn folgen, AF liegen lassen, auflösen mit Rkn, bündeln mit 3er Schlkn. Dabei 2. und vorletzten AF liegen lassen. **[3–4]**

Auf 2. AF die Perlen für das Halsband aufschieben und auf vorletzten Faden 2 neue Fäden aufschieben, dabei vorhergehende Fäden immer zusammenlegen. Unten liegen lassen und nach oben weiter mit 10 Rkn, AF liegen lassen.
Mit Rkn auflösen und mit 3er Schlkn bündeln. Nach 7 Rkn schafft AF mit Sticknadel eine Verbindung zum Anfang. **[5–6]**

Nach 14 Rkn bekommt AF re die Augenperle, bleibt liegen, neuer AF knüpft 2 Rkn aufs Bündel, wieder dazu und Augenfaden knüpft 2 Rkn. Auflösen, mit letzten LF 1 Rkn über

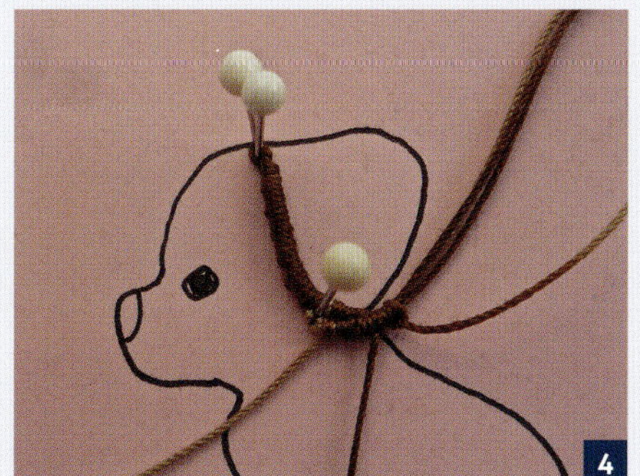

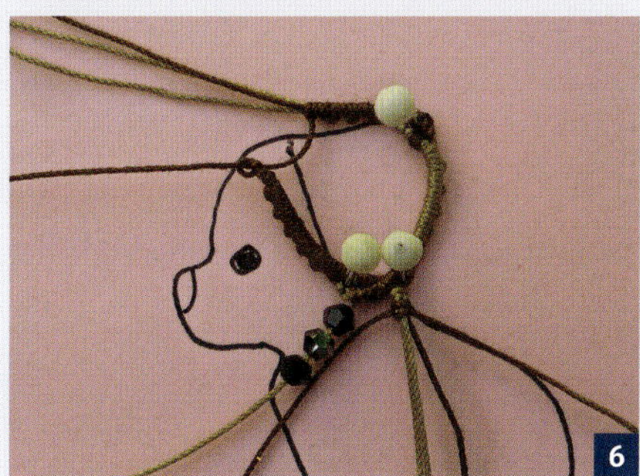

alle 3 LF zusammen, noch 8 Rkn. Hier knüpft Halsbandfaden weiter. **[7]**

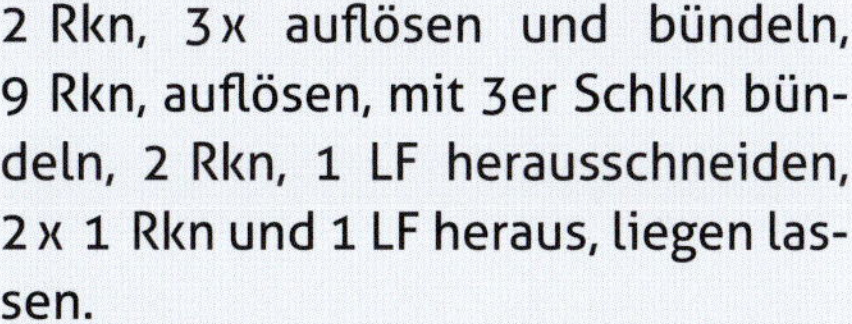
2 Rkn, 3x auflösen und bündeln, 9 Rkn, auflösen, mit 3er Schlkn bündeln, 2 Rkn, 1 LF herausschneiden, 2x 1 Rkn und 1 LF heraus, liegen lassen.
Rückenlinie weiter: 27 Rkn, dabei auf der rechten Seite immer Nadel stecken für kleine Augen.
AF liegen lassen, auflösen, LF um Nadel und zurückbündeln. 1 Faden auflösen, dieser knüpft um den AF 2 Rkn. **[8]**

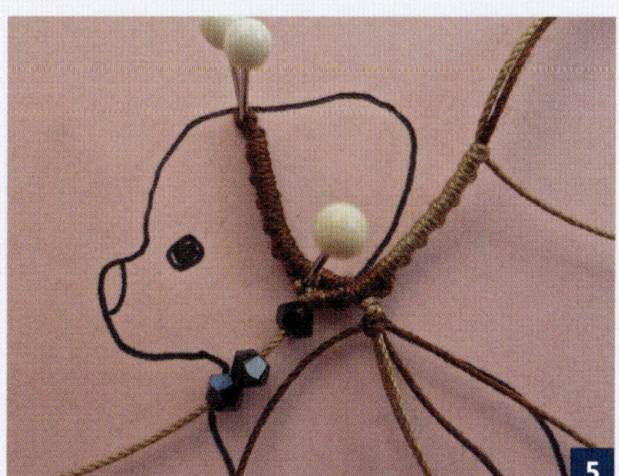

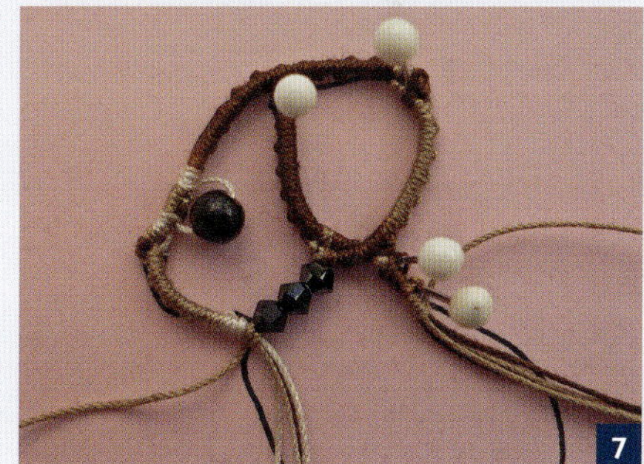

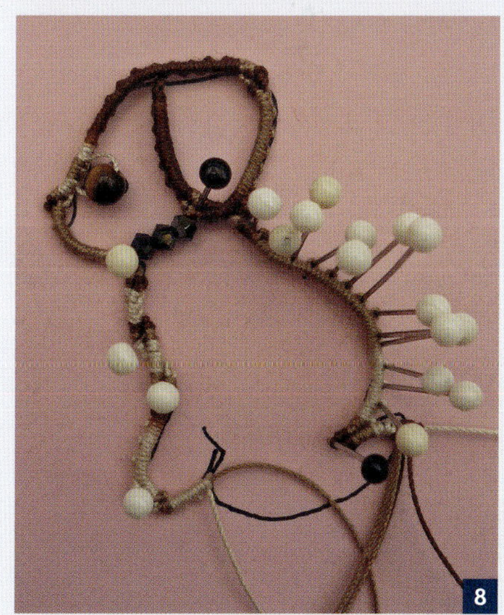

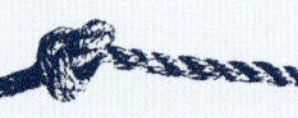

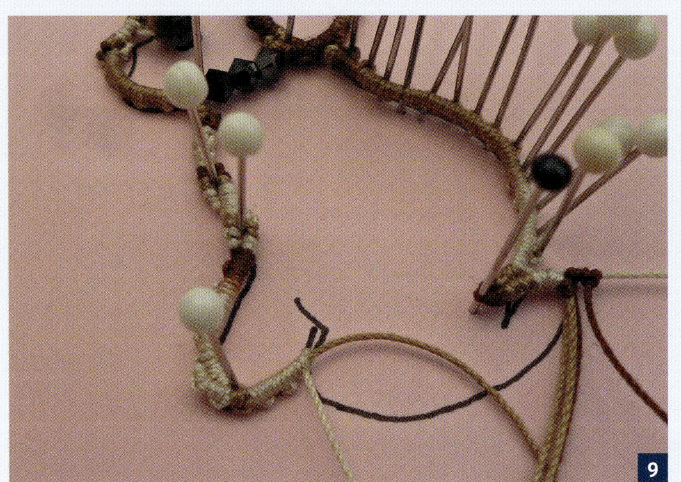

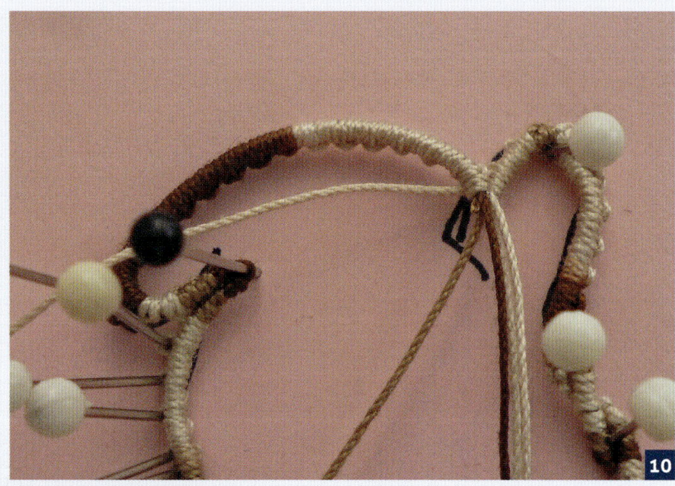

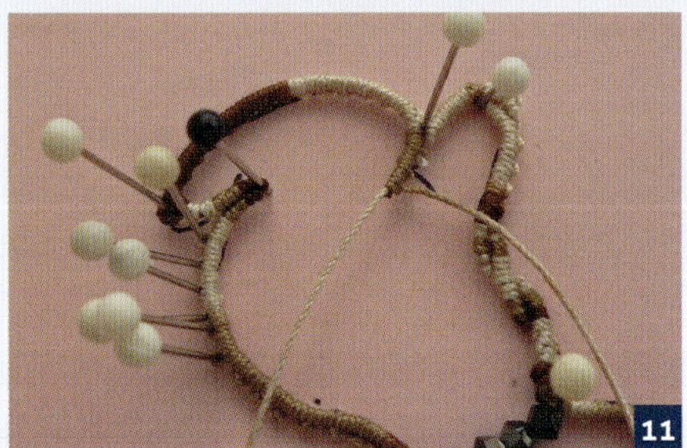

Wieder 1 Rkn nach innen über das Bündel, LF dazulegen, 26 Rkn, 1 LF heraus. Knüpfunterlage drehen, AF vom liegenden Bündel knüpft über das Bündel, 1 Rkn, 1 LF heraus, AF dazu, nächster Faden knüpft 2 Rkn, 1 LF heraus. **[9–10]**

Alle Nadeln raus, Arbeit umgedreht feststecken und letzte Fäden auf Rückseite miteinander verknoten, verleimen. **[11–12]**

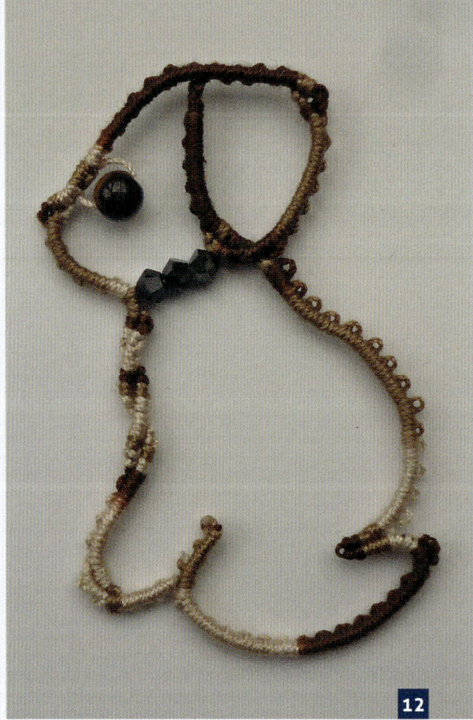

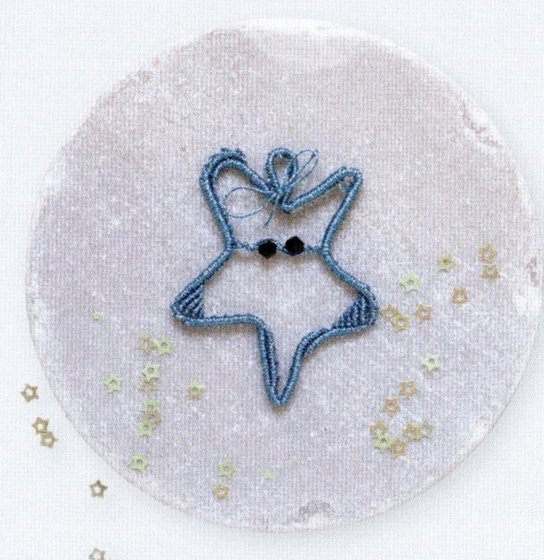

Seestern Schlüsselanhänger

Material:

- 4 Fäden à 150 cm Lizbeth Garn 20-319 Turquoise Blue Metallic
- 2 Perlen für die Augen

Der gleiche Anfang wie beim „Hund" * bis * [1]

Nach links beginnend, 5 Rkn mit dem rechts hängenden Faden, AF liegen lassen, auflösen, im Bogen stecken und mit 4 bis 5 Schlkn bündeln. 10 Rkn, AF liegen lassen, noch einen Faden auflösen und diese beiden Fäden miteinander verknüpfen – 3 Rkn, dabei immer AF und LF vertauschen.

Augenperle auffädeln, 1 Rkn, Perle, 3 Rkn, liegen lassen. [2]

7 Rkn, AF liegen lassen, auflösen und Dreieck knüpfen, indem immer der re Faden als LF überknüpft wird und am Ende liegen bleibt. [3]

Alle Fäden im Bogen bündeln, 10 Rkn, Bündel im Bogen stecken. LF in 2 einzelne Bündel sortieren, 3 und 2 LF, und dies 7 x hin und zurück überknüpfen. Alle Fäden zusammennehmen und 3 Rkn arbeiten.
Nadel stecken und Bündel um Nadel, 9 Rkn, AF liegen lassen, auflösen, bündeln. [4]

AF liegen lassen, auflösen und Dreieck knüpfen, dieses Mal ist jeweils der re Faden der AF und knüpft nach li und bleibt liegen. Alle Fäden im

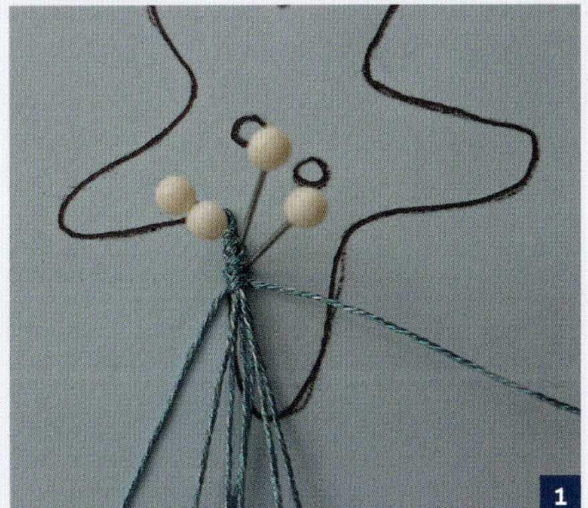
1

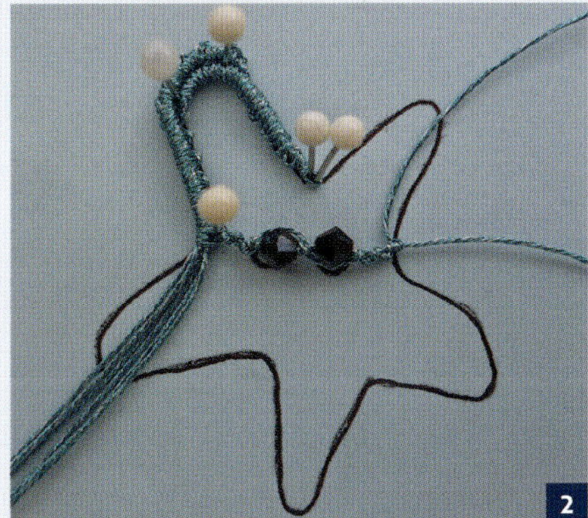
2

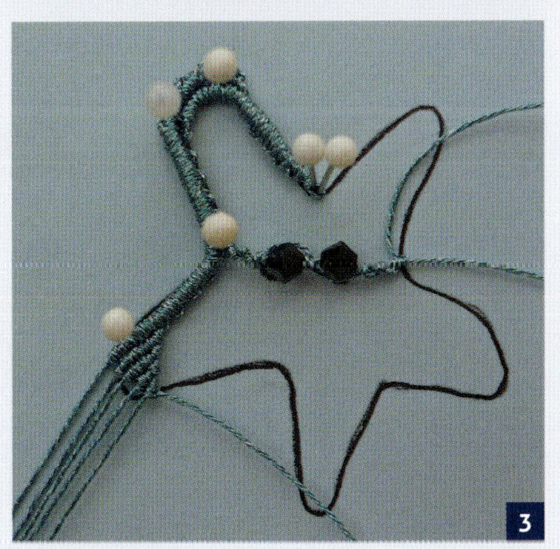
3

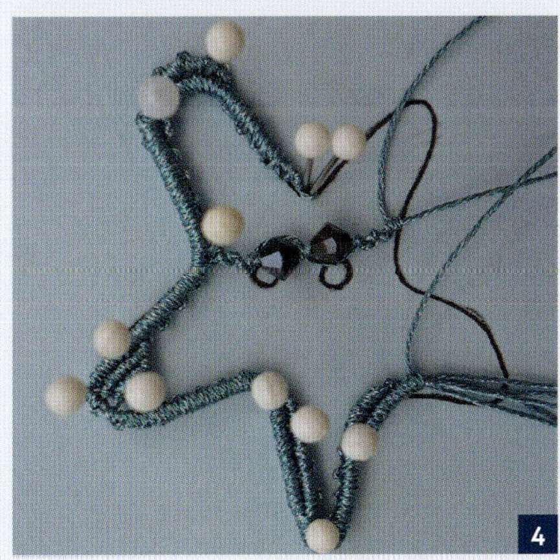
4

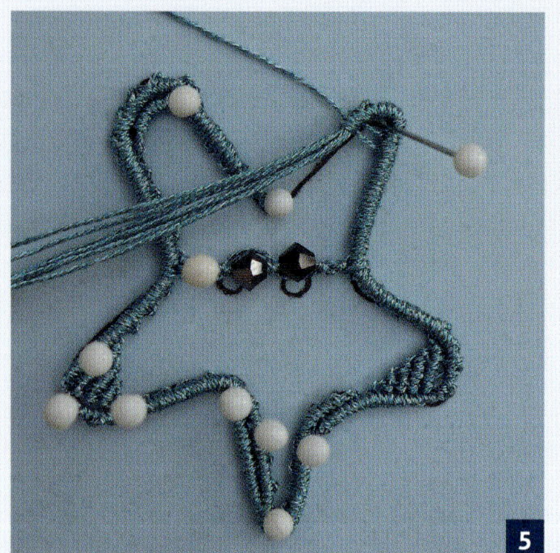

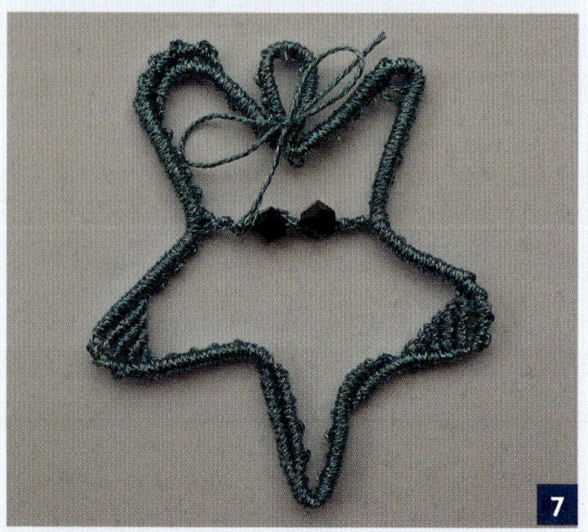

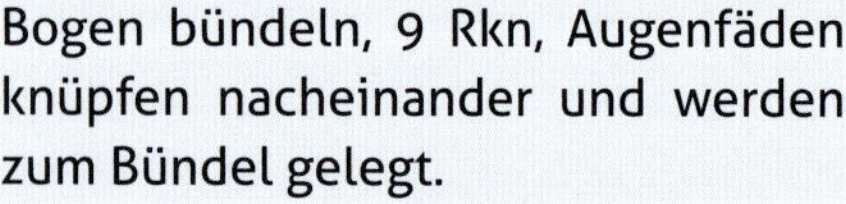

Bogen bündeln, 9 Rkn, Augenfäden knüpfen nacheinander und werden zum Bündel gelegt.
9 Rkn, AF liegen lassen, 1 Faden auflösen, ein neuer AF knüpft 4 Rkn, um Ecke biegen und liegen gelassene Fäden wieder dazu bündeln. **[5]**

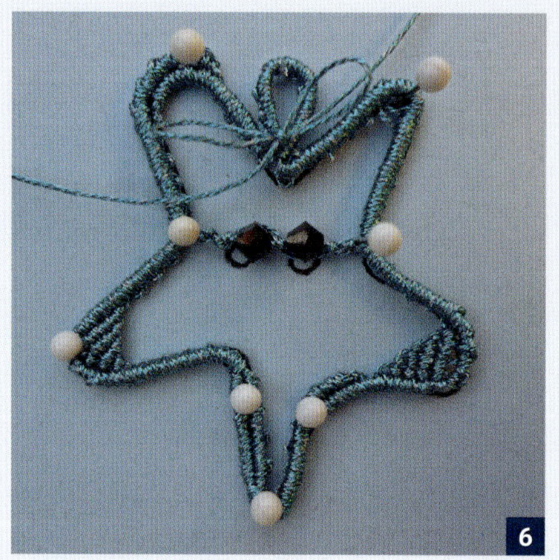

4 Rkn, 3 x 1 LF herausschneiden, 1 Rkn.
AF durch die Anfangsöse mit Sticknadel ziehen, Bündel mit beliebiger Anzahl an Rkn als Aufhänger knüpfen und biegen. Dabei bis auf einen LF herausschneiden. Den LF an der Arbeit befestigen, verknoten und kleine Schleife binden. **[6–7]**

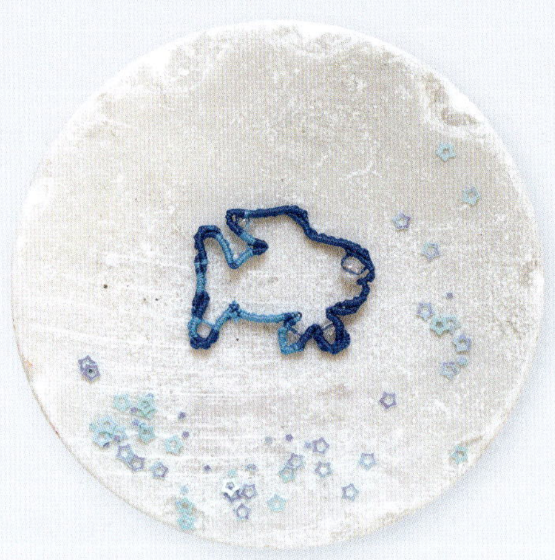

Fisch

Material:

- 5 Fäden à 130 cm Lizbeth Garn 20-149 Peacock Blues
- Perlen für Flossen
- 1 Perle für Auge 4 mm kristall irise

Alle Fäden werden mittig verwendet,
*Beginn ist mit einem Faden über die Nadel am Maul und 1 Rippenknoten (Rkn), Fäden auseinanderlegen und auf jeden einen neuen Faden aufschieben.
Die inneren Fadenteile werden über 2 Leitfäden (LF) nach außen geknüpft. **[1]**

Bündel um eine Nadel biegen und je einen Rkn ausführen. *

Auf jede Seite einen neuen Faden aufschieben, unten knüpft der innere Teil noch einen Rkn über 2 LF nach außen, einen LF noch in diese Richtung auflösen. Oben auf den inneren Faden 1 Perle auffädeln und Bündel nach außen auflösen. **[2]**

Oben knüpft der Augenfaden auf den letzten LF, alle Fäden mit 3er Schlkn nach re bündeln, 6 Rkn, Bündel um Nadel biegen, 2 Rkn, auflösen und mit 3er Schlkn bündeln. Nach 7 Rkn, auf den AF eine Perle auffädeln und liegen lassen. Mit neuem AF nach li beginnend 2 Rkn und liegen lassen. **[3]**

Wieder ein neuer AF knüpft 3 Rkn, Bündel um Nadel, liegen gelassener Faden knüpft 3 Rkn und dazulegen. Perlenfaden knüpft 3 Rkn und bleibt liegen.
2 Fäden auflösen, 2 LF um Nadel biegen und zurückbündeln, 3 Rkn. **[4]**

Das Bündel um eine Nadel und 6 Rkn, auflösen und bündeln mit 3er Schlkn, 2 Rkn, auflösen und bündeln mit Rkn, 3 Rkn, auflösen, bündeln. AF liegen lassen, mit neuem AF 3 Rkn nach li beginnend, auflösen, bündeln mit 3er Schlkn.
1 Rkn, liegen gelassener Faden knüpft weiter mit 3 Rkn, * 1 LF herausschneiden, 1 Rkn * bis auf 1 LF, dann liegen lassen.

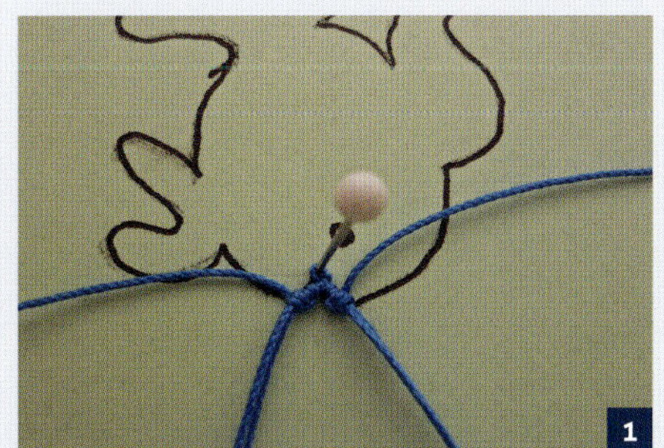
1

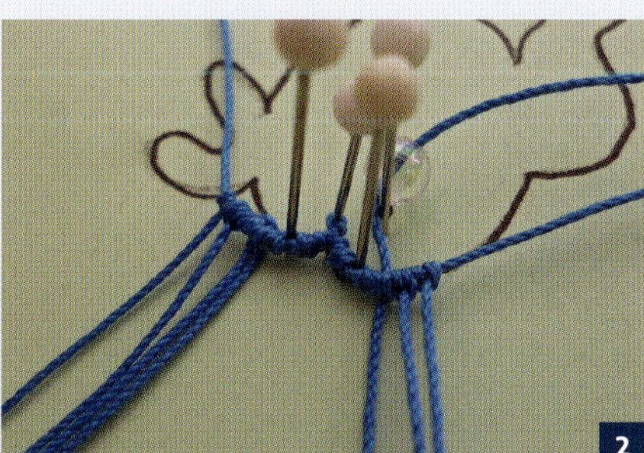
2

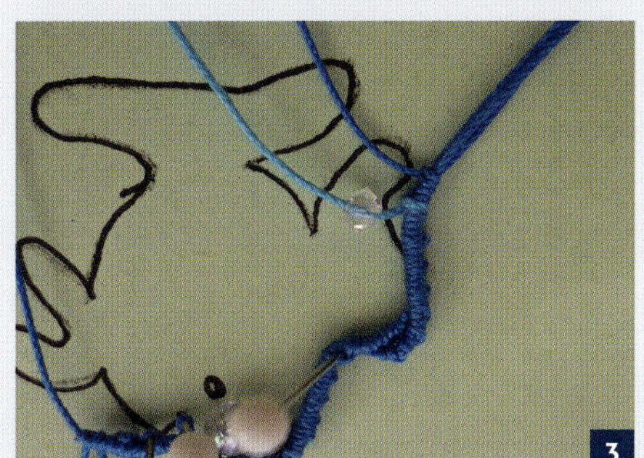
3

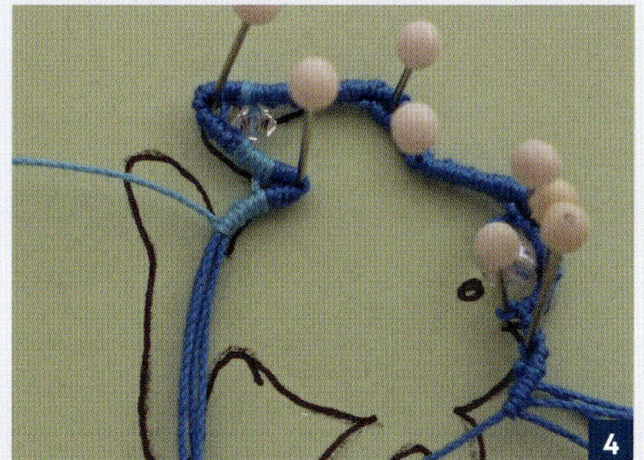
4

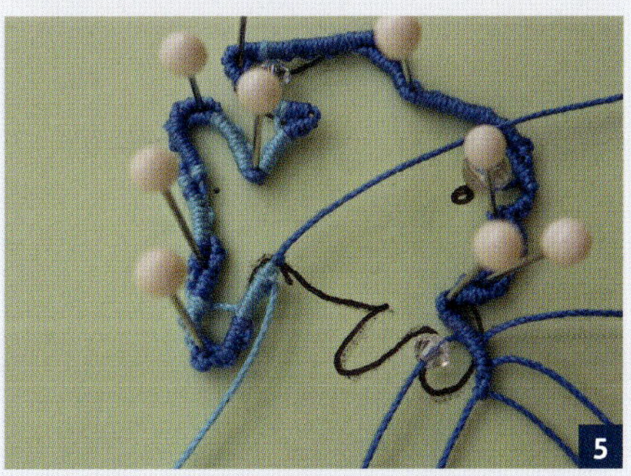
5

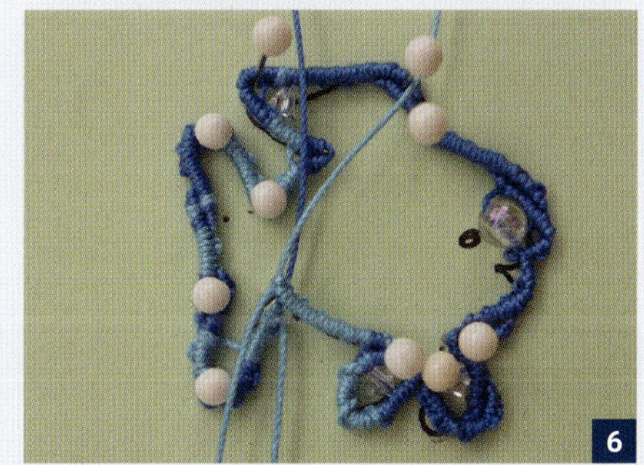
6

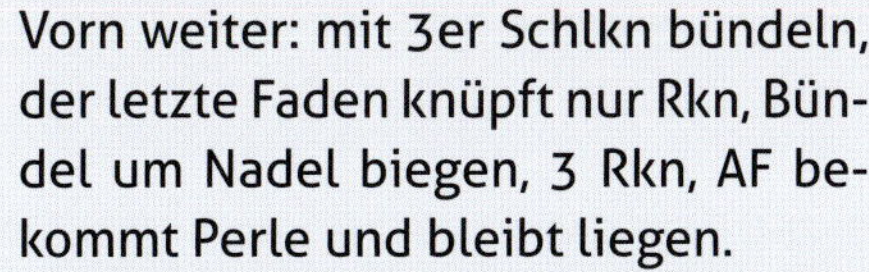
Vorn weiter: mit 3er Schlkn bündeln, der letzte Faden knüpft nur Rkn, Bündel um Nadel biegen, 3 Rkn, AF bekommt Perle und bleibt liegen.
Ein neuer AF knüpft 1 Rkn nach re, alle anderen Fäden mit 3er Schlkn auflösen, mit 4er Schlkn bündeln, 2 Rkn und AF zum Bündel legen. Perlenfaden 1 Rkn, Bündel um Nadel, 3 Rkn, AF bekommt Perle und liegen lassen.
Ein neuer AF knüpft 18 Schlkn (Spirale), AF zum Bündel legen. Perlenfa-

den knüpft 1 Rkn, bleibt liegen, 1 LF herausschneiden, auflösen, Nadel stecken, zurückbündeln, 7 Rkn, 1 LF herausschneiden, 1 Rkn, 1 LF heraus. **[5–6]**

Knüpfarbeit umgedreht feststecken und nach hinten verknoten, verleimen, beenden. **[7]**

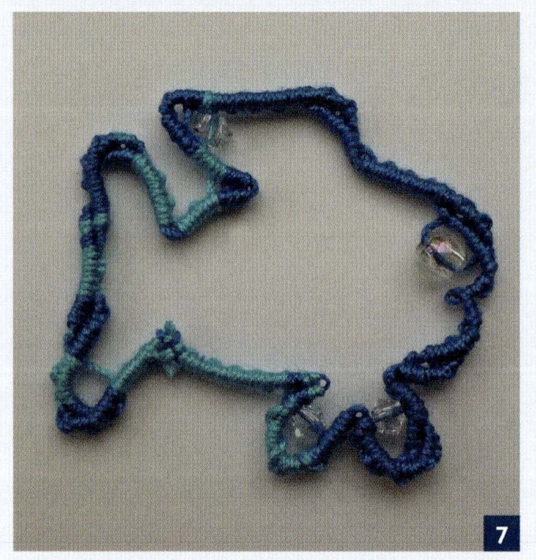
7

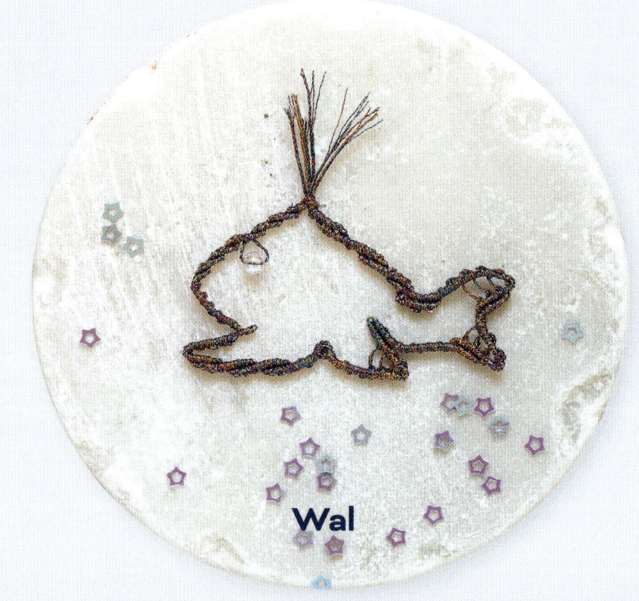

Material:

- 5 Fäden à 145 cm 20-325 Lizbeth Garn Gem Stone Metallic
- Augenperle

Der Wal wird wie der Fisch im Maul begonnen. Alle Fäden mittig, 1 Nadel stecken, 1 Faden über die Nadel und 2 Rippenknoten (Rkn) knüpfen. * bis * (Anfang vom Fisch), oben 8 Rippenknoten (Rkn), Nadel stecken, Bündel um Nadel biegen und 1 Rkn, liegen lassen, unten 7 Rkn, Nadel stecken, Bündel um Nadel und 1 Rkn, Arbeitsfaden (AF) liegen lassen und einen neuen Faden auf-

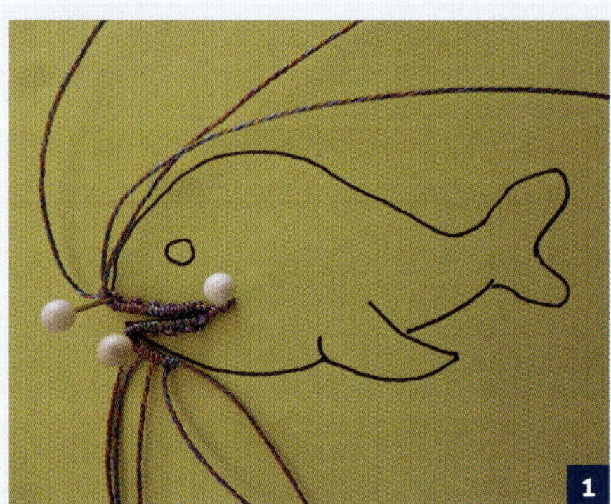
1

schieben, inneren Teil noch nach außen knüpfen und Bündel auflösen **[1]**

2 x: bündeln, auflösen, wieder bündeln, 4 Rkn, AF liegen lassen und 1 Faden auflösen **[2]**

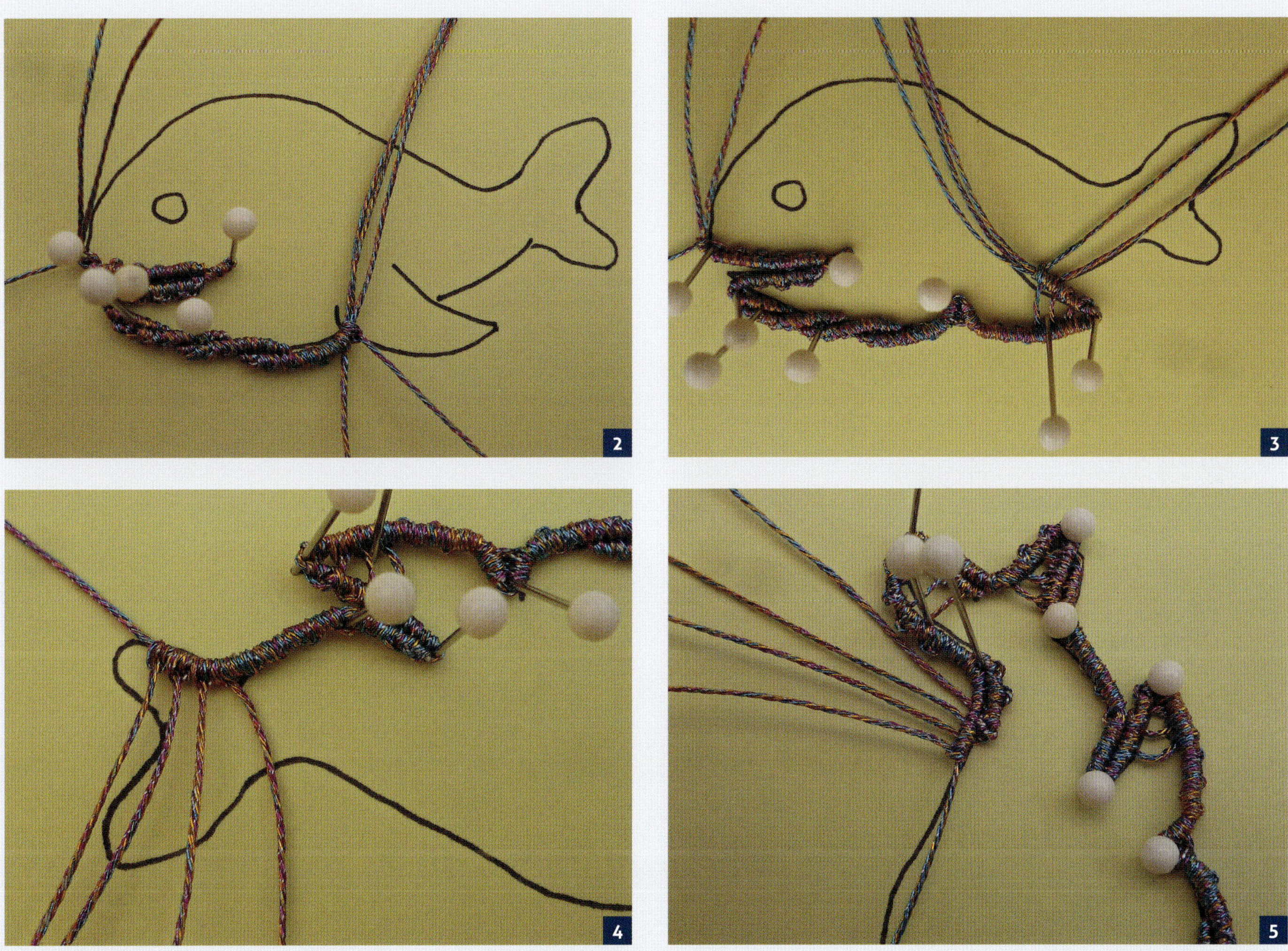

Bündel mit Nadel um Ecke biegen, Fäden dazu bündeln, 6 Rkn, AF liegen lassen und mit 3er Schlingknoten (Schlkn) auflösen. Leitfaden (LF) um Nadel und mit 3er Schlkn und Abstand zurückbündeln, dabei 2 Fäden dazulegen und restliche Fäden liegen lassen. **[3]**

Bündel auflösen, letzten Faden um Nadel und zurückbündeln, 6 Rkn, AF liegen lassen, Bündel auflösen. **[4]**

* Re Faden von allen liegenden Fäden nach li überknüpfen, um Nadel und zurück mit Abstand, mit 3er Schlkn dabei bündeln (2 x 4er und 2 x Rkn). Letzter Faden knüpft noch 1 Rkn und bleibt liegen, Bündel um Ecke. **[5]** *

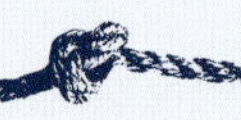

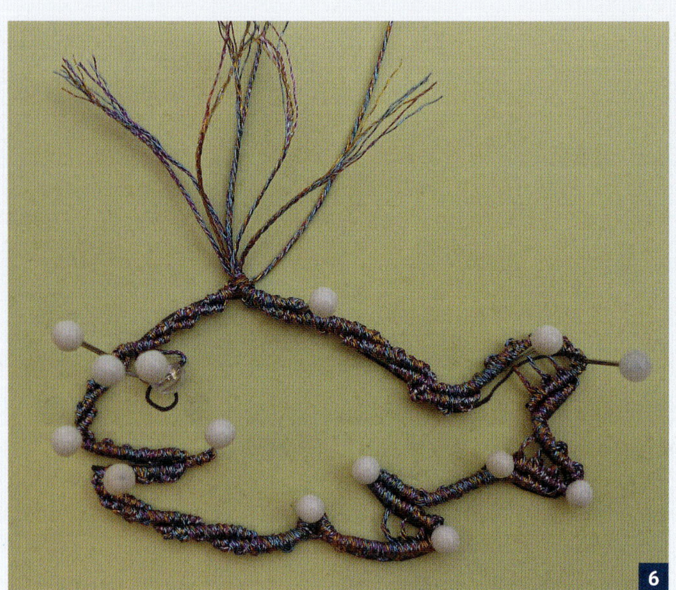

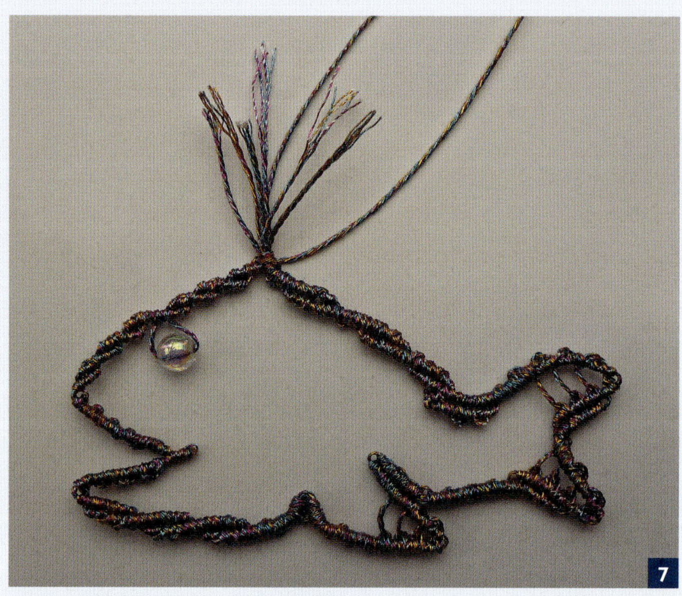

Von * bis * wiederholen, aber zurück mit 4er Schlkn.
6 Rkn, AF liegen lassen, 2 Fäden auflösen. Diese 3 Fäden weiterbündeln, nach 1 Rkn des letzten AF nach li mit 3er Schlkn auflösen. Über die 3 oberen Fäden mit Rkn knüpfen. **[6]**

Noch 2 Fäden auflösen.
2 x bündeln, auflösen, 2 Rkn, auflösen, bündeln, 2 Rkn, liegen lassen.

Oberhalb vom Maul weiter:
2 x auflösen, bündeln, 1 Rkn, auf AF Perle für das Auge und wieder nach oben knüpfen, liegen lassen.
3 x auflösen, bündeln
Rechter AF knüpft um alle Fäden 1 Rkn.
2 Fäden könnten als Aufhänger verwendet werden, ansonsten alle Fäden nach Belieben einkürzen. **[7]**

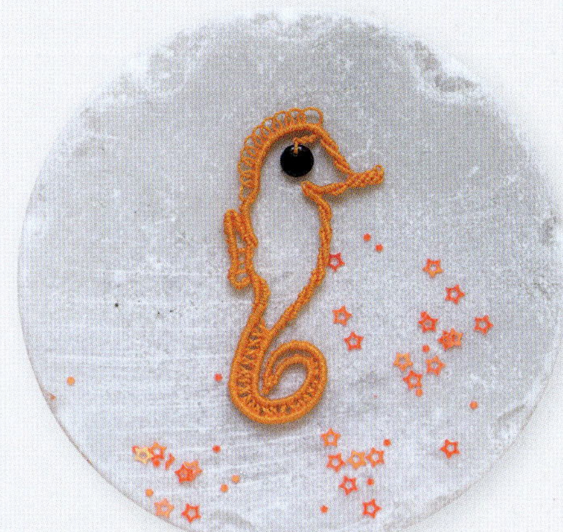

Seepferdchen

Material:

- 5 Fäden à 160 cm, Lizbeth Garn 20-695 Bright Orange
- 1 flache schwarze Augenperle

Alle Fäden werden mittig verwendet, an der Nase beginnend mit 2 Fäden und der Brezel in der Luft, aufstecken und re Teil noch nach li knüpfen. **[1–3]**

3x oberen Leitfaden (LF) von den 3 hängenden Fäden nach unten überknüpfen (Nadeln stecken!) und unteren Faden immer mitknüpfen. Jeweils 2 Fäden werden miteinander nach oben mit 1 Rkn verknüpft.

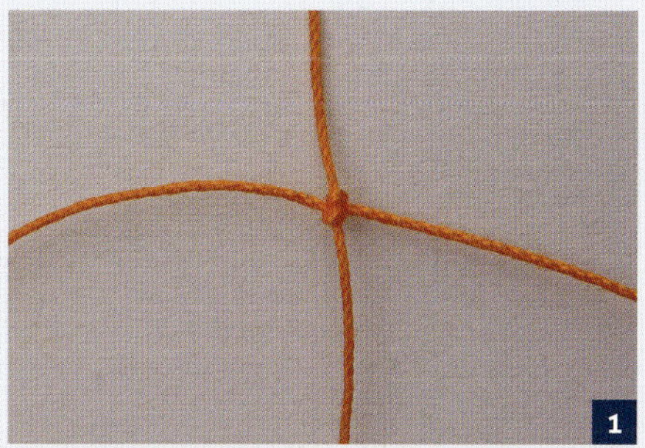

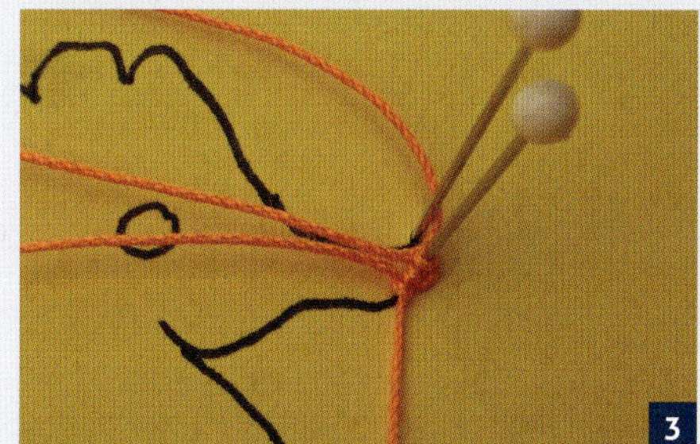

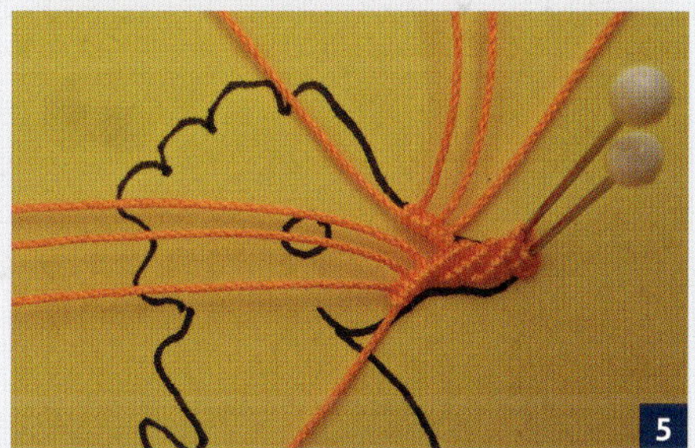

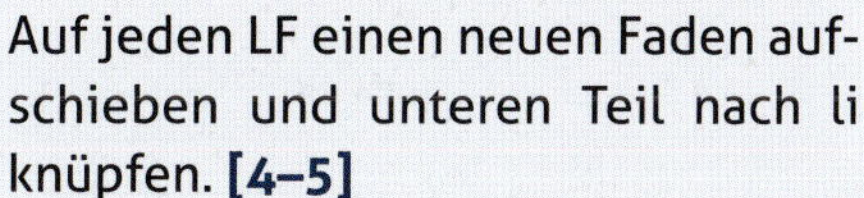

Auf jeden LF einen neuen Faden aufschieben und unteren Teil nach li knüpfen. **[4–5]**

Oben und unten bündeln und unten liegen lassen.
Oben auflösen, bündeln, liegen lassen.

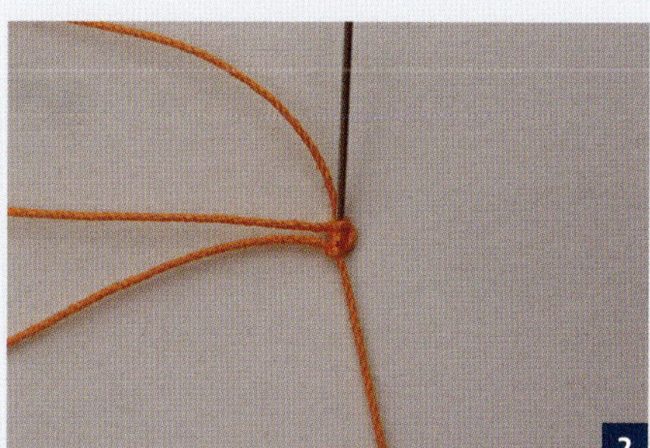

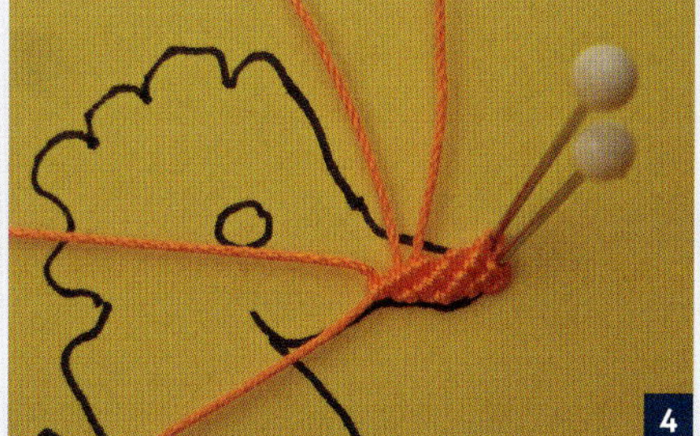

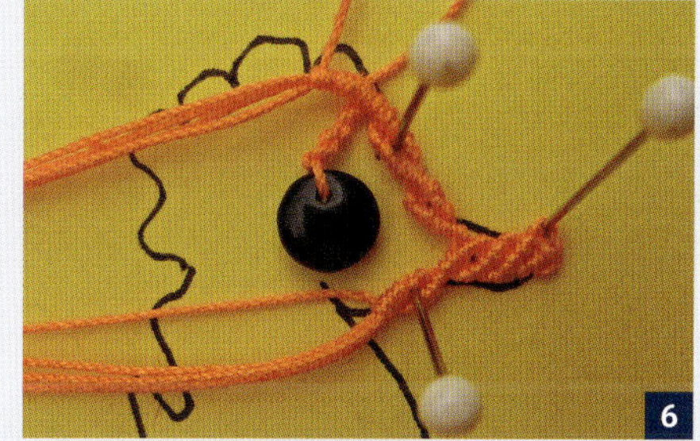

Auf einen neuen Faden Perle mittig auffädeln, feststecken und re über li 3 Rkn knüpfen, dabei immer AF und LF wechseln. Zur Arbeit stecken. Augenfäden einzeln oben über Bündel knüpfen, den 1. dazulegen, der 2. Faden bleibt liegen. Ein neuer AF vom Bündel knüpft 2 Rkn. **[6]**

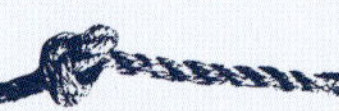

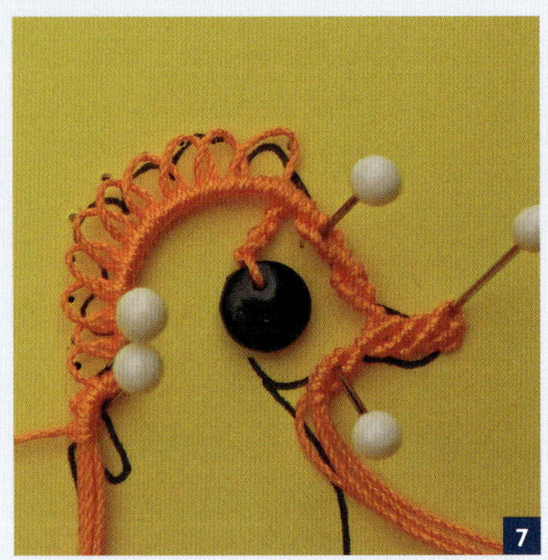

8x: immer der rechte Faden bekommt mit Nadel ein großes Auge, knüpft 2 Rkn, bleibt liegen.

Beim 9. Mal knüpft der AF 3 Rkn, zum Bündel legen, nächster Faden knüpft 4 Rkn, dabei wird Bündel um Nadel gebogen. **[7]**

Bündel auflösen, um Nadel, zurückbündeln, 1. AF bleibt liegen, 3 LF um Nadel, mit 3er Schlkn bündeln, 5 Rkn, AF bleibt liegen, mit 3er Schlkn auflösen. **[8]**

Letzter AF knüpft 4 Rkn, oben liegender Faden als LF von allen Fäden überknüpfen und dazu bündeln. (1x 4er, 1x 3er Rkn)
AF liegen lassen, auflösen, mit 3er Schlkn bündeln und liegen lassen.

Oben vorn weiter: 1 Rkn, auflösen, um Nadel mit 3er Schlkn zurückbündeln.
6x mit Auflösen und Bündeln der Bauchlinie folgen, 4 Rkn, bis beide Linien gleich sind. **[9]**

* AF re über li kreuzen, auf das Gegenbündel 2 Rkn knüpfen *, mit der Anzahl der Schlkn die Kurven ausgestalten (außen 3er bis 4er, innen 1 Schlkn hin und 1 Schlkn zurück). **[10–11]**
Bis beide Linien gleich lang sind.

Beide Bündel mit Rkn weiterführen, nach und nach bis auf 1 LF herausschneiden.

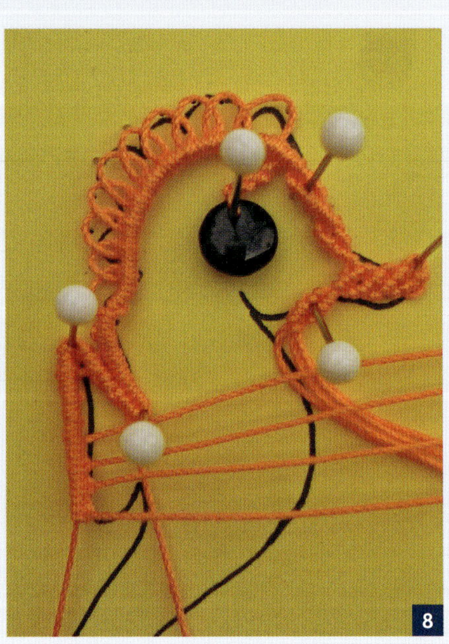

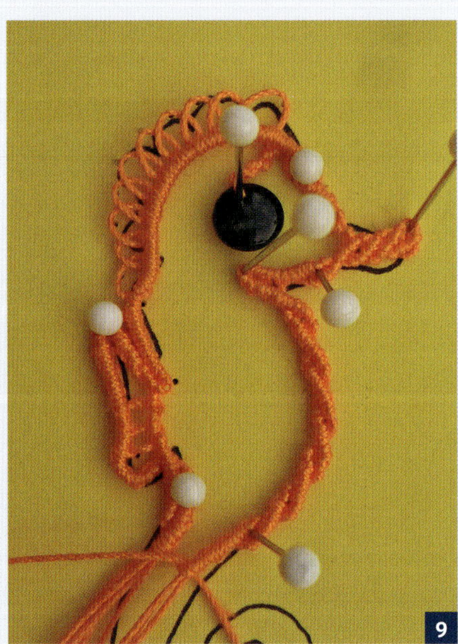

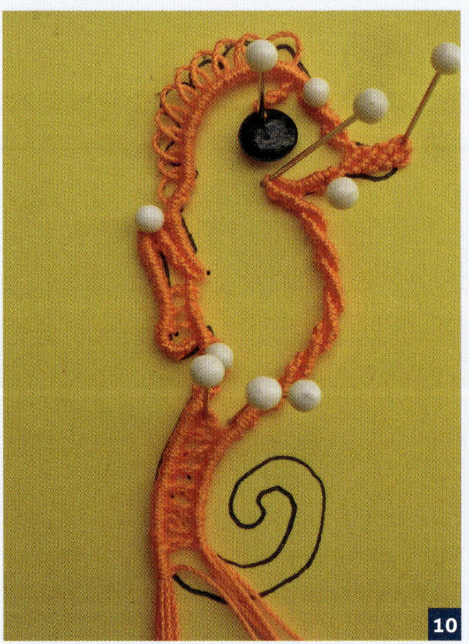

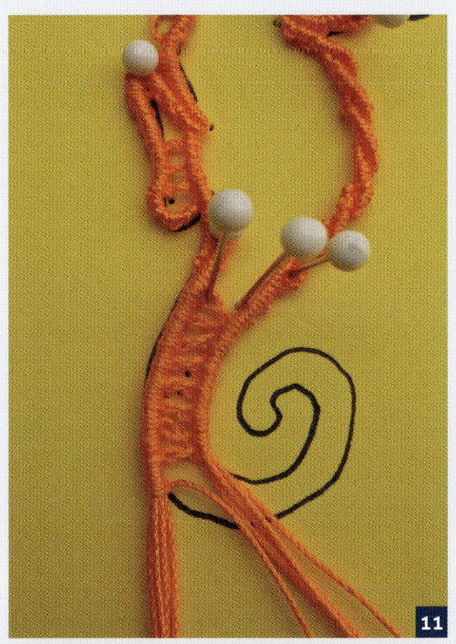
11

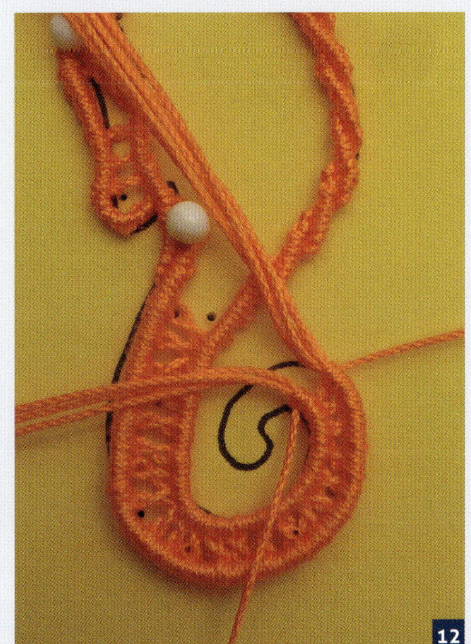
12

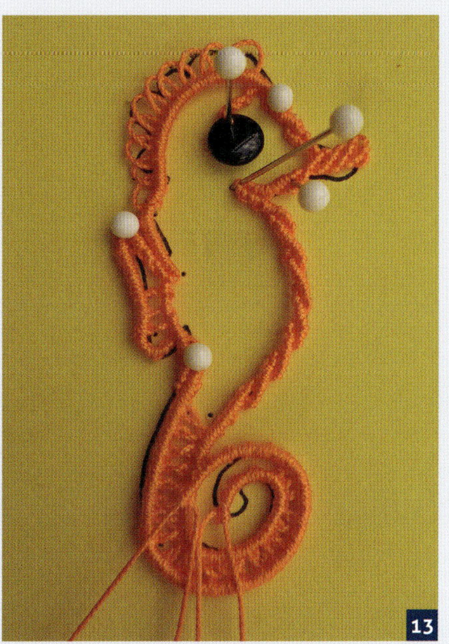
13

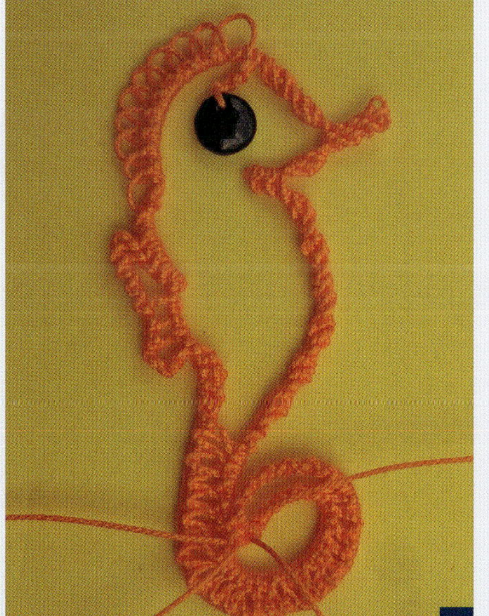
14

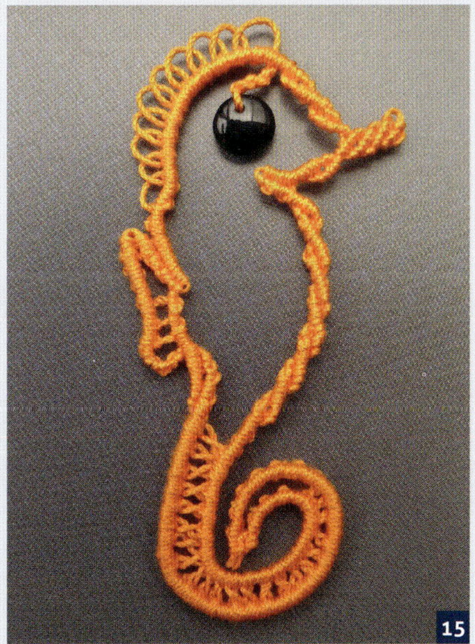
15

Auf Vorderseite drehen, stecken, verknoten, verleimen. **[12–15]**

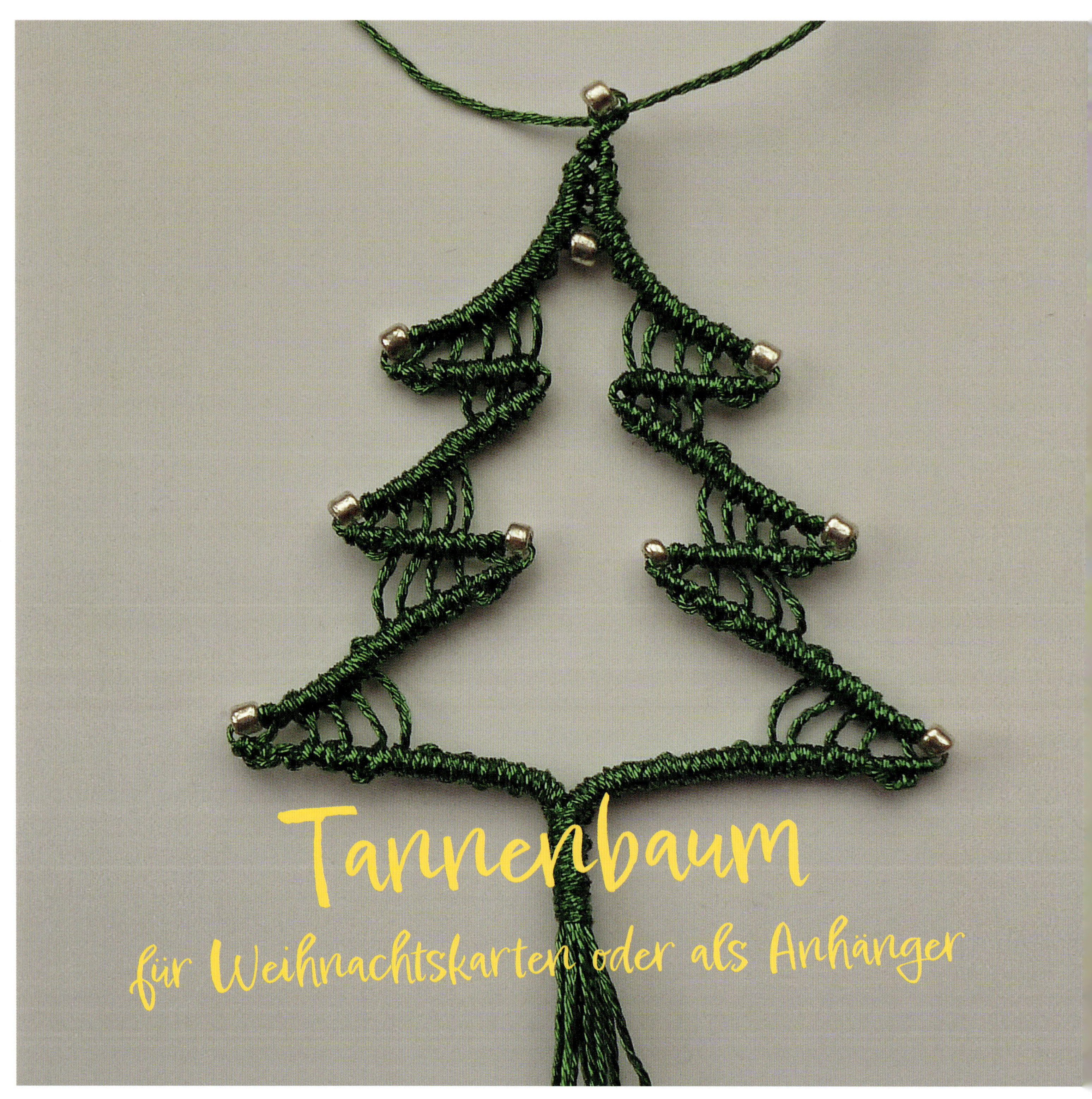
Tannenbaum
für Weihnachtskarten oder als Anhänger

Material:

- 6 Fäden à 100 cm Lizbeth Garn 20-323 Chrismas Green Metallic
- auf Wunsch Perlen

Der Baum kann größer gearbeitet werden, dann längere und evtl. mehr Fäden nehmen.
Alle Fäden mittig verwenden.
2 Nadeln mit Abstand stecken, Perle auffädeln, Faden über Nadel hängen und rechts über links einen Rippenkoten (Rkn) ausführen.
Die Fäden einzeln auf den linken Faden aufschieben und nach rechts knüpfen, dazulegen und nächsten Faden aufschieben. Auf Wunsch einen kleinen Abstand zwischen den Bündeln lassen. **[1]**

Beim Aufschieben des letzten Fadens kann eine Perle dazwischen aufgefädelt werden.
Es wird seitengleich gearbeitet: 3 Rkn, auflösen, Perle auf letzten Leitfaden (LF) **[2]**

2 x: Außen Nadel stecken, mit Abstand gerade zurückbündeln (4er Schlingknoten (Schlkn)), Faden dazulegen, 2 x 3er Schlkn, 2 x Rkn, 2 Rkn
2 x: 2 Fäden um Nadel nach außen legen, mit Abstand zurückbündeln,

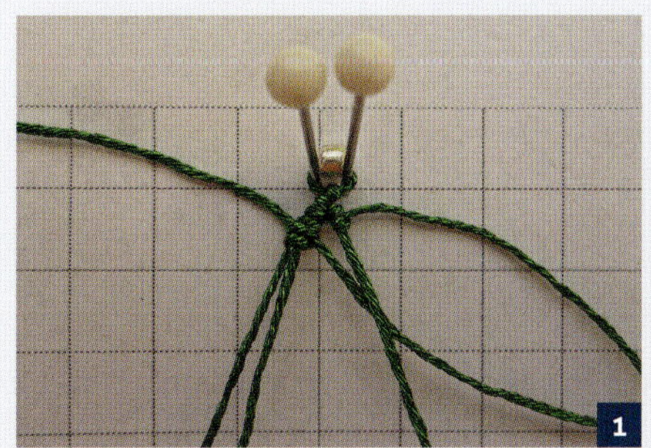

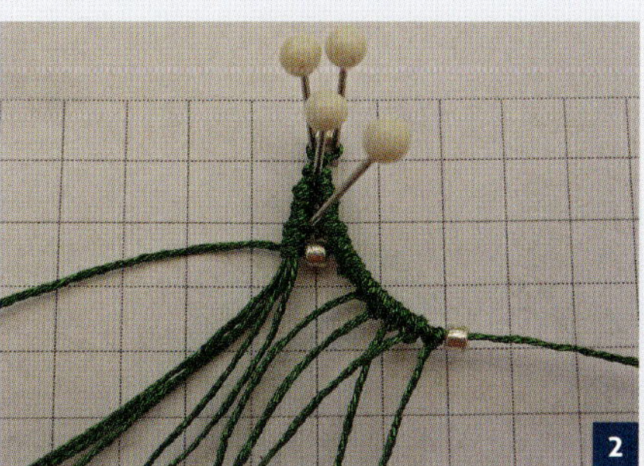

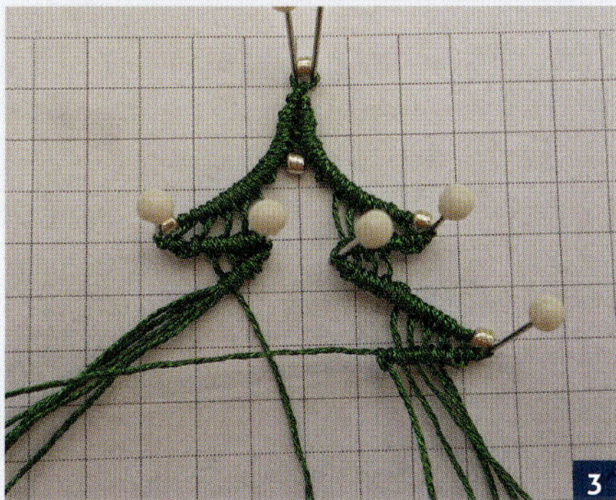

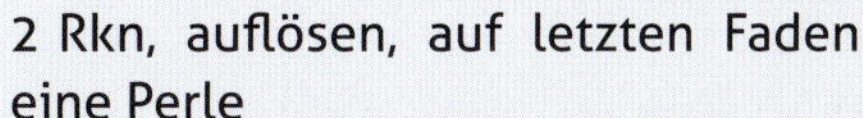

2 Rkn, auflösen, auf letzten Faden eine Perle
Ab der 2. Spitze können die 2 LF innen noch aufgelöst werden. **[3]**

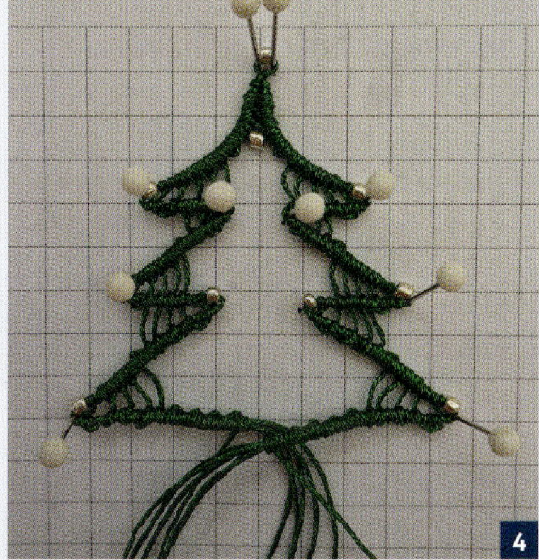

Bei der letzten Zacke alle Fäden nach innen bündeln und 8 Rkn knüpfen, bis sich beide Bündel in der Mitte treffen. **[4]**

Mit einem Arbeitsfaden (AF) über alle Fäden mit Rkn den Stamm knüpfen. Fäden auf gewünschte Länge abschneiden, evtl. Aufhänger anbringen. **[5]**

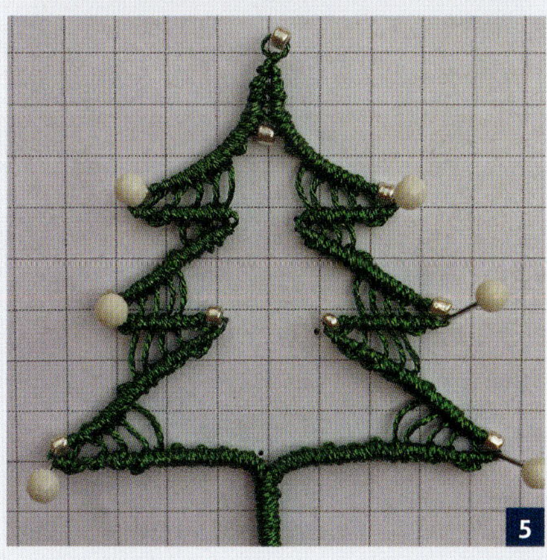

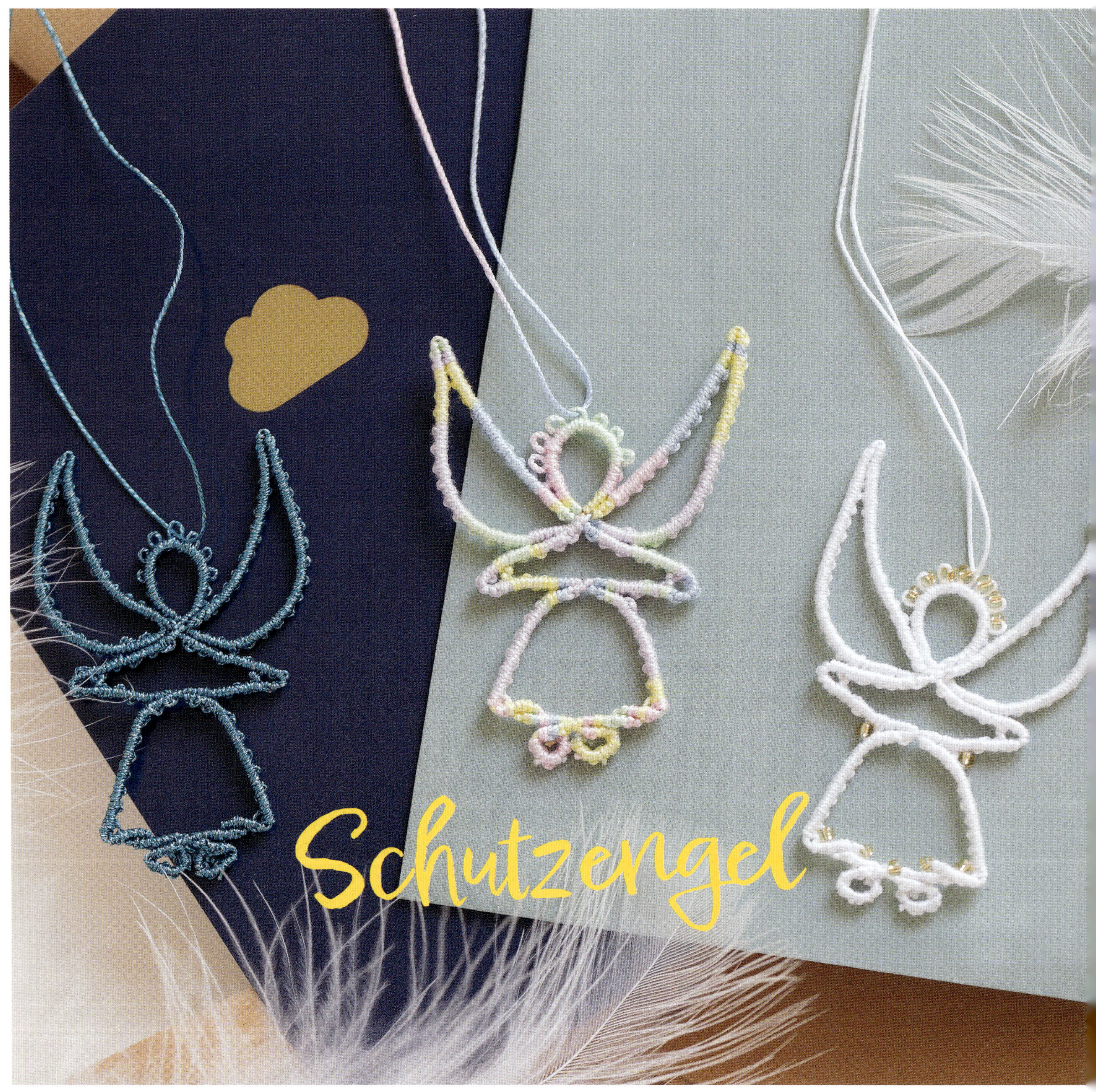
Schutzengel

MATERIAL:

- 3 LF à 100 cm, 1 AF à 230 cm Häkelgarn Nr. 10
- auf Wunsch Perlen

Die 3 LF und der AF werden mittig und mit der Brezel in der Luft verbunden. Der entstandene Knoten wird senkrecht auf die Unterlage gesteckt.

Mit 1 seitlich liegenden AF 1 Rkn knüpfen, mit Nadel Abstand für Locke (evtl. mit Perle versehen) stecken, 2 Rkn, Locke, bis 3 kleine Locken entstanden sind. Nach 3 Rkn AF liegen lassen und alle Fäden auflösen. **[1–4]**

Anschließend Knüpfunterlage drehen, 4 kleine Locken arbeiten, weiter wie andere Seite knüpfen.

Das entstandene Bündel rund als Kopf biegen und gut auf Millimeter- oder Kästchenpapier feststecken. Hier werden die letzten beiden LF re über li mit einem Rkn verbunden.
Jede Seite wird wieder nach außen oben gebündelt und erhält 20 Rkn.
Der AF liegt nach außen und das Bündel wird in diese Richtung aufgelöst. Nach dem Stecken einer Nadel an die oberste Spitze, wird der LF um diese nach unten gelegt, wieder gebündelt

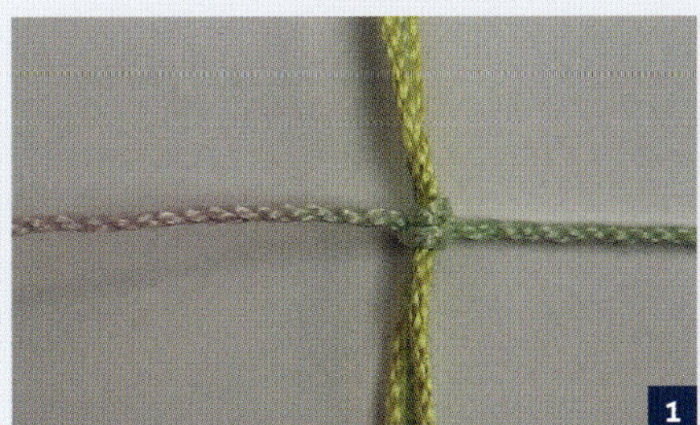

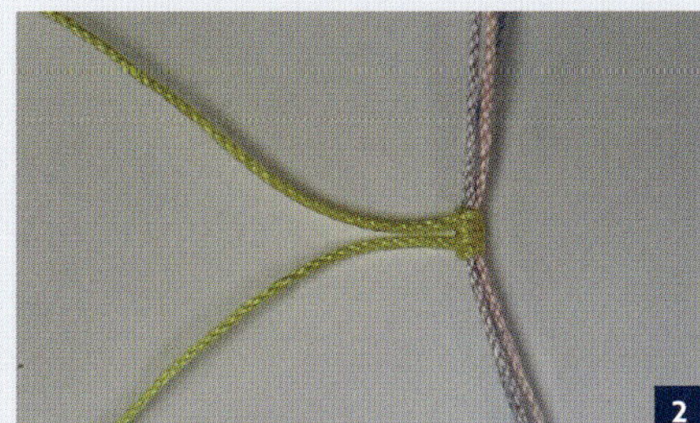

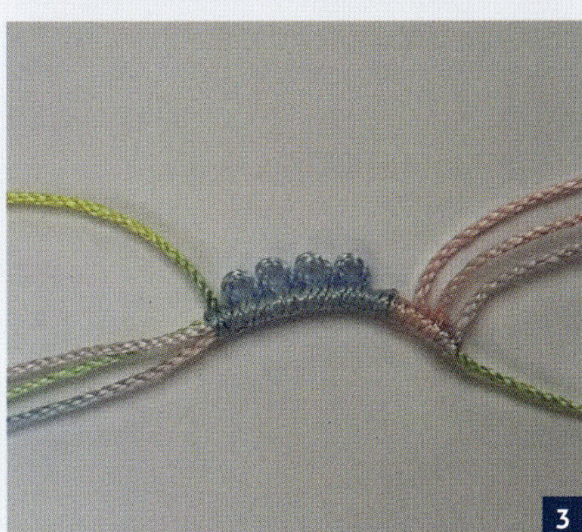

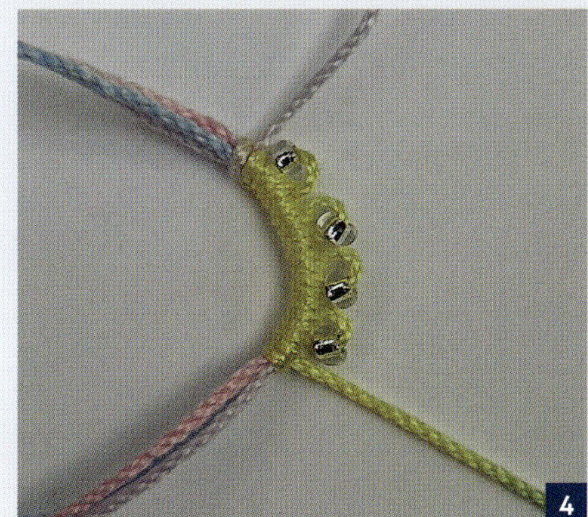

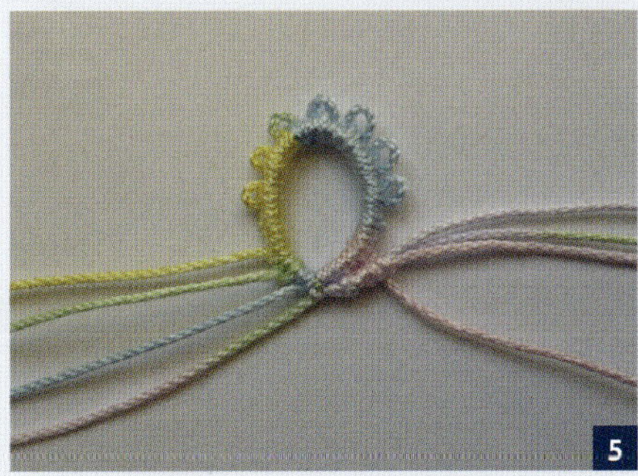

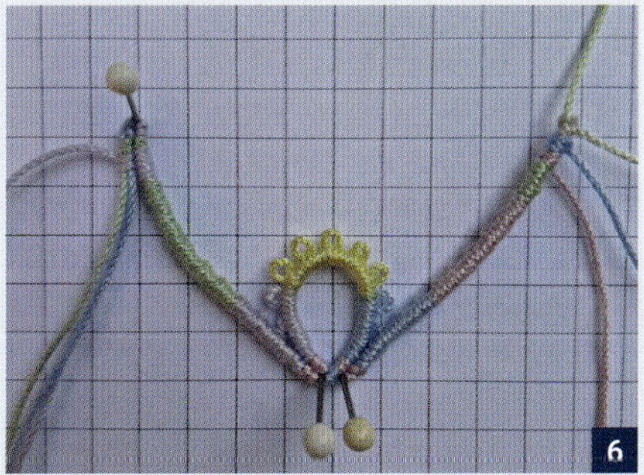

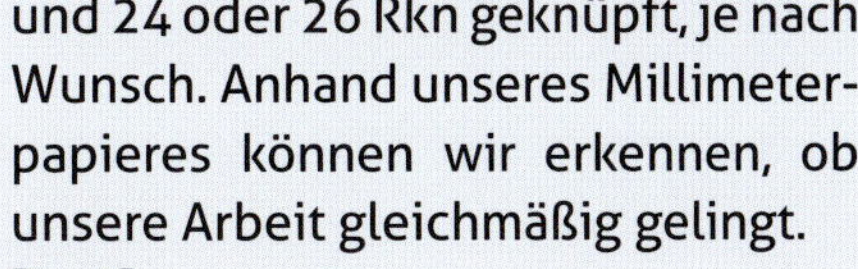
und 24 oder 26 Rkn geknüpft, je nach Wunsch. Anhand unseres Millimeterpapieres können wir erkennen, ob unsere Arbeit gleichmäßig gelingt. **[5–6]**

Der AF bleibt außen liegen, wir nehmen einen neuen Faden vom Bündel, knüpfen 4 Rkn (nach innen zum Kopf beginnend) und lösen die restlichen Fäden auf.

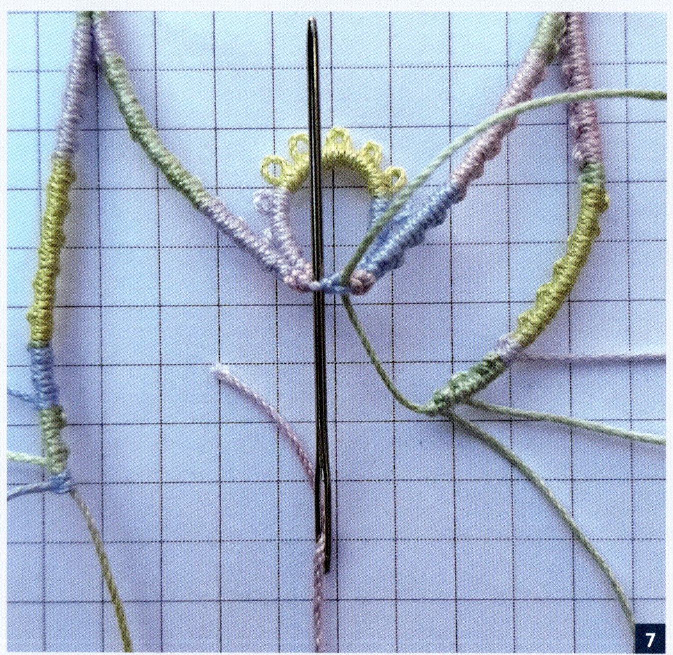
7

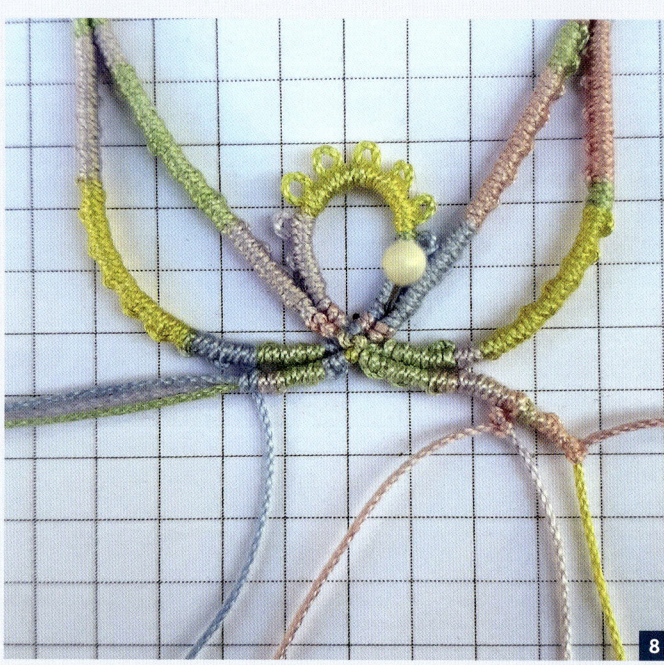
8

Der LF wird mit Hilfe einer Nähnadel zwischen den beiden Rippen des Kopfes von hinten nach vorn durchgezogen und beide Fäden mit 1 Rkn re über li verknüpft. [7]

Nach außen wieder bündeln, wobei der 2. Faden 4 Rkn ausführt, dazugelegt und weiter gebündelt wird. Die Gegenseite wird ebenso gearbeitet. Der letzte AF knüpft noch 4 Rkn, bleibt liegen und wir lösen noch einen Faden aus dem Bündel auf. Mit diesen beiden Fäden nach innen je 1 Rkn knüpfen und liegen lassen. Ein Faden aus dem Bündel knüpft weiter mit 4 Rkn. Diese Rkn werden um eine Nadel als Hand zurückgebogen und die liegenden Fäden wieder dazu gebündelt. [8]

Jedes Bündel erhält 5 Rkn, AF liegt nach unten (dieser kann evtl. 1 Perle erhalten), restliche Fäden in diese Richtung auflösen. Letzte LF treffen in der Mitte aufeinander und werden mit 1 Rkn re über li verbunden. Von der Mitte beginnend alle Fäden zur Seite bündeln, 12 Rkn, AF liegen lassen (evtl. 1 Perle), noch 1 Faden auflösen, Bündel um Nadel zur Ecke biegen, nach innen 2 x bündeln und

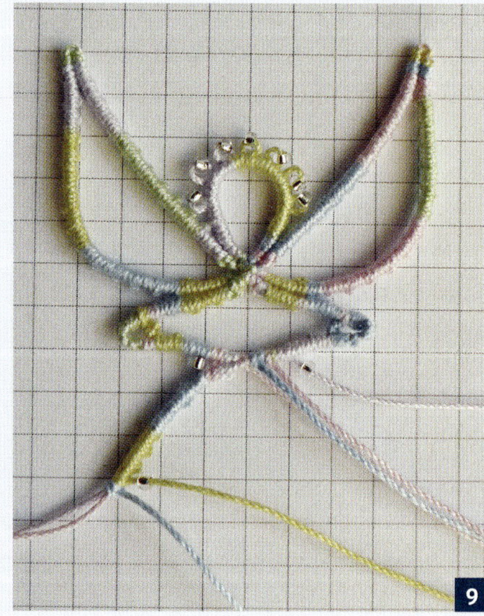
9

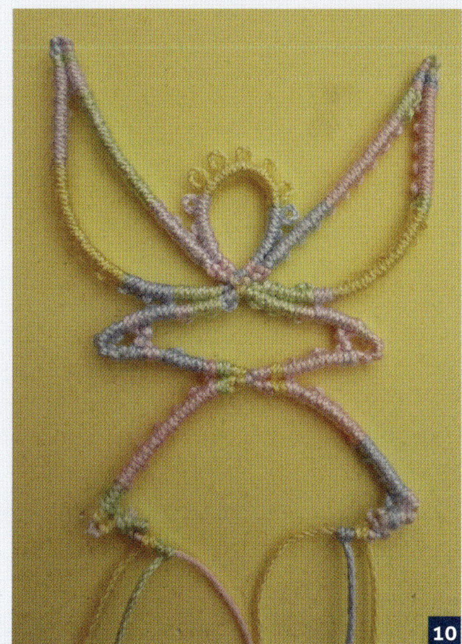

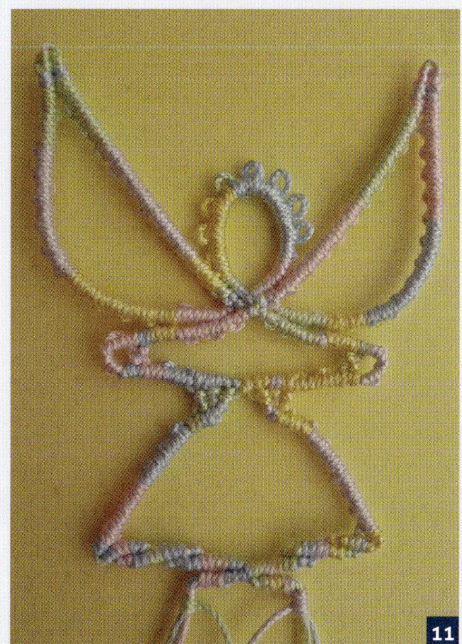

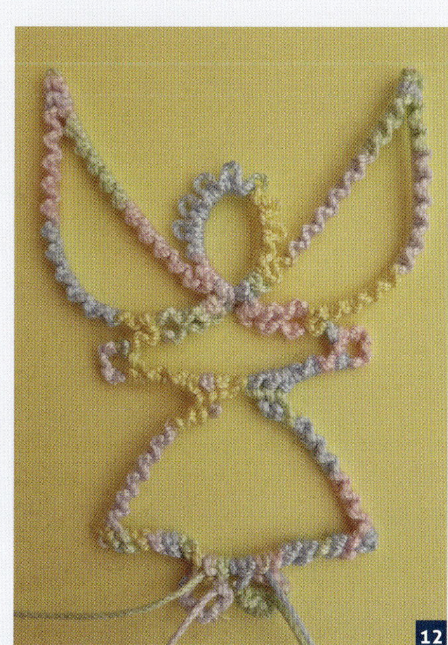

auflösen, ausrichten. Letzte LF re über li verbinden und zurückbündeln. Bündel um Nadel nach unten biegen, 3x: 2 Rkn, 1 LF vorsichtig herausschneiden. Letzten LF mit Sticknadel oben zwischen dem Doppelbündel von unten nach oben und neben einem Faden zurückstechen, eine Verbindung schaffen, es entstehen Füßchen. Schutzengel umgedreht feststecken, damit auf der Rückseite **[12]** AF und LF jeweils miteinander verknotet und verleimt werden können.

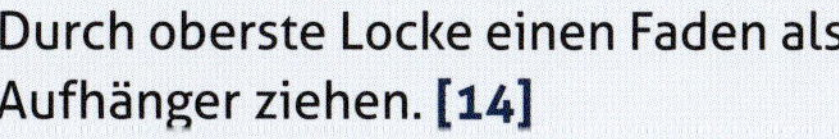
Durch oberste Locke einen Faden als Aufhänger ziehen. **[14]**

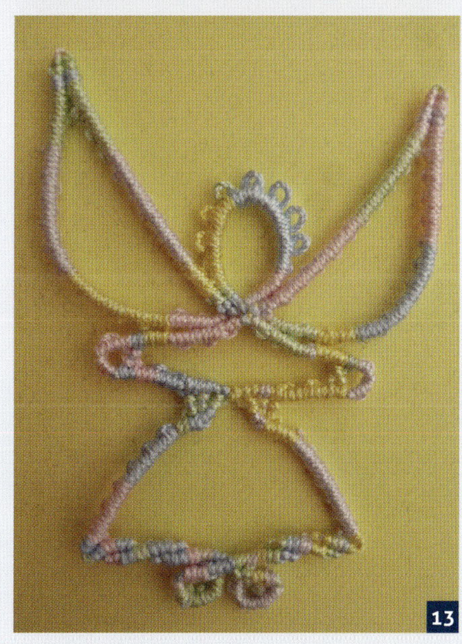

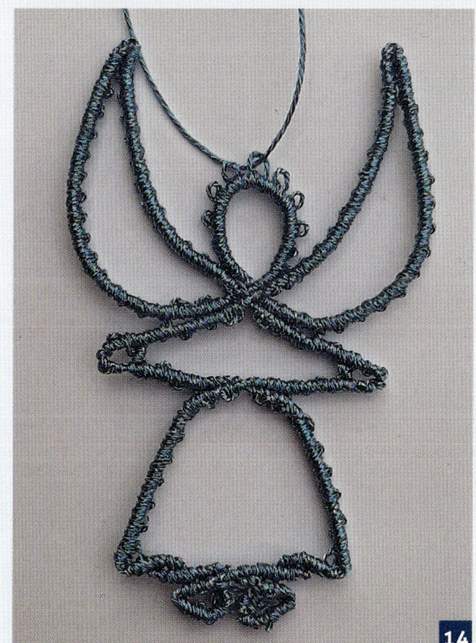

Schaukelpferd

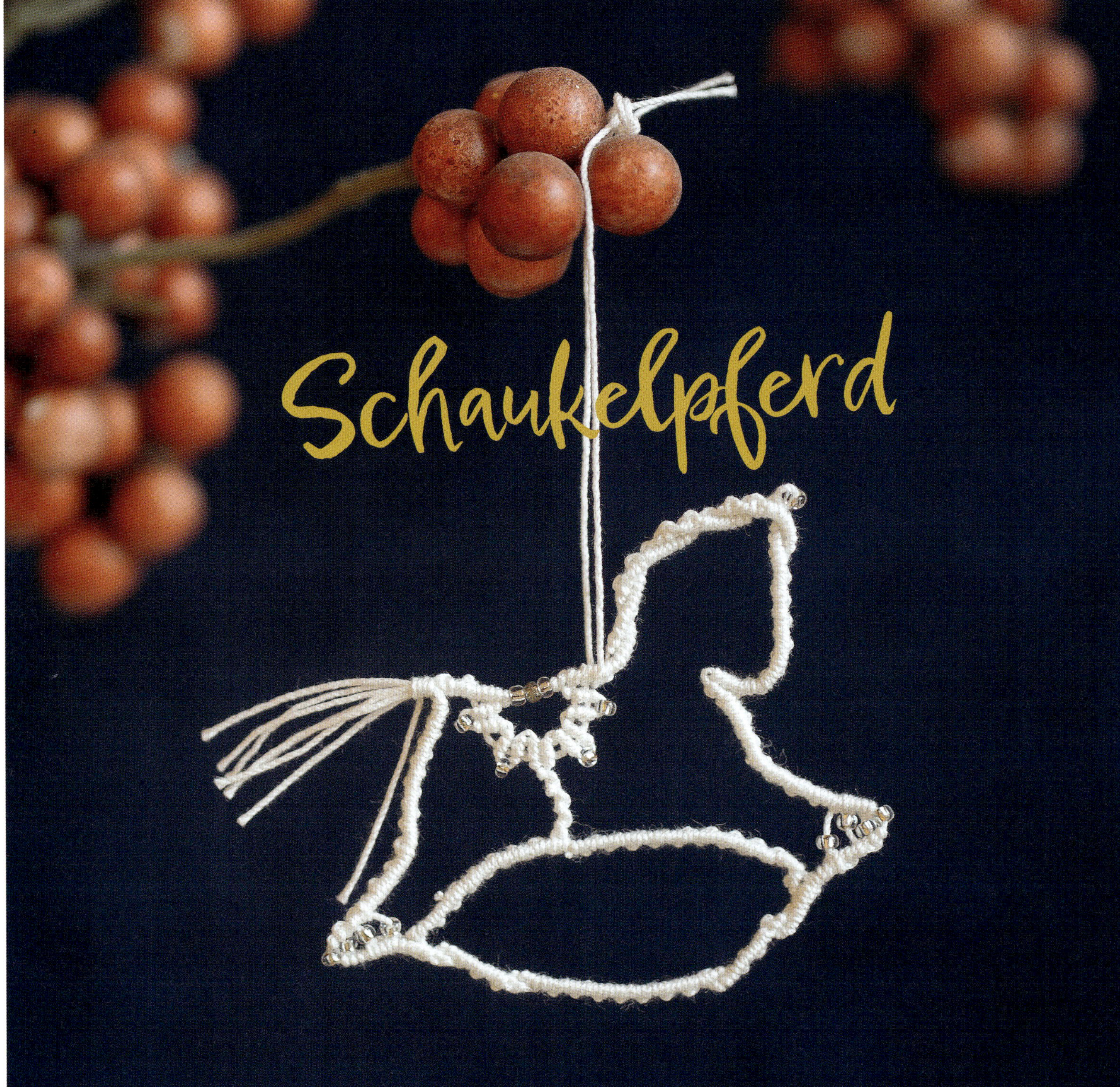

Höhe ca. 5 cm

MATERIAL:

- weißes Baumwollhäkelgarn Nr. 15, 4 Fäden à 200 cm für den Beginn, 2 Fäden à 120 cm
- Perlen 2 mm

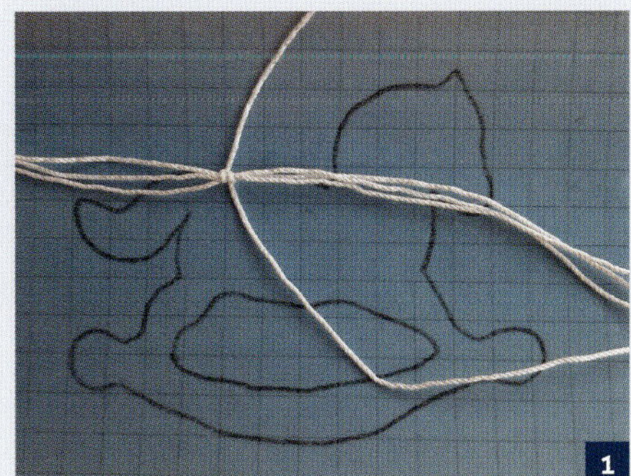

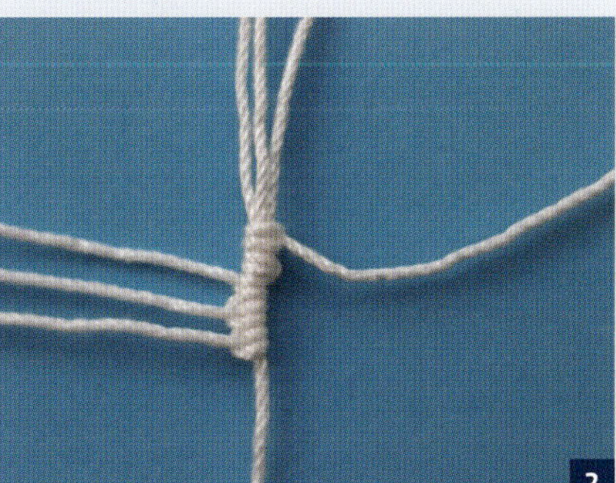

Während des Knüpfens muss die Unterlage immer wieder gedreht werden.
Alle 4 Fäden mit 10 cm Fadenenden nach links und der Brezel in der Luft beginnen. Knoten auf die Rückenlinie/ Schwanzbeginn stecken, das lange Fadenende liegt links. **[1]**

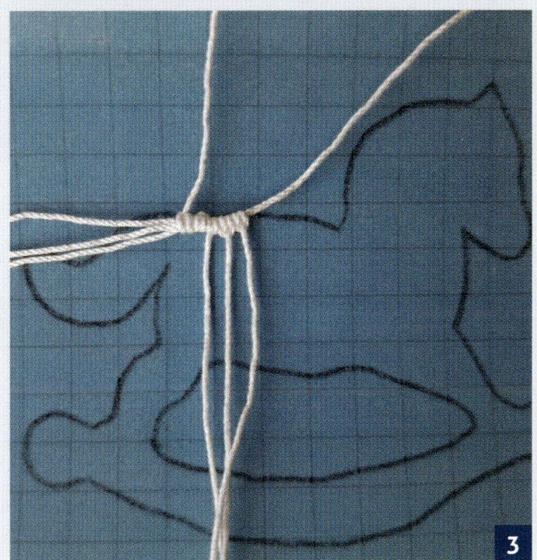

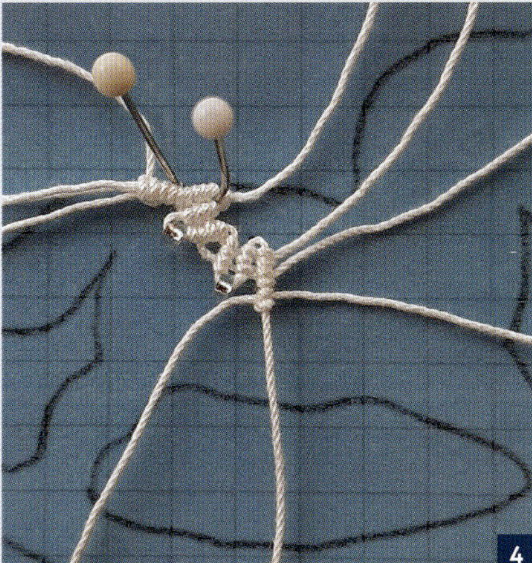

2 Rippenknoten (Rkn), Arbeitsfaden (AF) liegen lassen, Bündel nach links auflösen und Leitfaden (LF) liegen lassen. **[2–3]**

Den rechten Faden als LF nach links überknüpfen, Perle auffädeln, Nadel stecken, LF zurück nach rechts überknüpfen, Nadel, nach links unten mit Abstand, Perle/ Nadel, nach oben, Nadel, nach unten knüpfen und neuen Faden mittig auf LF aufschieben. **[4]**

Der linke Teil des neuen Fadens knüpft mit AF und LF nach links wechselnd 4 Rkn, liegen lassen, der rechte Teil

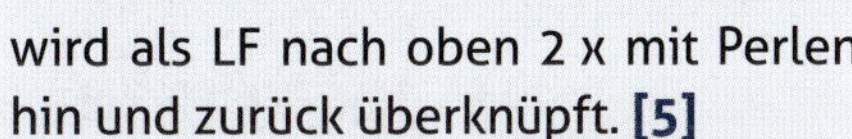

wird als LF nach oben 2 x mit Perlen hin und zurück überknüpft. **[5]**

Auf den oben liegen gelassenen Faden 3 Perlen auffädeln, von unten kommende Fäden dazu bündeln, 2 Rkn um die Ecke, AF liegen lassen und Bündel nach rechts mit 3er Schlingknoten (Schlkn) auflösen, bündeln mit Rkn, 3 x auflösen und bündeln mit 3er Schlkn.

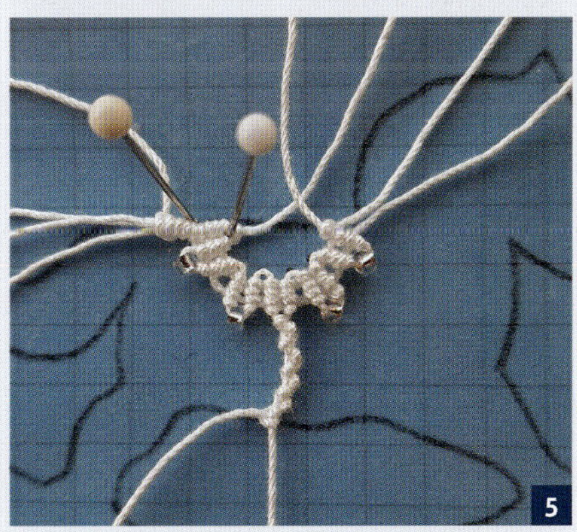

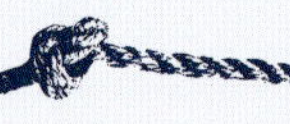

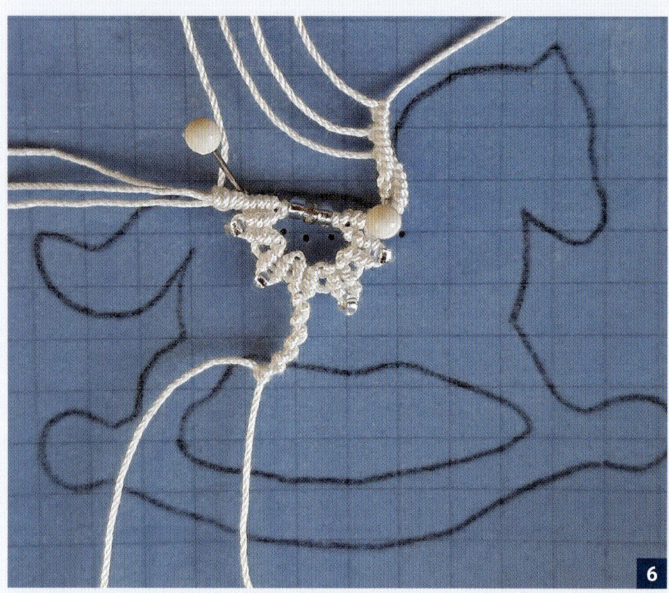
6

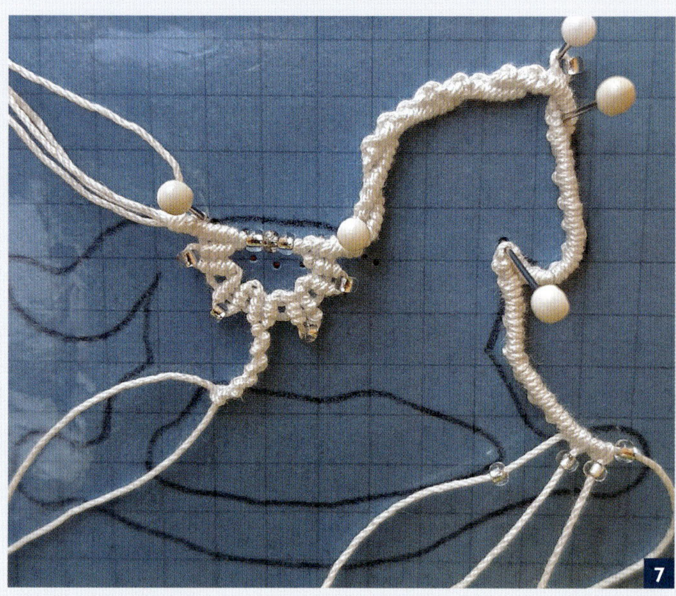
7

1 Perle auf den AF, Nadel stecken, 1 Rkn, mit Rkn auflösen und bündeln.
13 Rkn, der AF liegt rechts, auflösen, um die Ecke biegen, Nadel, zurückbündeln, 13 Rkn, mit 3er Schlkn auflösen.
Auf jeden Faden 1 Perle auffädeln, Nadel, mit 4er Schlkn zurückbündeln. **[6–7]**

1 Rkn, AF liegen lassen, 1 neuen Faden mittig aufschieben und den unteren Teil noch mit 1 Rkn nach oben knüpfen, auflösen. **[8]**

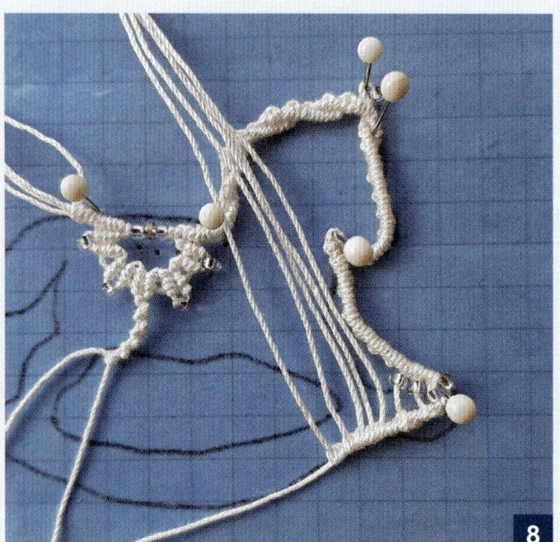
8

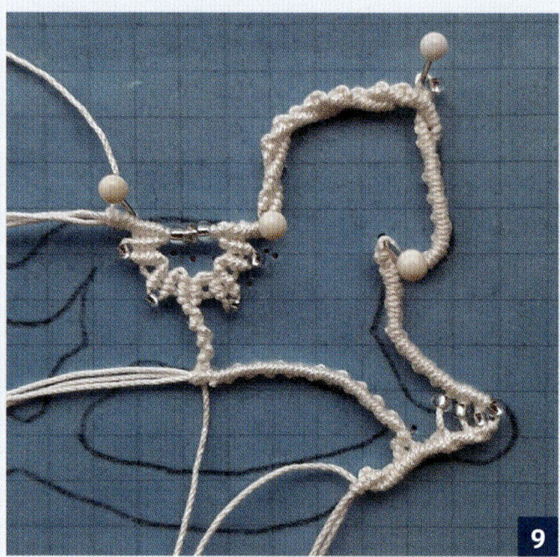
9

Nach jeder Seite je 3 Fäden bündeln, das vordere Bündel mit 1 Rkn um die Ecke und 19 Rkn weiter bis zu liegenden Fäden vom Sattel. 1 LF herausschneiden, AF dazulegen und Fäden von oben dazu bündeln. **[9]**

5 Rkn, 1 LF herausschneiden, 9 Rkn, 1 LF heraus, liegen lassen und später zum unteren Bündel dazu.
Anderes Bündel für Kufe unten: 4 Rkn, auflösen, weiterbündeln, 15 Rkn, auflösen, bündeln, 4 Rkn.

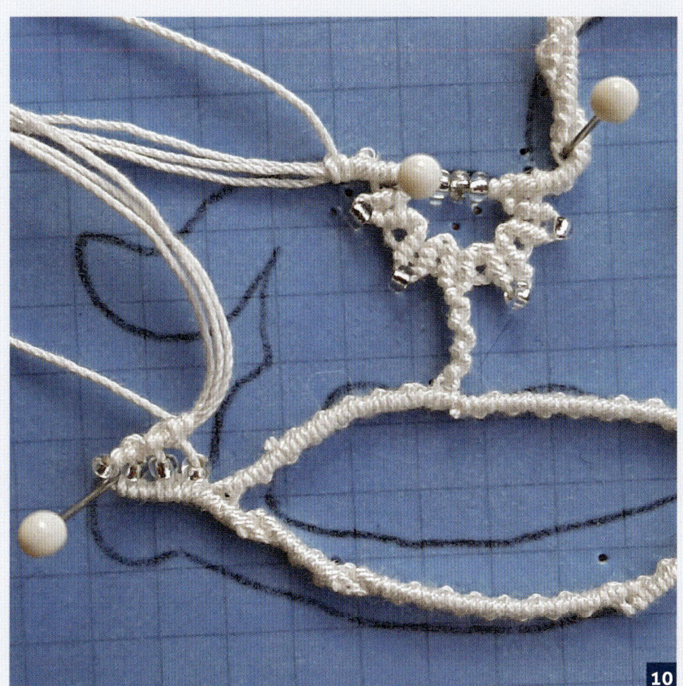
10

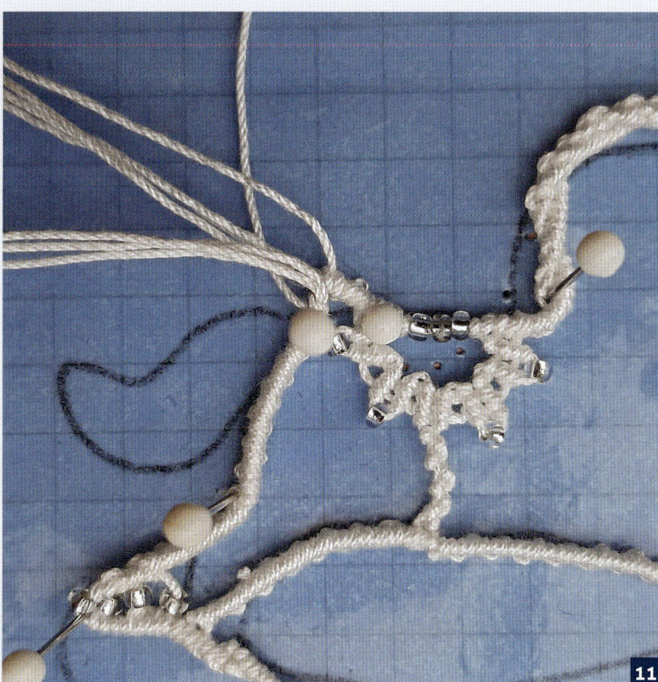
11

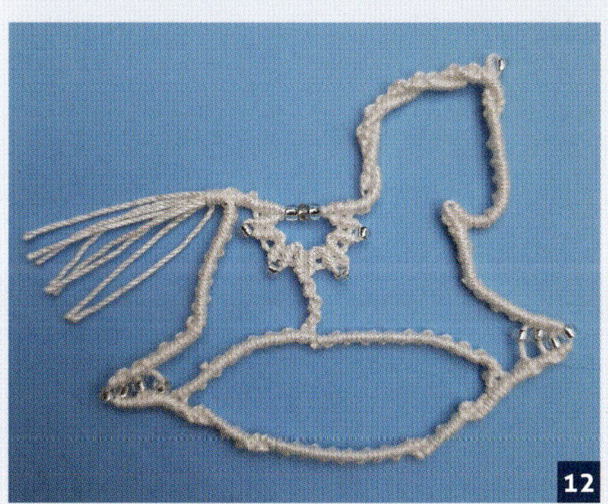
12

Auflösen, bündeln, Fäden von oben dazu bündeln, 1 Rkn, 1 LF herausschneiden, mit 4er Schlkn auflösen und auf jeden Faden 1 Perle auffädeln.
Mit 3er Schlkn bündeln, 6 Rkn, Knick um Nadel und 14 Rkn knüpfen.

Das ankommende Bündel um 1 Nadel zurückbiegen und mit AF um alle Fäden 2 Rkn knüpfen.
Fäden auf gewünschte Schwanzlänge abschneiden. **[10–12]**

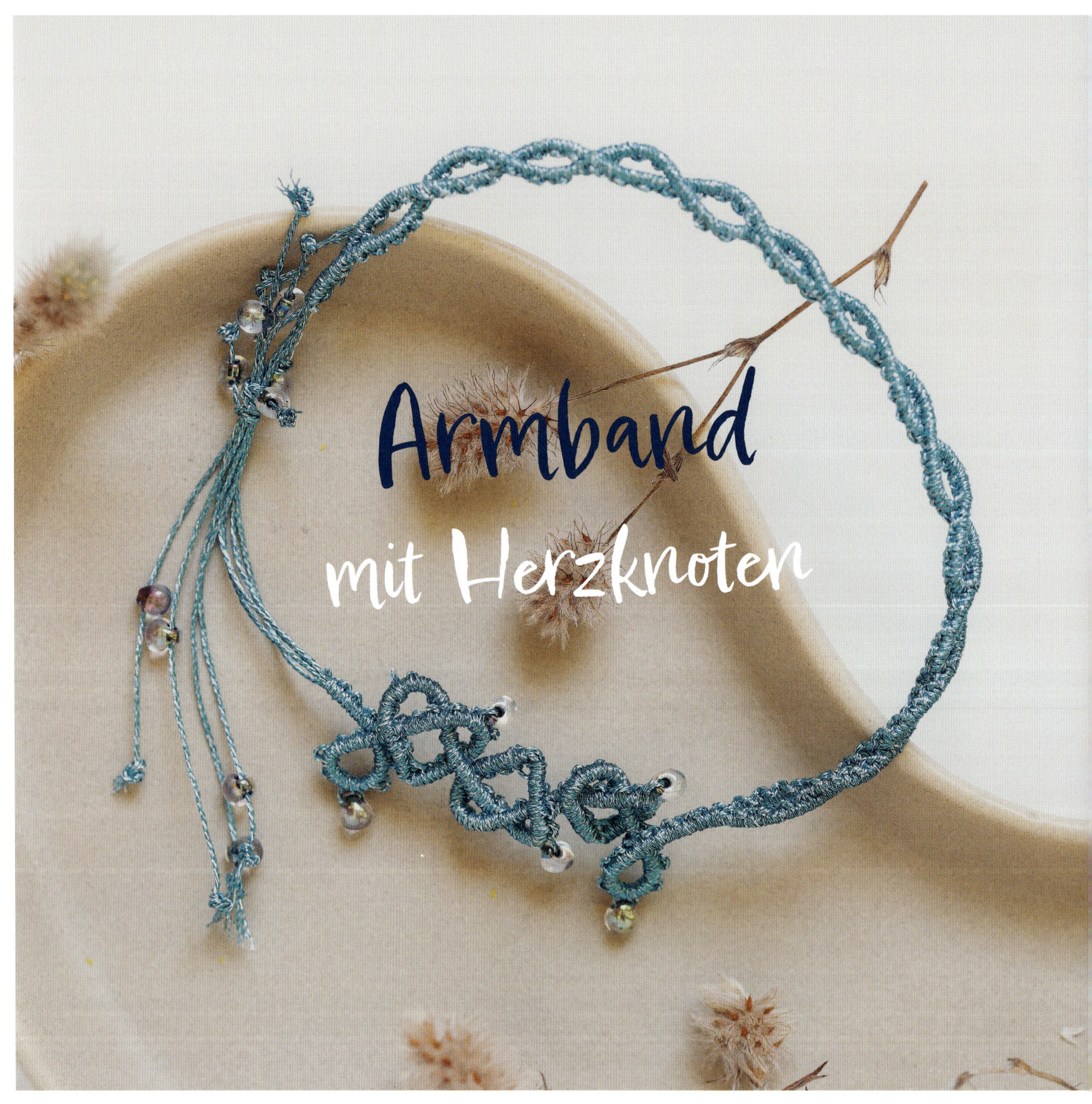

Armband mit Herzknoten

Höhe ca. 5 cm

MATERIAL:

» 4 x 1 m, 1 x 2 m, 1 x 3 m, 1 x 40 cm Lizbeth Metallic türkis 20-319
» Perlen 4 mm

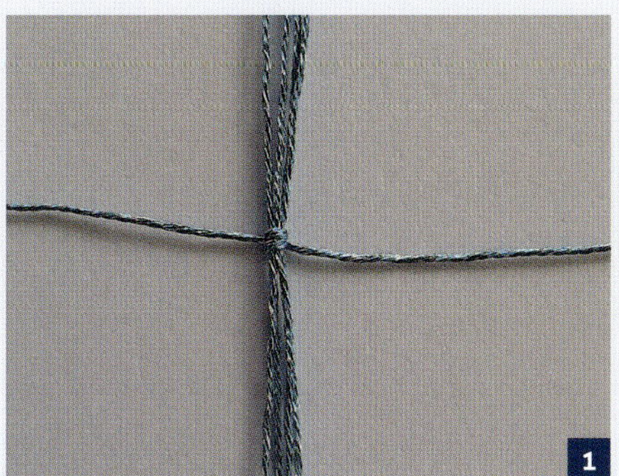

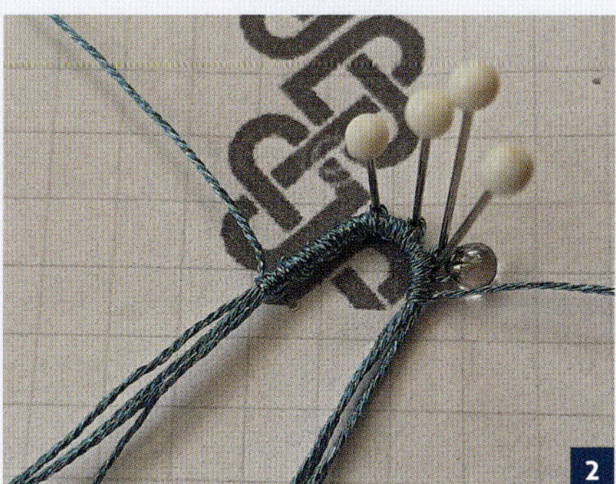

Während des Knüpfens den Linien folgen und Bündel oben oder unten kreuzen.
Von den 4 x 1 m langen Bündelfäden 15 cm oben liegen lassen und 1 x 2 m Faden mittig aufschieben. **[1]**

1 Fadenende zum Bündel legen, anderes Fadenende ist AF und knüpft 10 Rkn, auf Muster aufstecken, Nadel für Auge re außen stecken, 2 Rkn, Nadel, 2 Rkn, Perle auffädeln, 2 Rkn (um die Ecke biegen und stecken) **[2]**

Wie vorher 2 x 2 Rkn mit Auge stecken, 5 Rkn, AF unter und Leitfäden über das Bündel legen (immer wenn Bündel über das andere Bündel kreuzt!). **[3]**

7 Rkn, Auge stecken, 2 Rkn, Auge, 2 Rkn, Perle, 2 Rkn, Auge, 2 Rkn, Auge, 5 Rkn, AF innen liegen lassen, 1 Faden auflösen, Bündel um Nadel, zurückbündeln, 2 Rkn, AF unter Bündel durch, 5 Rkn, * 12 Rkn und Bündel unten durchstecken. AF unter nächstes Bündel durchlegen, LF darüber und 6 Rkn.
3 Rkn, AF liegen lassen, 1 Faden auflösen, Nadel stecken, zurückbündeln. Wieder 12 Rkn * weiterknüpfen. **[4–5]**

Die Anzahl der Herzen nach Belieben knüpfen. Hier 3 Herzen, dann Abschlusskringel: Auge, 2 Rkn, Auge, 2 Rkn, Auge, 2 Rkn, Perle, 2 Rkn, Auge, 2 Rkn, Auge, 2 Rkn, Auge, 2 Rkn, AF über und LF unter das Bündel, 2 Rkn.

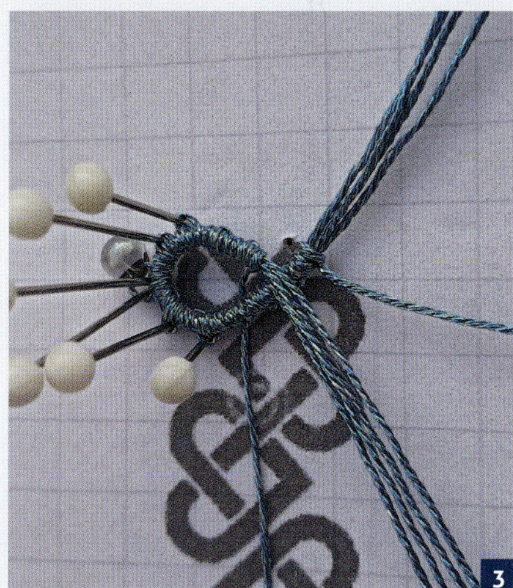

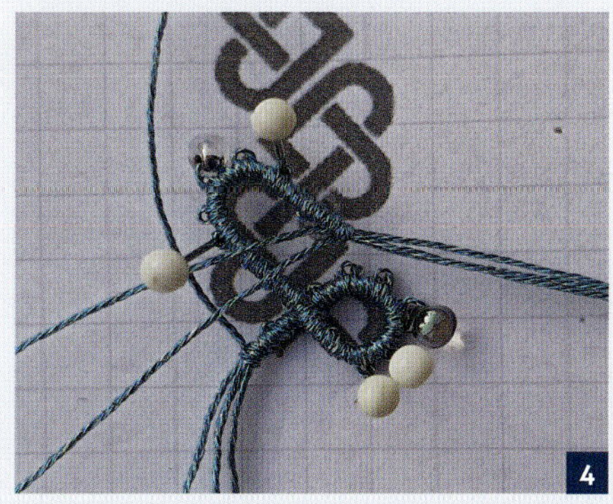

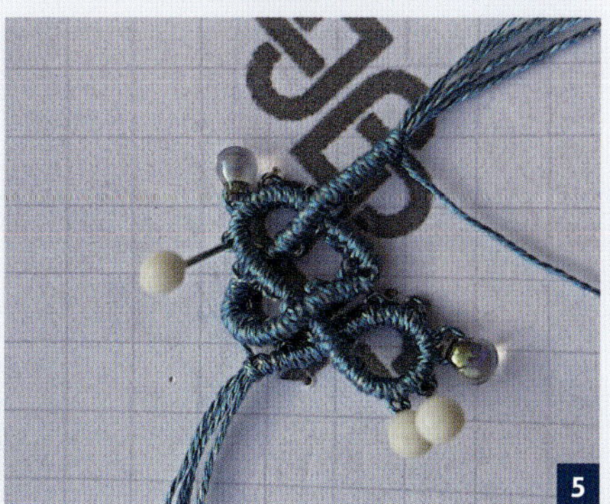

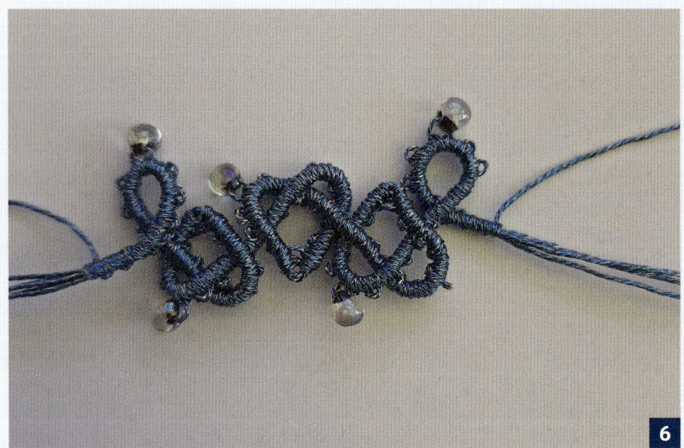
6

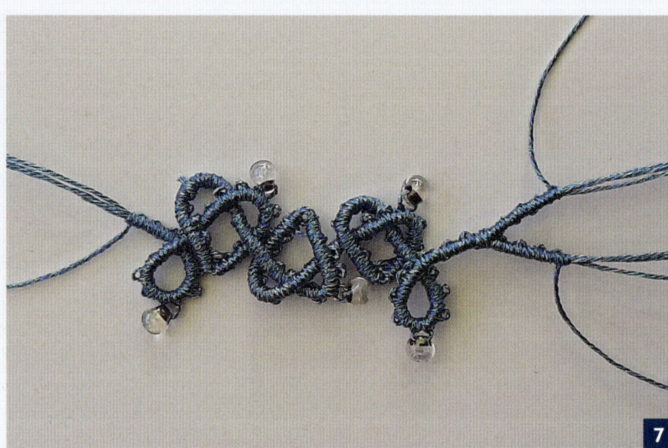
7

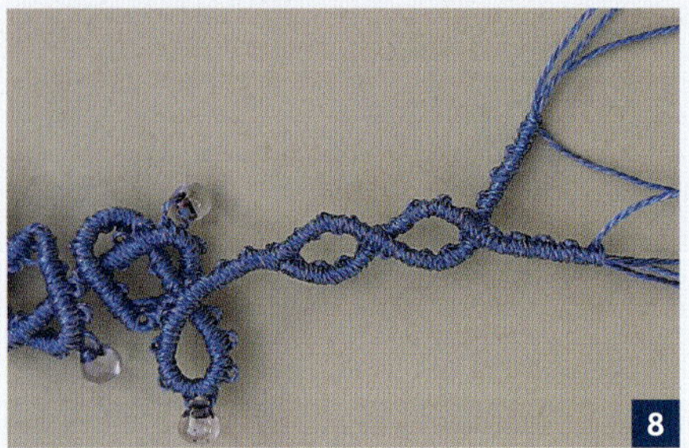
8

AF wechseln, 4 Rkn, AF dazu und 1 neuen 3 m-Faden mittig aufschieben, ergibt 2 AF. LF teilen in 2 Bündel, je Seite 8 Rkn, Bündel re über li kreuzen, 8 Rkn, kreuzen und fortführen, bis die gewünschte Länge erreicht ist. **[6–8]**

Abschluss: Nach 8 Rkn aus jedem Bündel 1 LF herausschneiden. Beim li Bündel AF liegen lassen, Bündel auflösen, re Bündel: AF dazulegen und Fäden von li knüpfen und gleich bündeln. 1 Rkn, 1 LF herausschneiden, 1 Rkn, 1 LF heraus. **[9–10]**

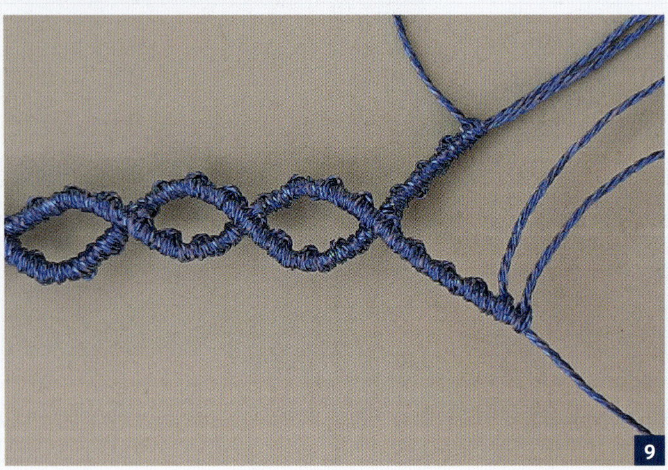
9

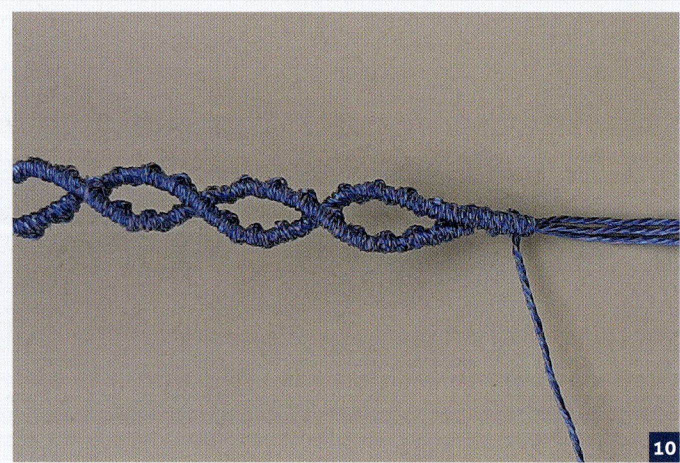
10

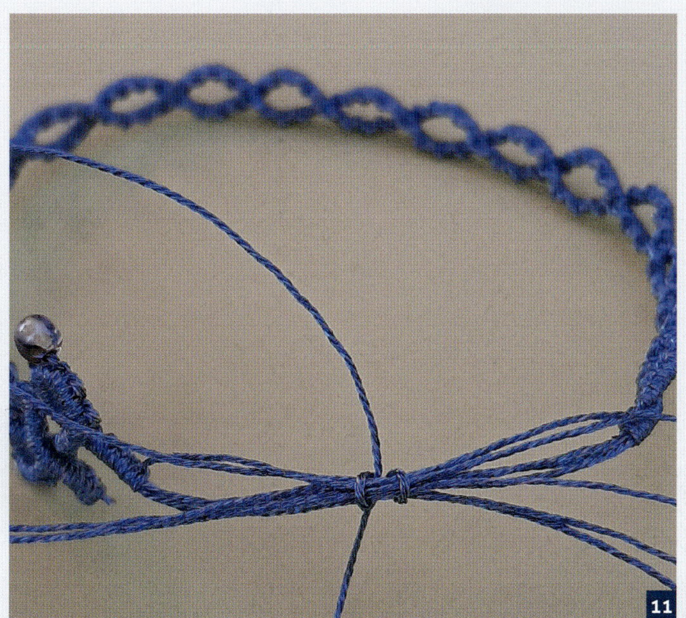
11

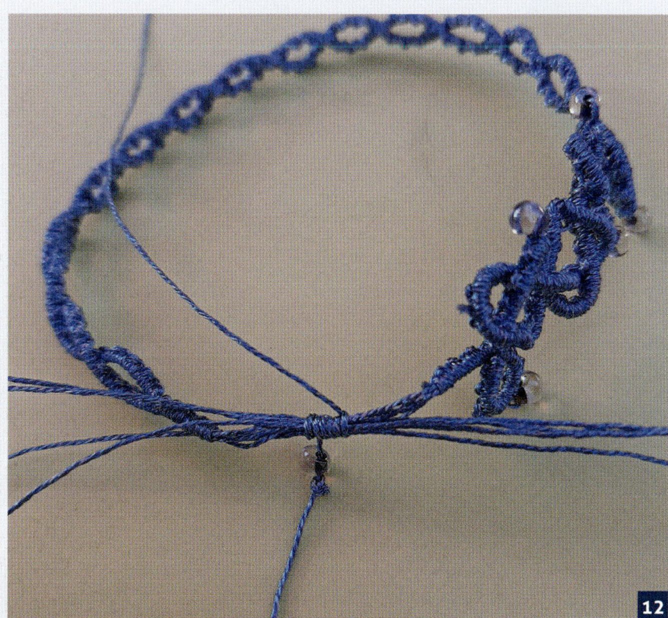
12

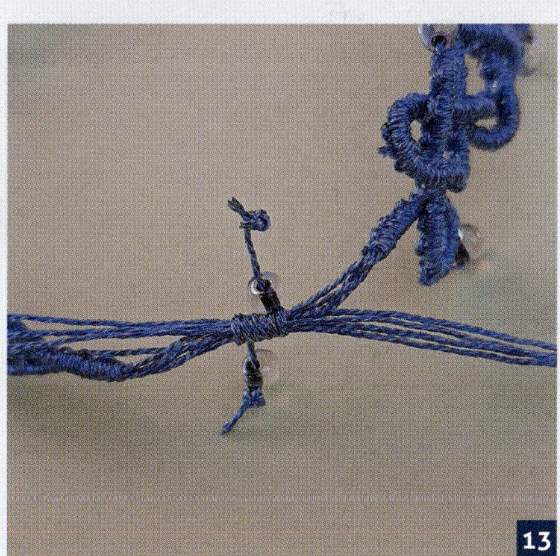
13

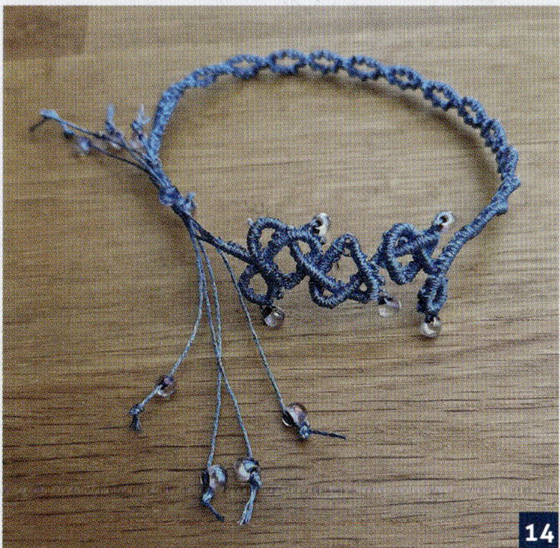
14

Für den Verschluss werden beide Bündel gegengleich in die linke Hand genommen, die rechte Hand schiebt den 40 cm Faden mittig auf, fest stecken, linke Seite bleibt liegen und rechte Seite knüpft 2 Rkn. An allen Enden in beliebiger Länge 1 Perle auffädeln und mit 2 Überhandknoten fixieren. **[11–14]**

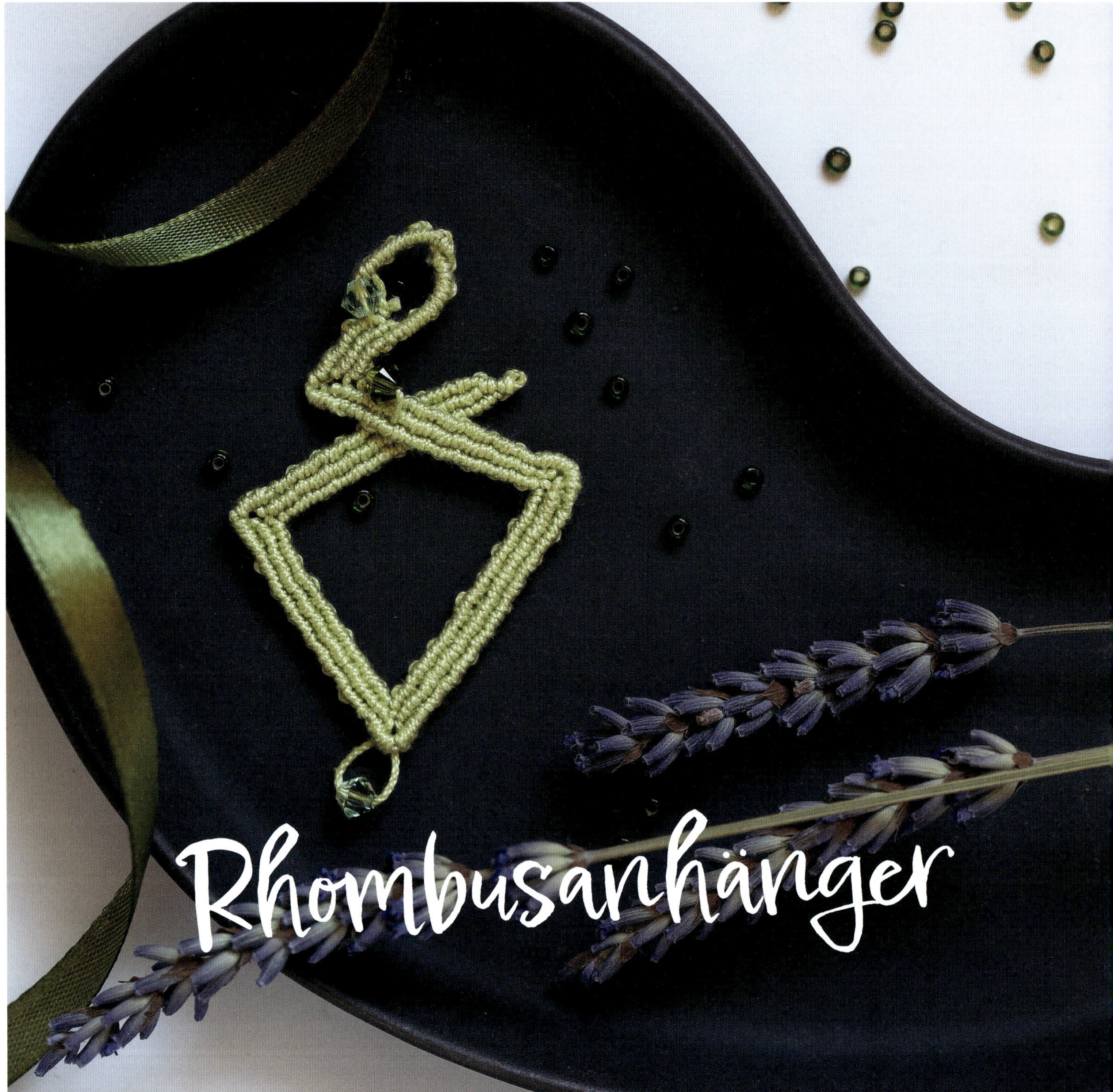

Rhombusanhänger

MATERIAL:

- Baumwollhäkelgarn Nr. 10, 2 Fäden à 250 cm
- Karopapier

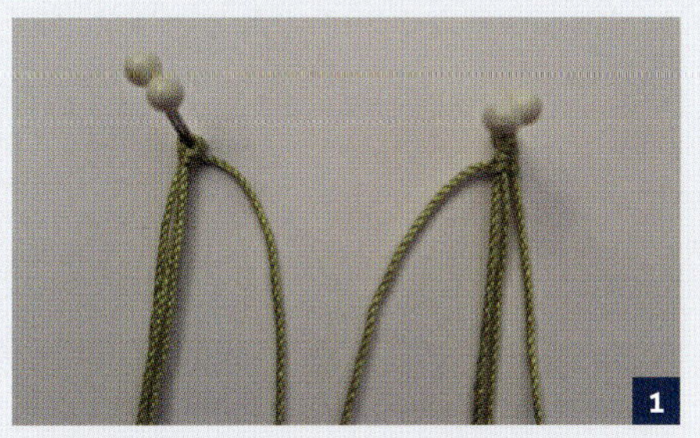

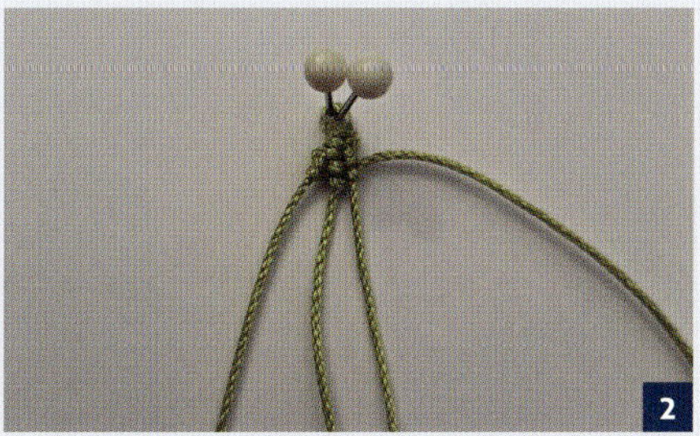

Beide Fäden mittig über eine Nadel hängen, AF unten durchführen und 1 Rippenknoten (Rkn) über 3 Leitfäden (LF) ausführen. Zurück nach links (li) über 1 LF und 2 LF knüpfen, nach rechts (re) über jeden LF einzeln knüpfen. **[1–2]**

Auf ein Raster gewünschte Größe zeichnen und Arbeit aufstecken. Ca. 2 cm über jeden LF hin- und zurückknüpfen, Arbeitsfaden (AF) liegt li. **[3]**

Jede Ecke: Nadel zwischen die 2 rechten Fäden stecken, hier wird später die Verbindung mit der Sticknadel geschaffen. Der rechts hängende Faden knüpft nach li über 1 und 2 LF, der nächste rechts hängende Faden knüpft über 3 LF nach li beginnend 2 Rkn. Das gesamte Bündel wird um eine Nadel im rechten Winkel gezogen und es folgt noch 1 Rkn, AF bleibt liegen. 1 Faden vom Bündel wird nach

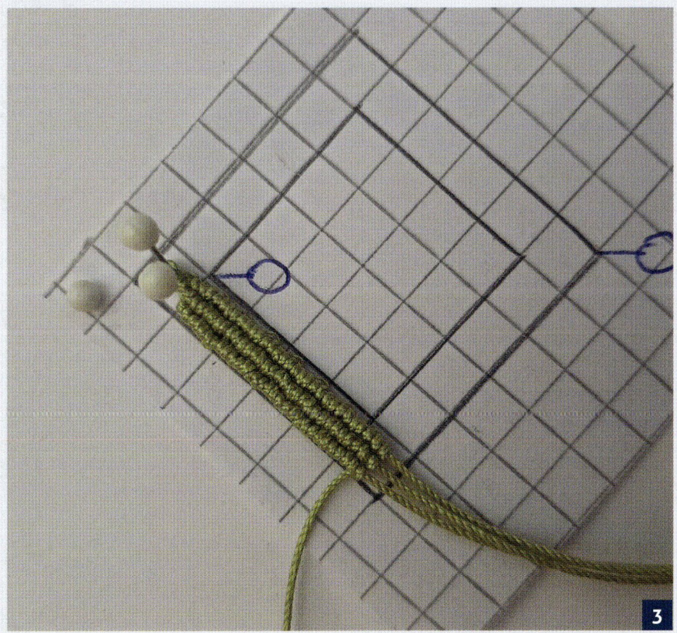

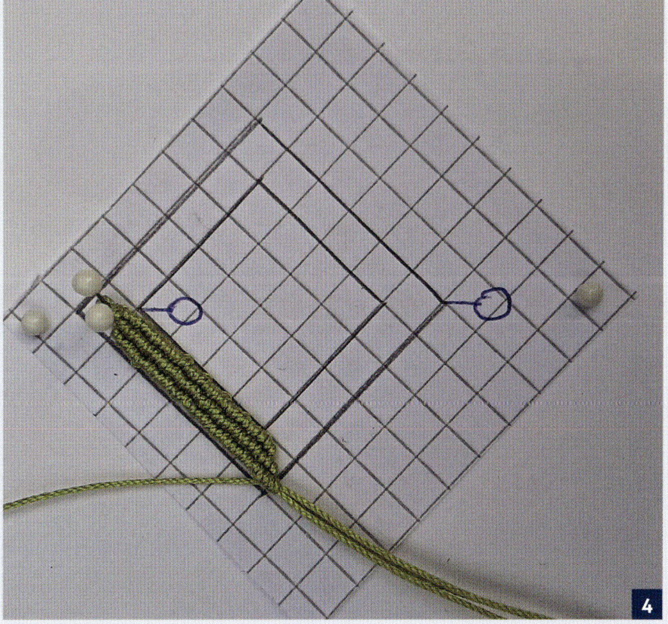

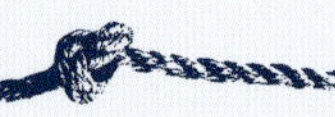

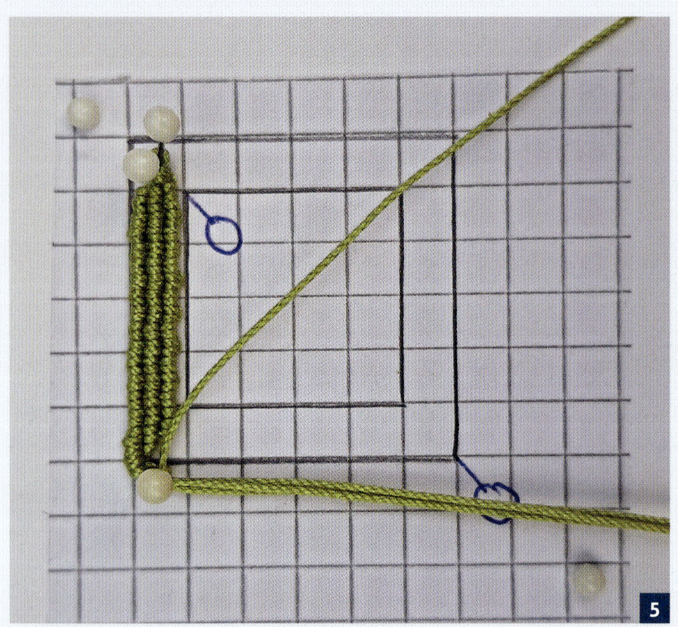
5

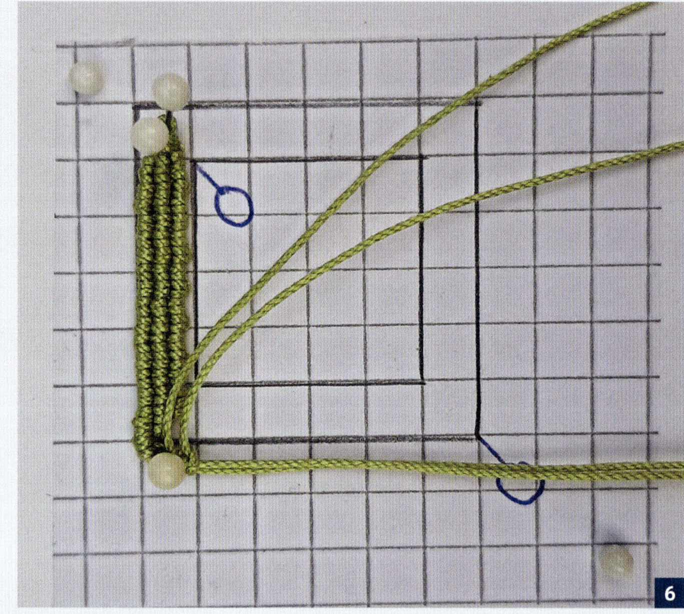
6

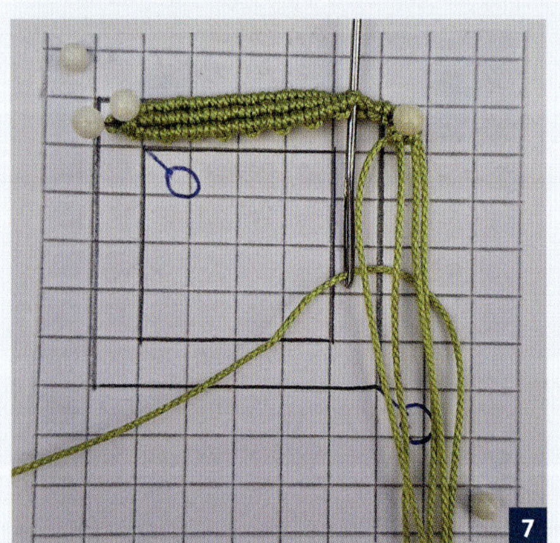
7

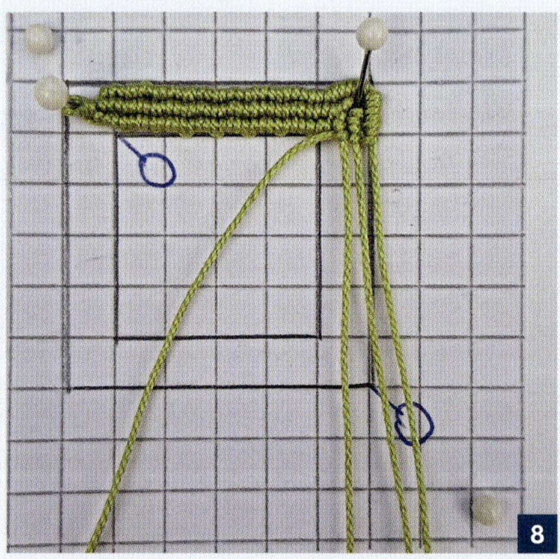
8

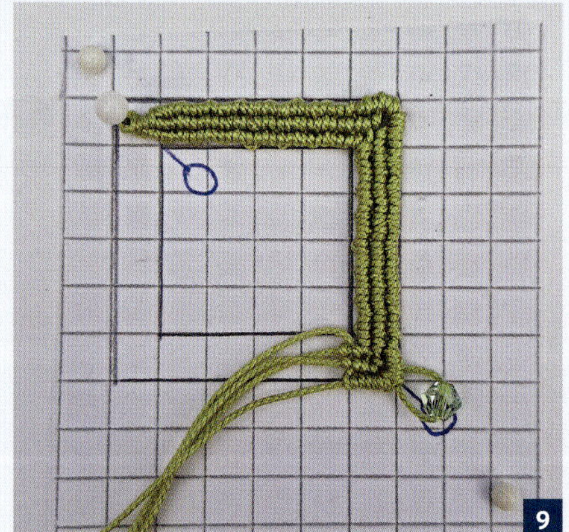
9

rechts aufgelöst, knüpft 1 Rkn auf liegenden Faden und schafft Verbindung. **[4–7]**

Vom rechten Bündel 1 Faden auflösen, der als AF wieder über alle 3 LF hin und zurück bis zur nächsten Ecke knüpft. **[8]**

An dieser Ecke wird auf den AF eine Perle aufgefädelt und mittels Nadeln in Abstand gebracht. **[9]**

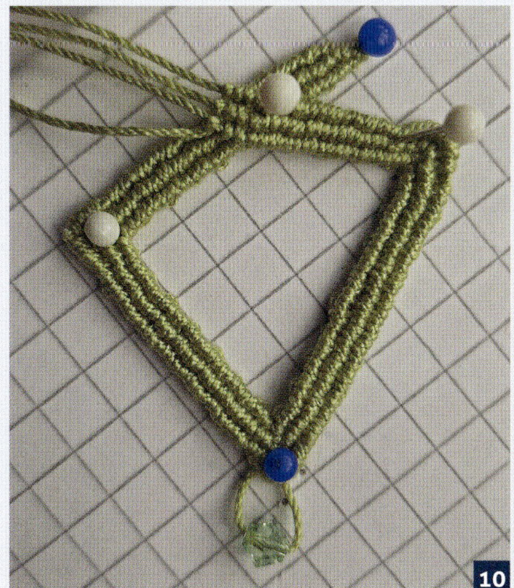
10

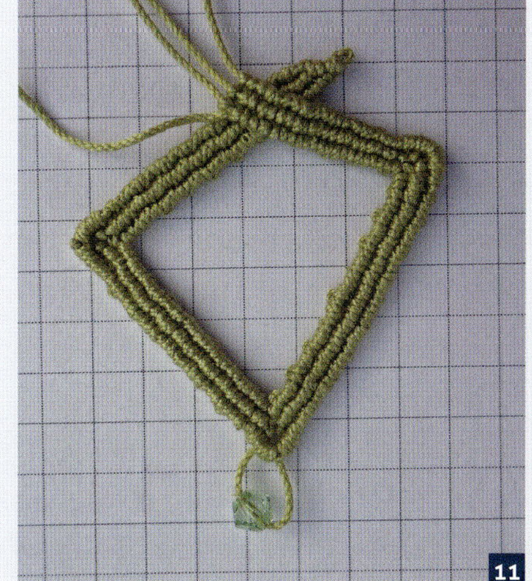
11

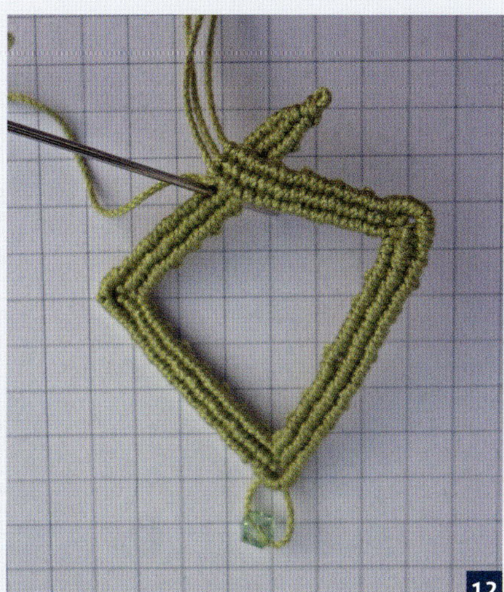
12

Nach der 3. Ecke den Steg nur zur Hälfte der Länge knüpfen und in gewünschte Form bringen. Hier wird mit Hilfe der Sticknadel und dem AF eine Verbindung zum unteren Steg geschaffen. Es folgen 3 Reihen. **[10–12]**

Nun wird die nächste Ecke gegengleich den anderen Ecken geknüpft, eine Perle aufgefädelt und nach 4 Reihen alle Fäden nacheinander nach li gebündelt. Mit 1 AF werden 7 Rkn ausgeführt, das Bündel aufgelöst und wieder gebündelt.

6 Rkn knüpfen, bei denen 1 LF bis auf 1 LF herausgeschnitten wird. 1 Perle auf den LF auffädeln, mit diesem eine Verbindung mit der Sticknadel schaffen. Knüpfarbeit umdrehen, feststecken, AF und LF miteinander verknoten, verleimen und abschneiden. **[13 und 14 Rückseite]**

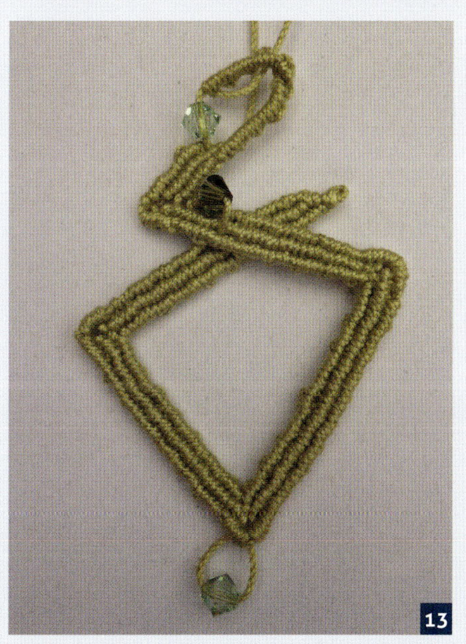
13

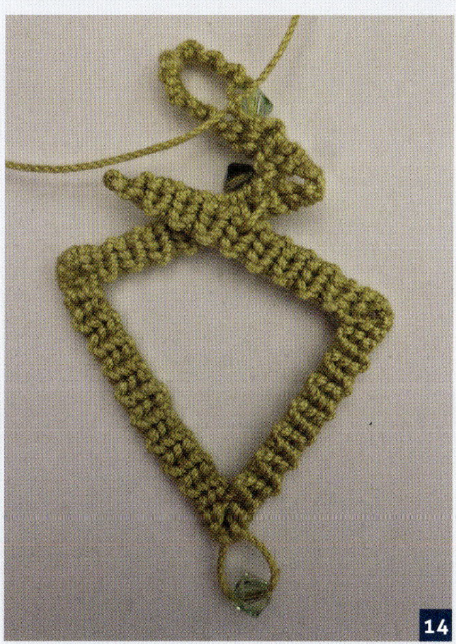
14

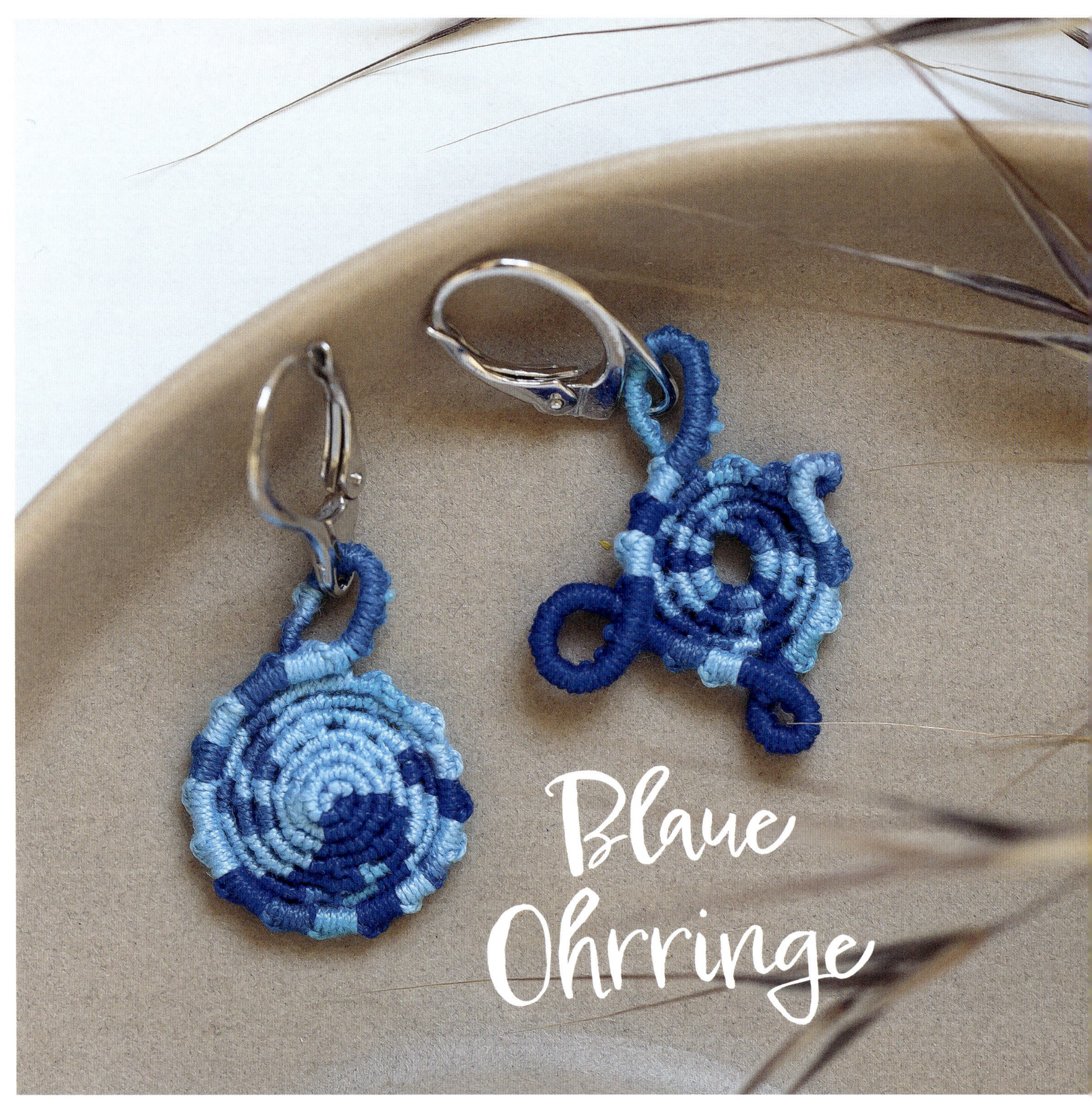
Blaue
Ohrringe

MATERIAL:

- Lizbeth Garn 20-149 Peacock Blues 8 Fäden à 80 cm, für 2. Ohrring evtl. mehr Fäden, wenn die Abstände zu groß sind, einfach dazwischen immer mal einen Faden aufschieben;
- Ohrringe

Alle Fäden mittig verwenden, mit der Brezel in der Luft einen Faden auf alle aufschieben, den linken Teil nach unten durch und nach rechts knüpfen. **[2]**
Für Ohrring 2: Brezel in der Luft mit 2 Fäden, aufstecken, li Teil auch nach re knüpfen und 2. Faden aufschieben **[1–2]**

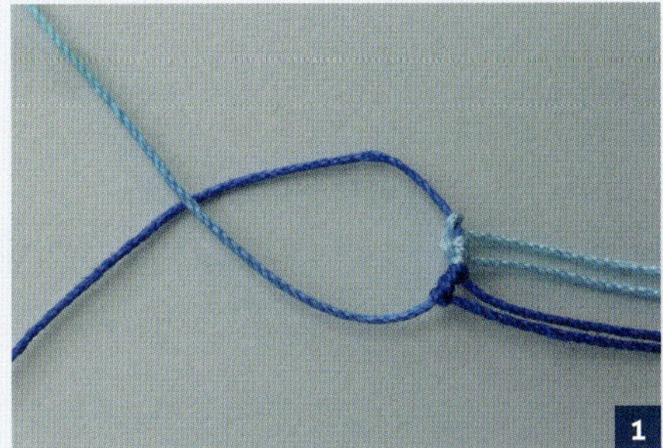
1

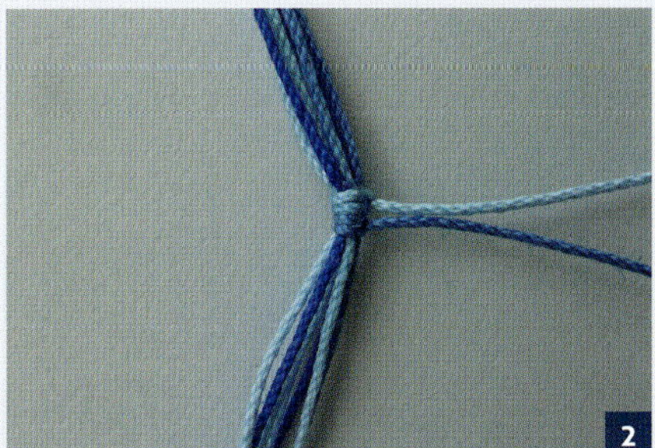
2

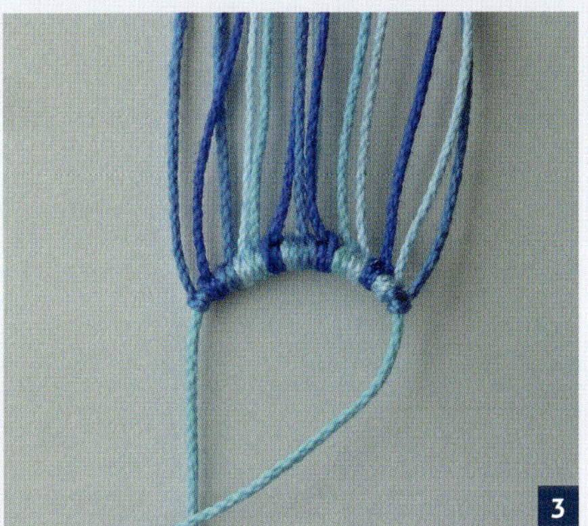
3

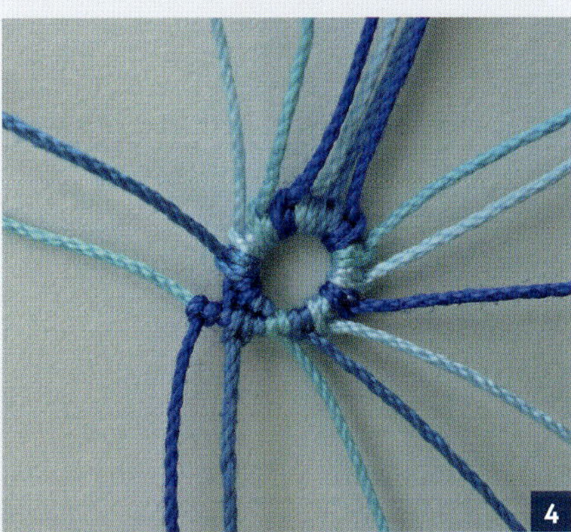
4

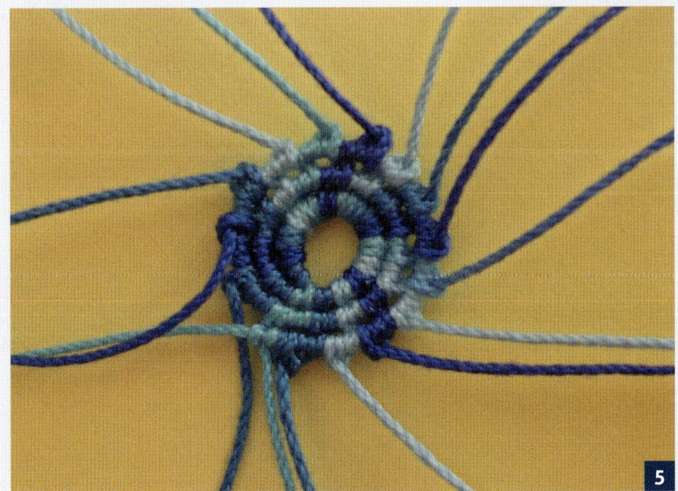
5

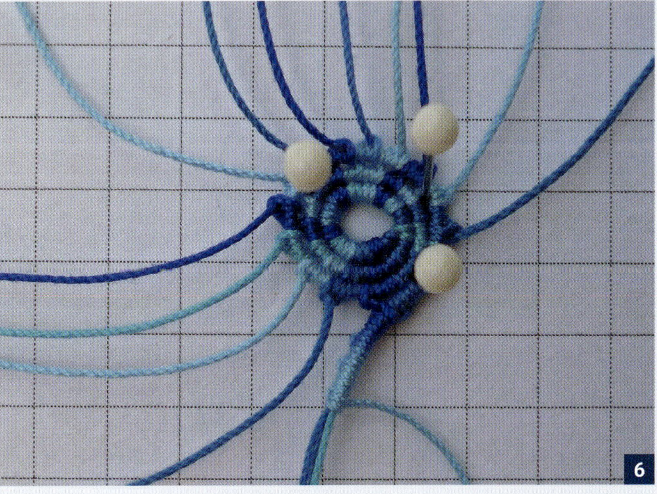
6

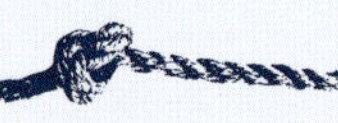

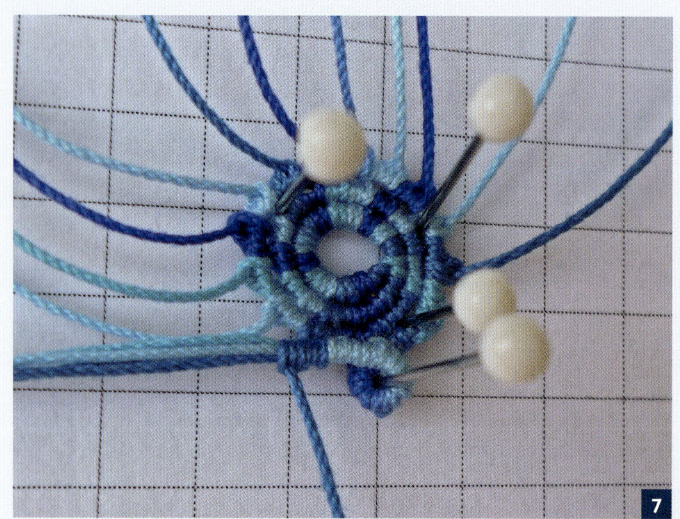
7

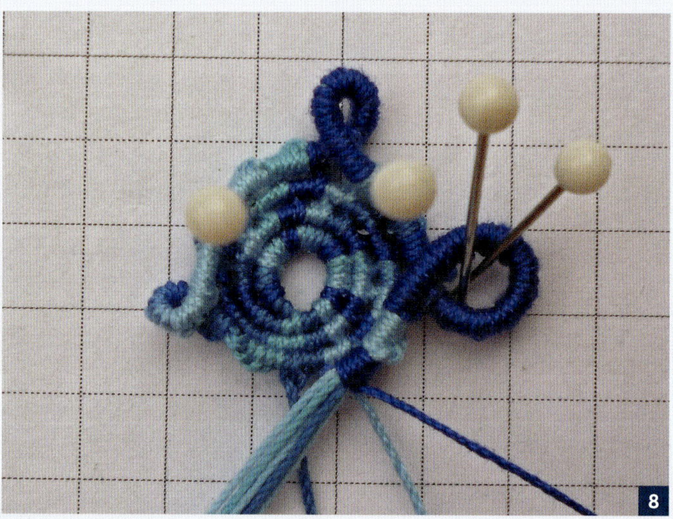
8

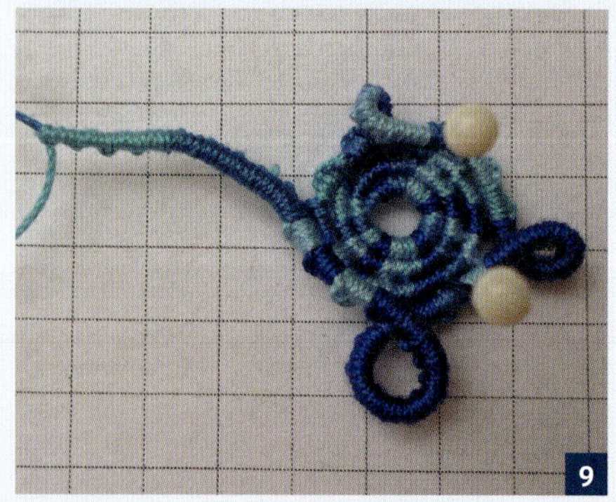
9

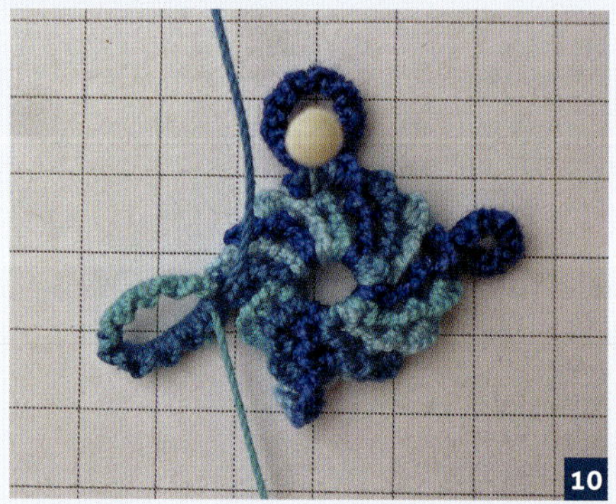
10

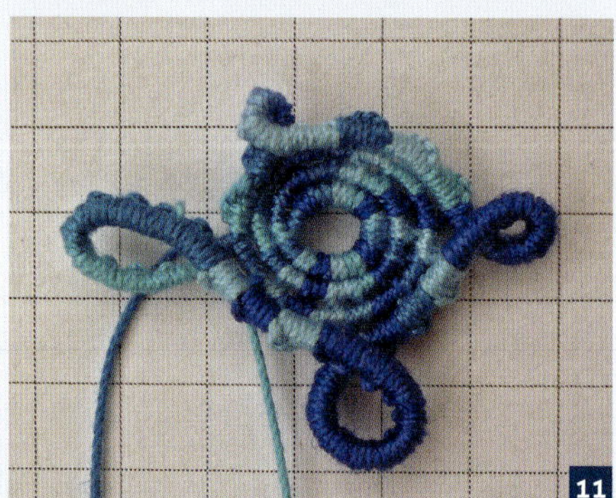
11

Alle Fäden nach re auflösen, Unterlage drehen und so auflösen, dass alle Fäden auf einer Seite liegen. **[3]**

Für beide Ohrringe gilt: beide Leitfäden (LF) rechts über links mit einem Rippenknoten (Rkn) verbinden. Mit allen Fäden in Mehrfachschlingknoten (1. Runde 3er, dann 4er bis 6er) auf den LF weiter in Runden knüpfen. **[4]**

Ist die Wunschgröße erreicht, 4 Fäden bündeln, mit AF 10 Rkn knüpfen, das Bündel zum Kreis stecken, weitere 4 Fäden dazu bündeln, 14 Rkn zum Kreis, wieder 4 Fäden dazu bündeln, dabei 4 LF herausschneiden. 16 Rkn, Kreis schließen, weiterbündeln, nach und nach 4 LF herausschneiden.

Der letzte AF knüpft nur 1 Rkn, mit 18 Rkn weiter, dabei bis auf einen LF herausschneiden.

Mit LF an der Schnecke Verbindung schaffen und von hinten verknoten, verleimen. Es entsteht der Aufhänger. **[5–11]**

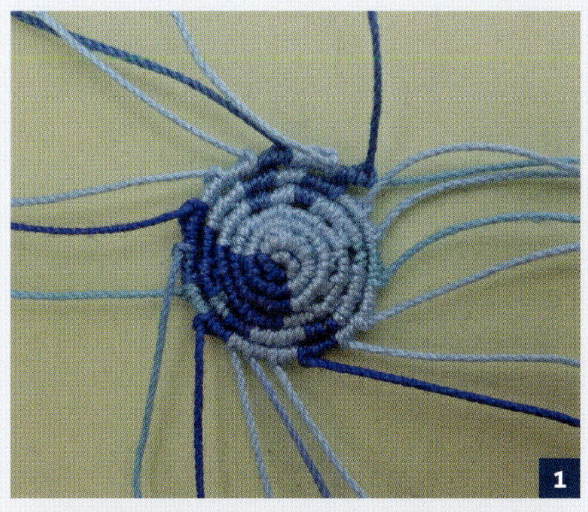
1

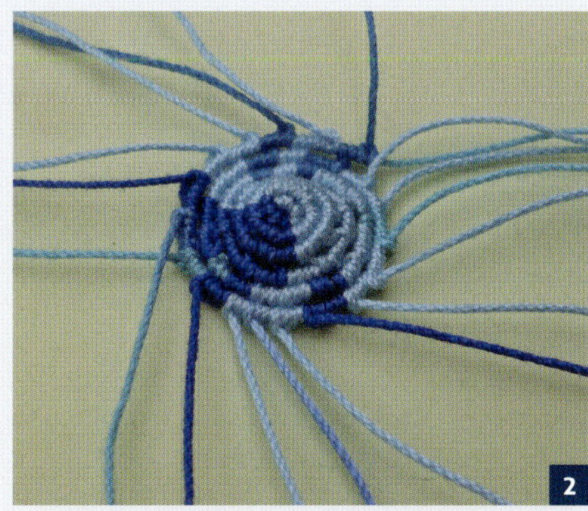
2

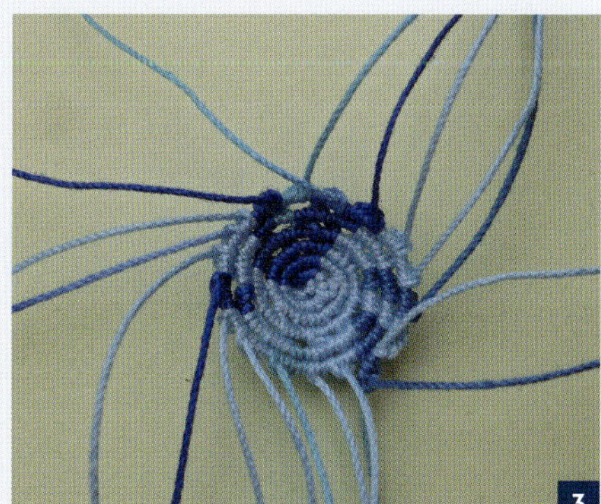
3

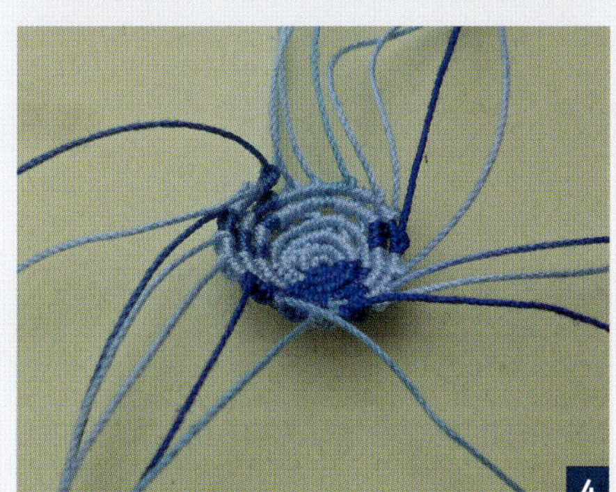
4

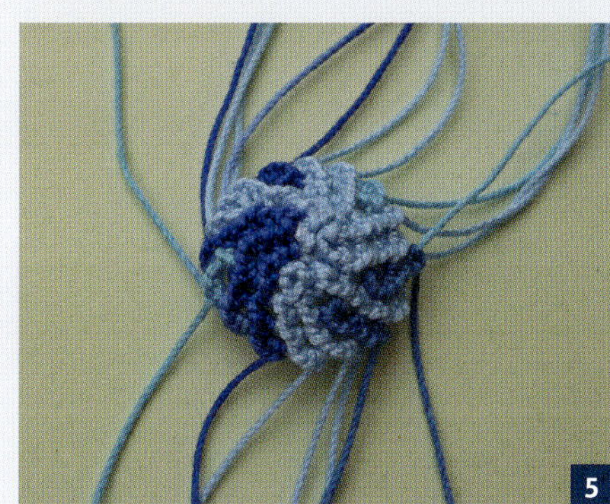
5

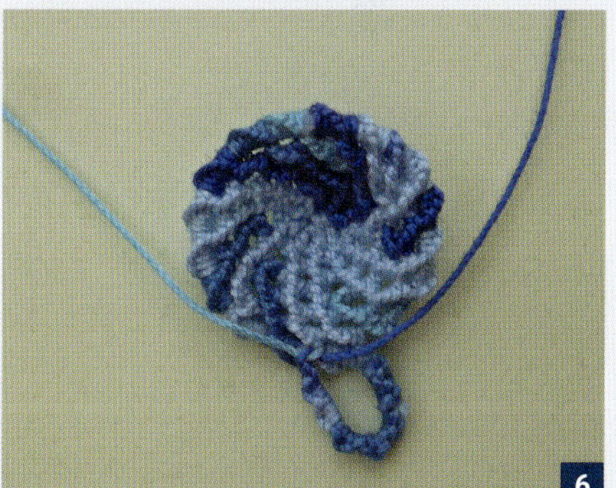
6

Ohrring 2 kann als flache Schnecke, aber auch, wenn man etwas straffer zieht, erhaben oder als Vertiefung gearbeitet werden. Beim Aufschieben neuer Fäden muss der innere Teil des neuen Fadens immer noch nach außen geknüpft werden.
[Blauer Ohrring 2, 1–5]

Beim Bündeln wird ab 7. Leitfaden immer erst ein LF herausgeschnitten, ehe der letzte AF dazugelegt wird.
[Blauer Ohrring 2, 6–7]

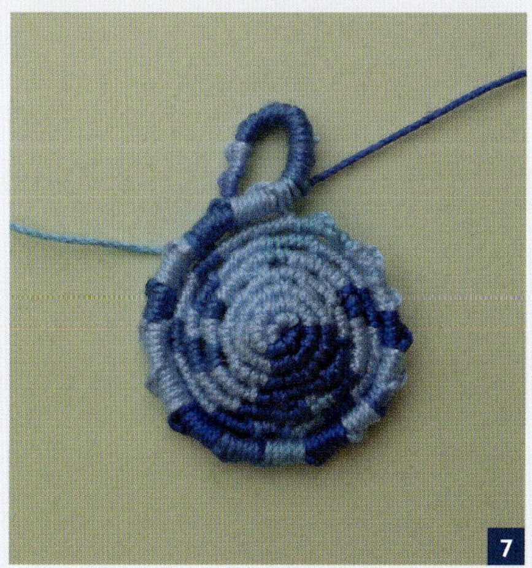
7

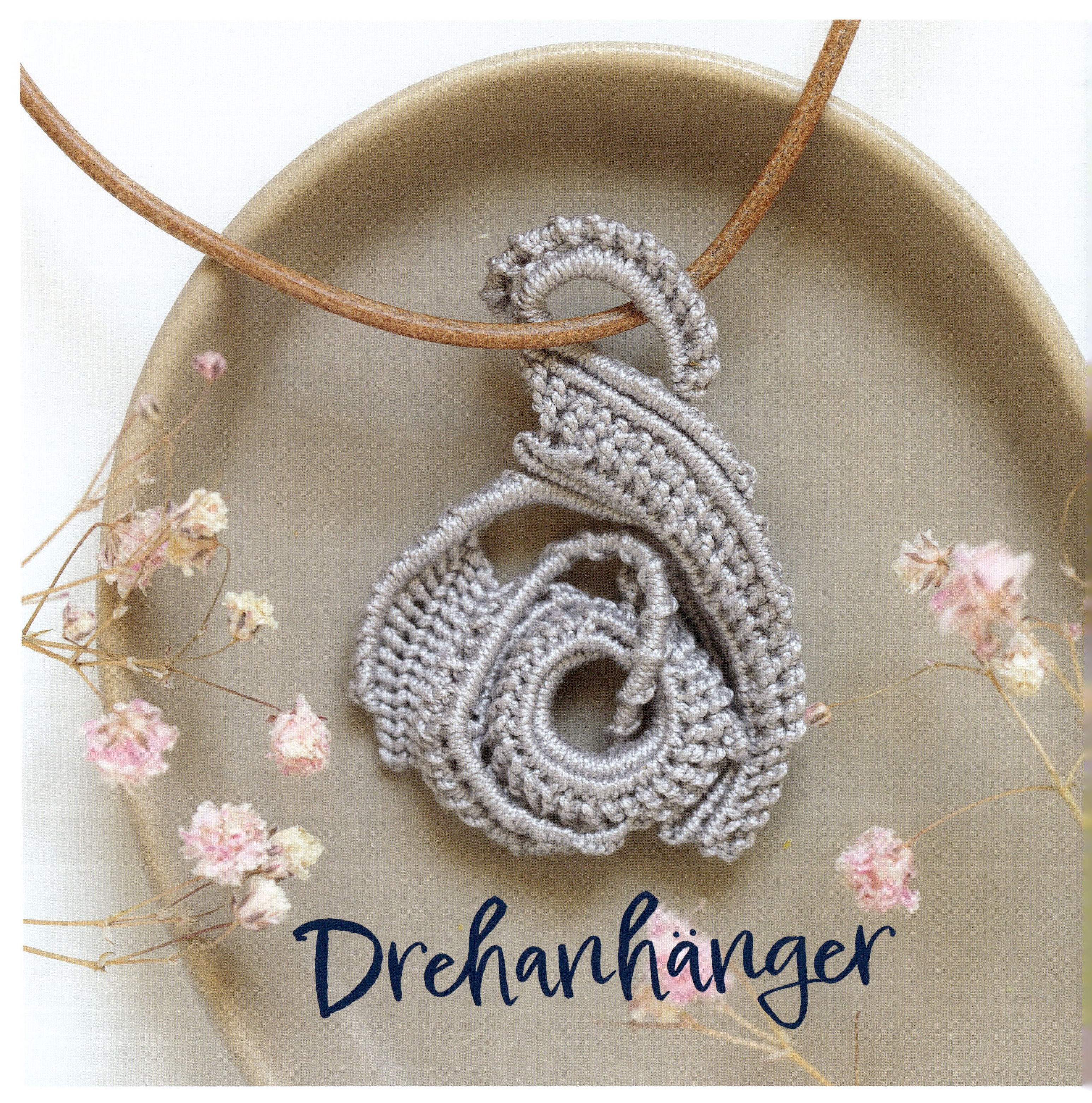
Drehanhänger

MATERIAL:

» 15 Fäden à 150 cm silver 10er Lizbeth-Baumwollhäkelgarn

Alle Fäden mittig als Bündel mit Brezel in der Luft, Knoten aufstecken, nach beiden Seiten auflösen, LF re über li mit Rkn zum Kreis schließen. LF wird 1 Runde von allen liegenden Fäden überknüpft.
Arbeit umdrehen und feststecken, LF weiter 1 Runde mit 3er Schlkn und 1 Runde mit 3er und 4er Schlkn im Wechsel überknüpfen. **[1–3]**

Arbeit drehen und feststecken, Nadel stecken und LF nach li von 8 Fäden mit 4er Schlkn überknüpfen, nach re zurück mit 5er Schlkn, liegen lassen. **[4]**

Nächsten re liegenden Faden als LF von 7 Fäden mit 4er Schlkn nach re überknüpfen, liegen lassen.
8. Faden von re als LF beginnend mit 7 Schlkn, weiter 4er Schlkn und 4 Fäden bündeln, 12 Fäden knüpfen **[5 und 6 Rückseite]**

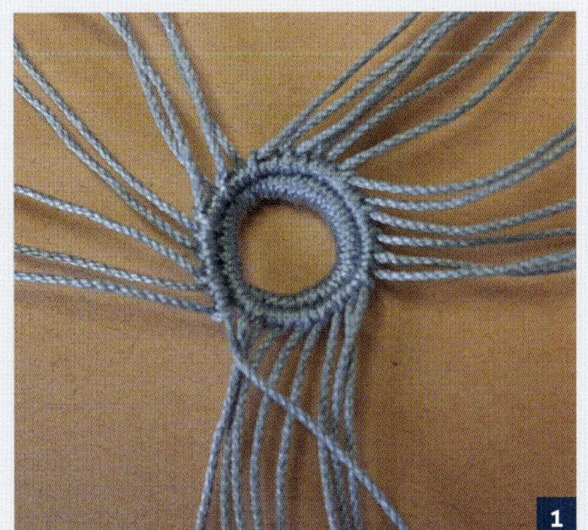
1

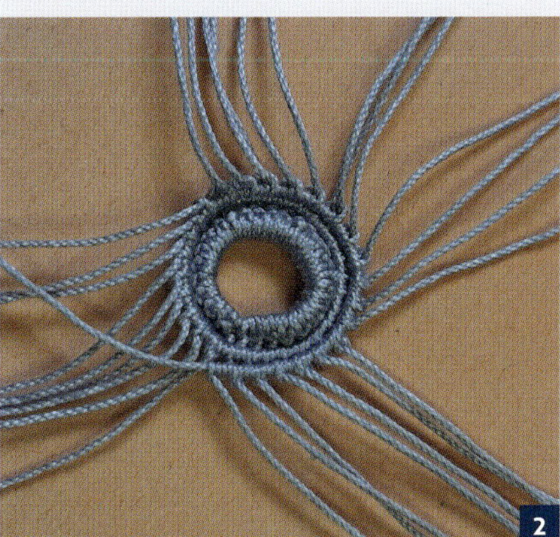
2

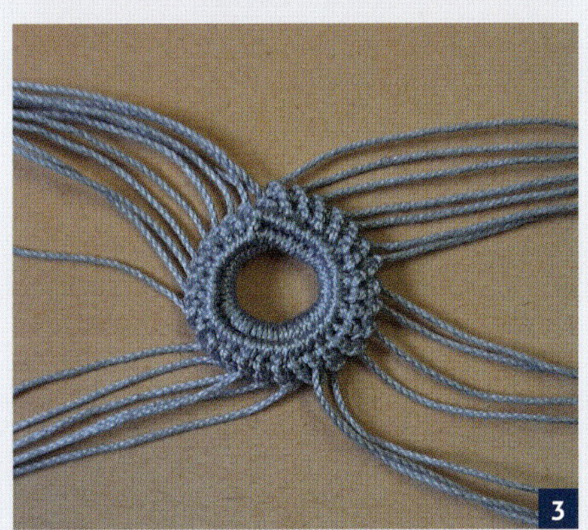
3

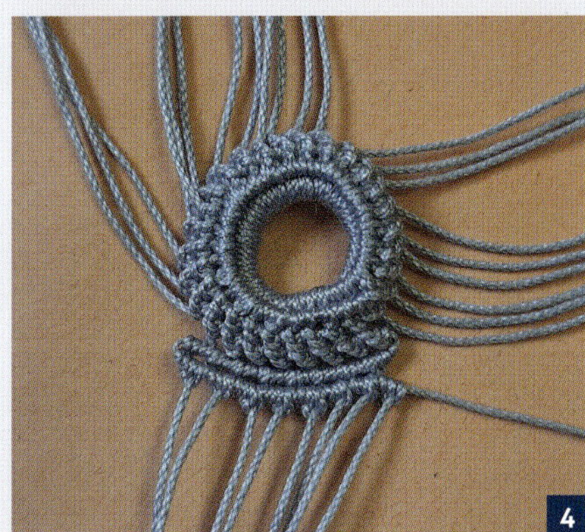
4

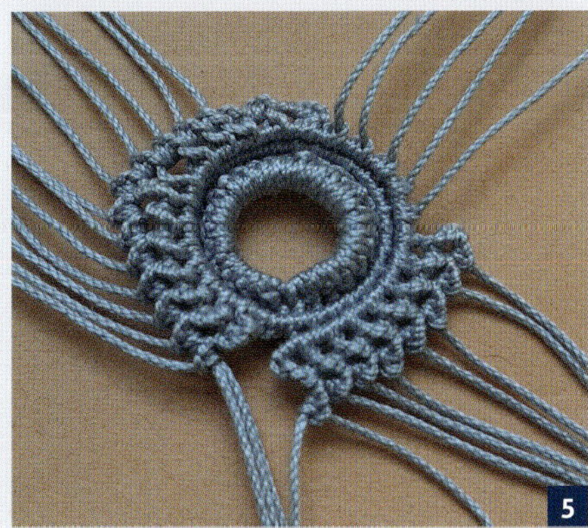
5

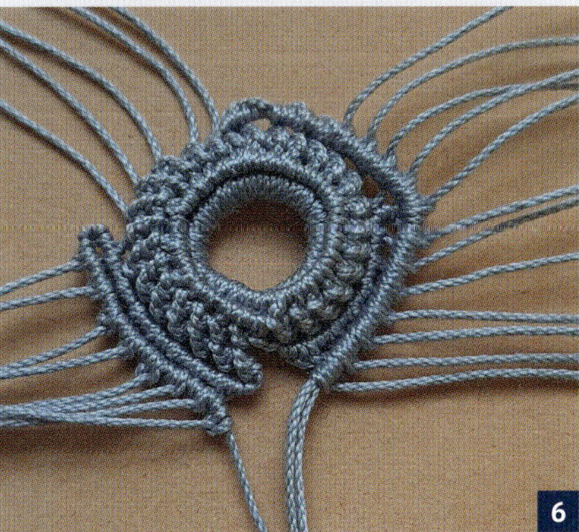
6

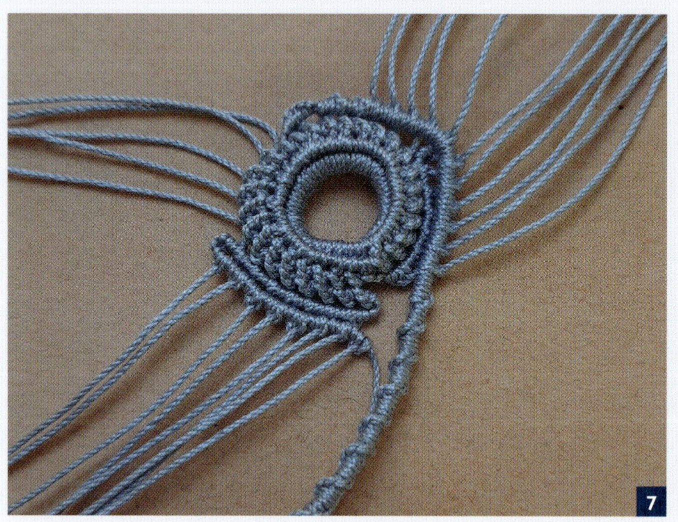

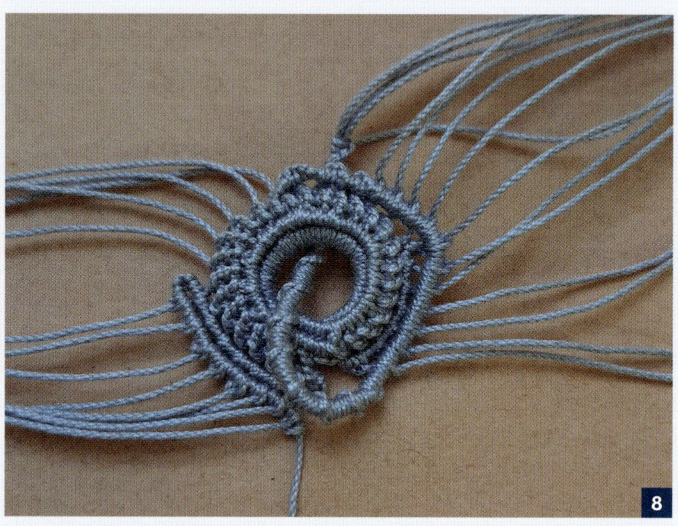

Letzter AF knüpft in 60–70 Schlkn weiter, je nach gewünschter Länge, Bündel durch Loch schieben, Arbeit drehen und aufstecken. **[7–9]**

2 Fäden von Gegenseite knüpfen mit 4er Schlkn über Bündel. Dann im Wechsel 1 Rkn / 1 Faden auflösen, letzten LF liegen lassen. **[10]**

Wieder von li beginnen (Lücke): 2 x: 1 Faden nach re mit Rkn überknüpfen, liegen lassen, 3. Faden nach re, nach li und wieder zurück nach re

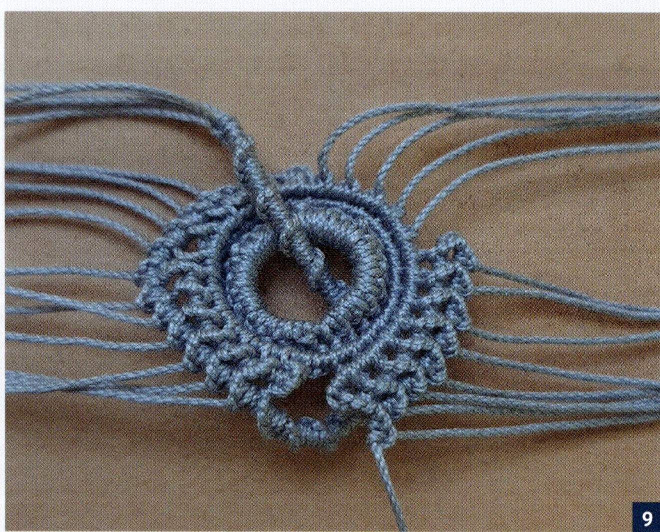

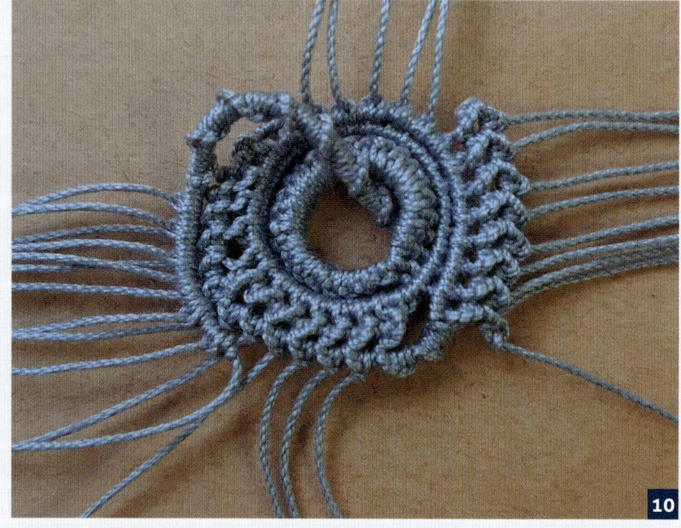

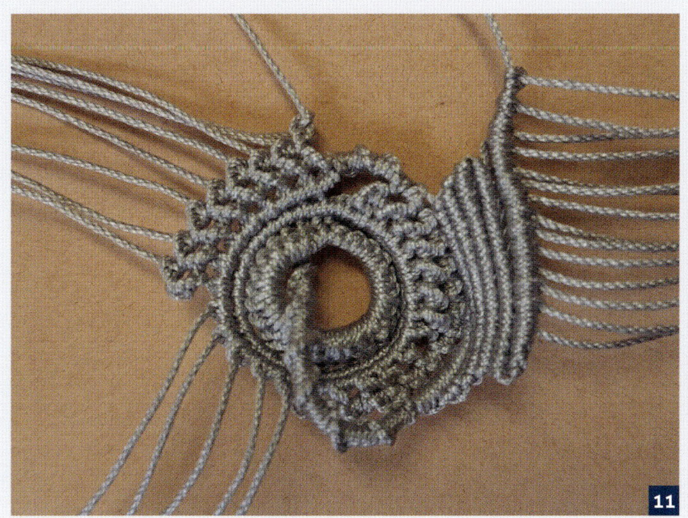
11

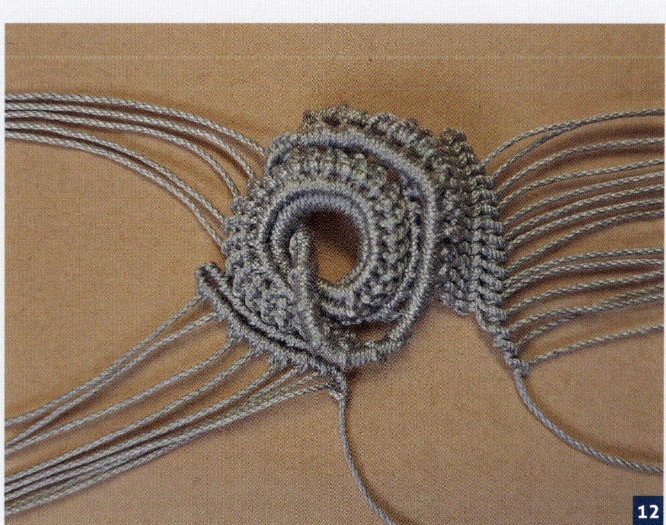
12

überknüpfen, auf 4 LF bündeln und mit 3er Schlkn überknüpfen, Bündel mit 3er Schlkn auflösen. Arbeit umdrehen und feststecken. **[11–12]**

Von re nach li mit 3er Schlkn bündeln, dabei 6 LF herausschneiden. Letzten AF liegen lassen, Bündel mit 3er Schlkn auflösen. Letzten LF weiter von allen liegenden Fäden mit 3er Schlkn nach li überknüpfen, dabei straff ziehen, Arbeit wird dreidimensional! **[13 und 14 Rückseite]**

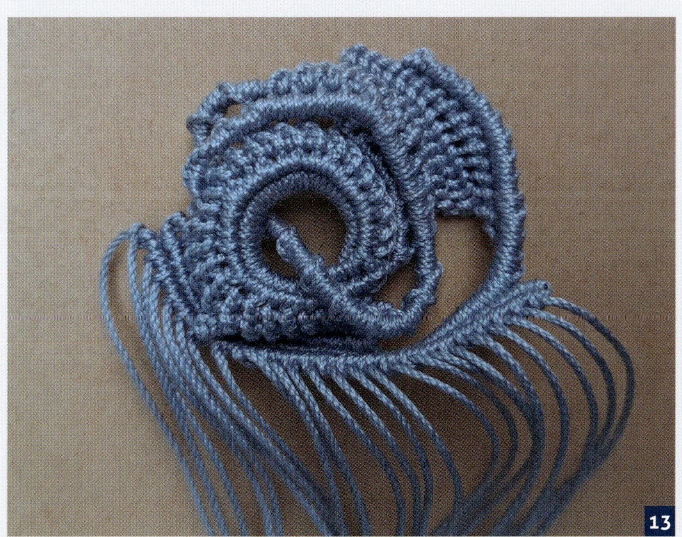
13

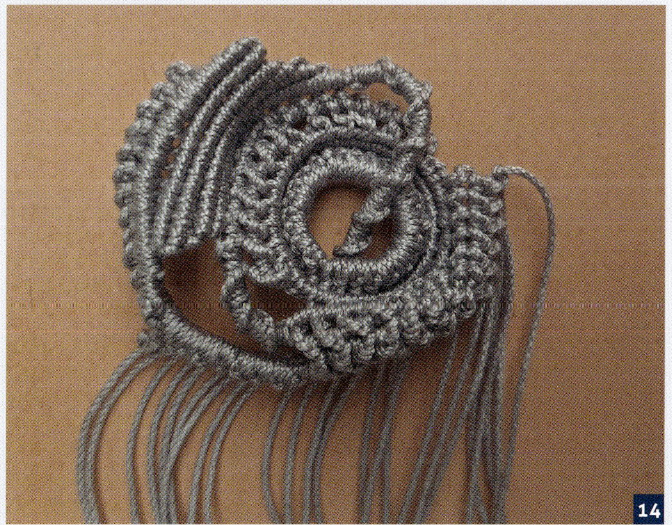
14

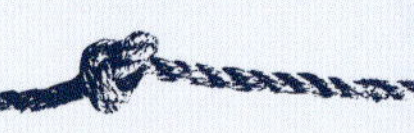

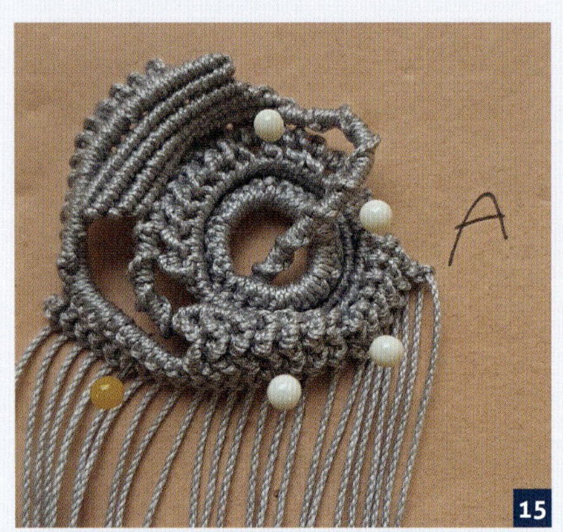

15

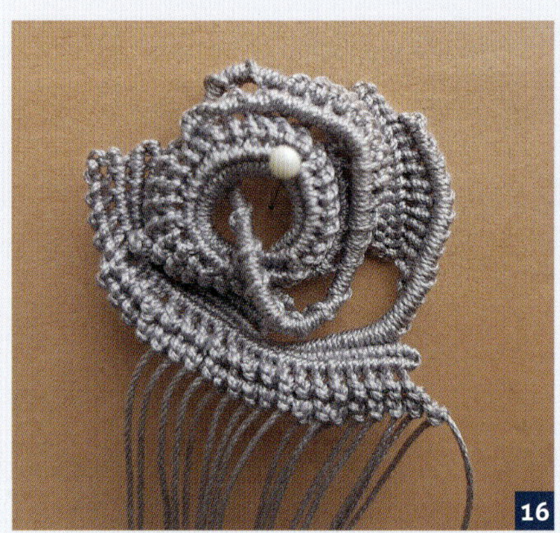
16

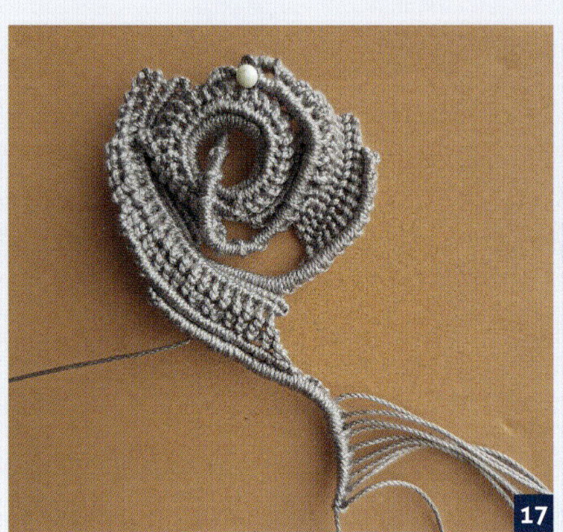
17

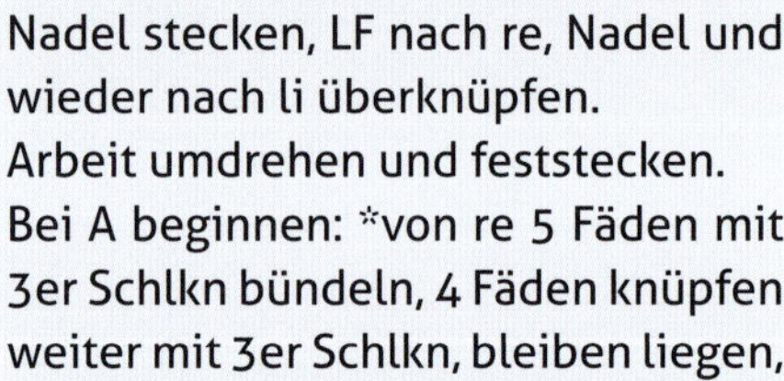

Nadel stecken, LF nach re, Nadel und wieder nach li überknüpfen.
Arbeit umdrehen und feststecken.
Bei A beginnen: *von re 5 Fäden mit 3er Schlkn bündeln, 4 Fäden knüpfen weiter mit 3er Schlkn, bleiben liegen, 1 Faden auflösen, weiterknüpfen, dabei bis auf 1 LF herausschneiden.
Ab * wiederholen.
Arbeit umdrehen und feststecken, von li beginnen, ab * wiederholen
[15–16]

Von li beginnen, 5 Fäden mit 3er Schlkn bündeln, AF liegen lassen, weiterbündeln, dabei bis auf 9 LF herausschneiden. 5 Rkn, AF liegen lassen, mit 3er Schlkn nach re auflösen. Der liegen gelassene Faden ist 1. LF, mit 3er Schlkn nach li bündeln, dabei LF nach und nach bis auf 4 herausschneiden.

38 Schlkn weiterknüpfen, dabei bis auf 1 LF herausschneiden. Verstechen, verknoten und beenden.
[17–19]

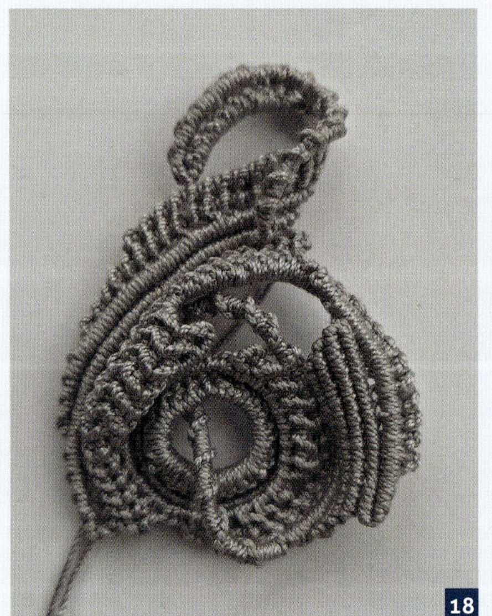
18

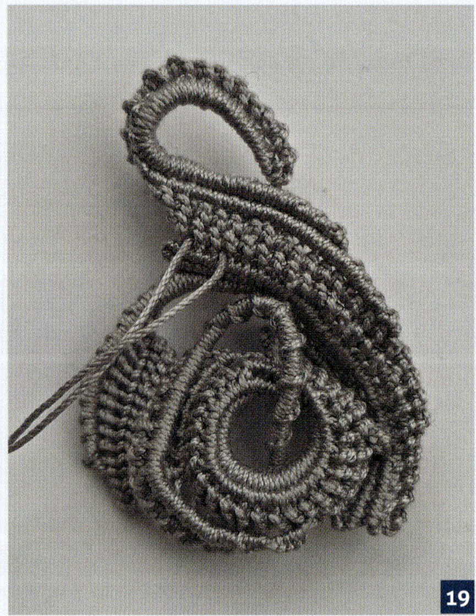
19

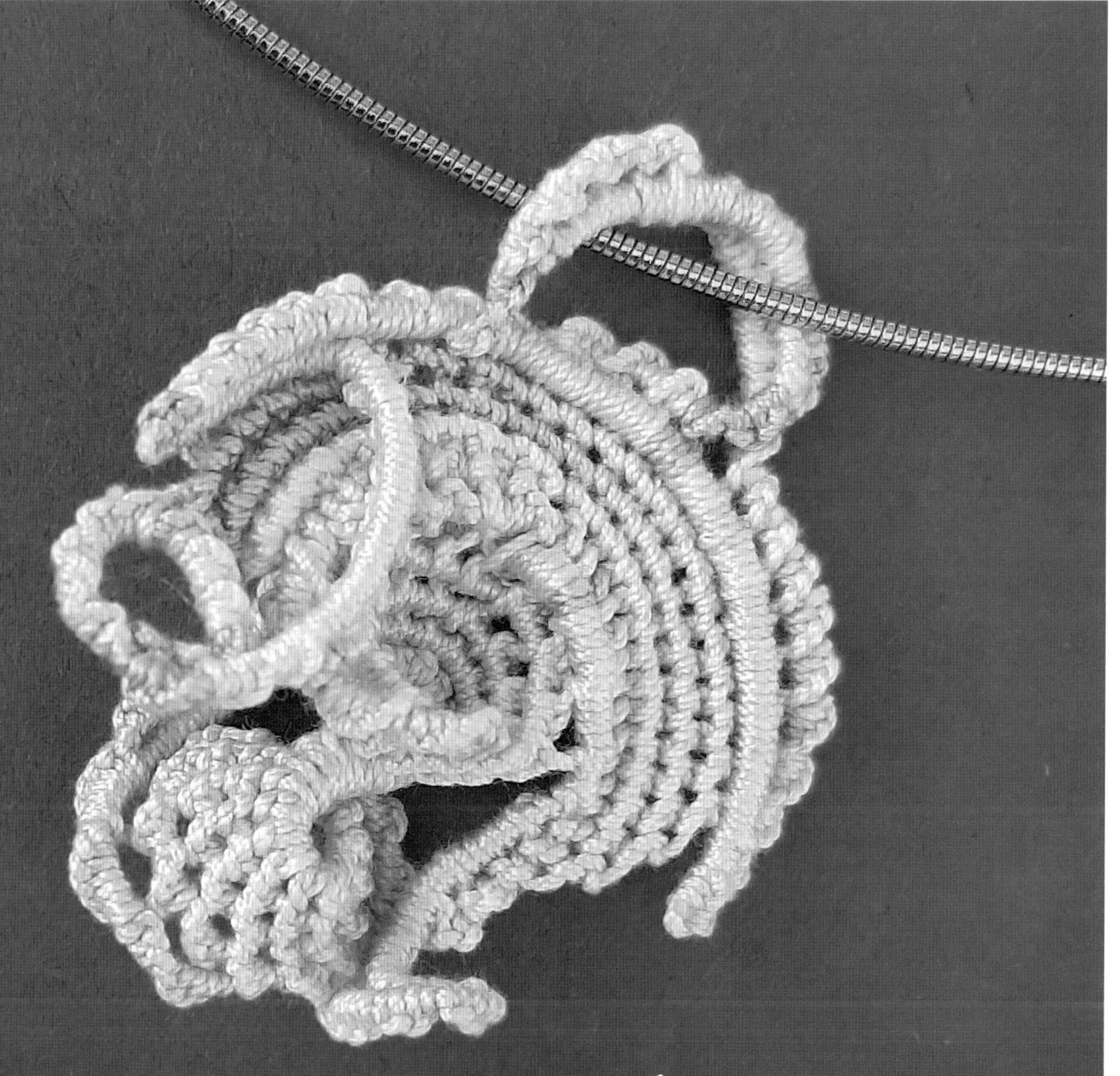

Umdreh-Kettenanhänger
mit S-Beginn

MATERIAL:

» 14 Fäden 10-Lizbeth Silver Ice à 170 cm

Diese Arbeit muss in der Knotenanzahl kreativ geknüpft werden, je nach Bedarf!

Alle Fäden als Bündel in der Mitte und Brezel in der Luft (1 Faden aufgeschoben), Knoten aufstecken, aufgeschobener Faden bleibt auf beiden Seiten liegen, auflösen nach rechts, Bündel drehen, wieder nach re auflösen. **[1]**

Leitfaden (LF) zur Mitte stecken und von den Fäden dieser Seite mit 3er Schlkn überknüpfen.

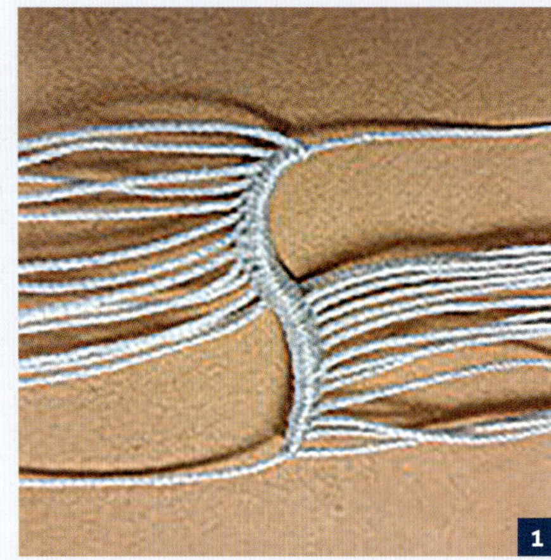

1

Nächste Runde 4er Schlkn, 3. Runde 5er Schlkn, liegen lassen.
[2 vorn, 3 hinten]

Arbeit umdrehen, feststecken, ebenfalls 3 Reihen 3er, 4er, 5er Schlkn, liegen lassen.

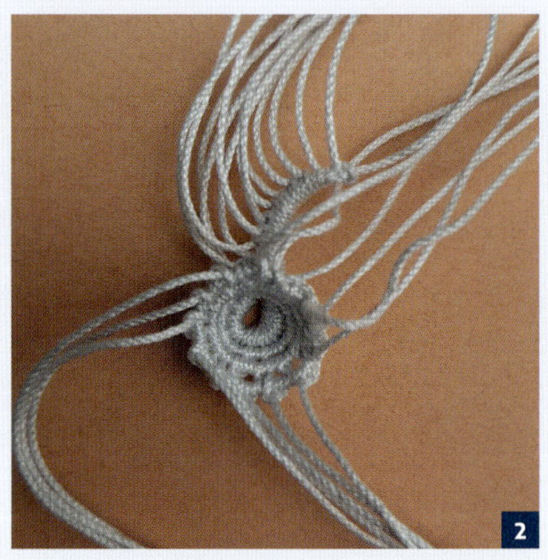

2

Andere liegende Fäden nach li bündeln: 10/ 8 Schlkn dabei bündeln, 7/ 6 / 5 / 4 Schlkn dabei AF liegen lassen, mit Rkn auflösen. **[4–5]**

Andere Fäden von re mit 4 / 3 / 2 Schlkn bündeln, 28 Schlkn.
[6–7 umgedreht]

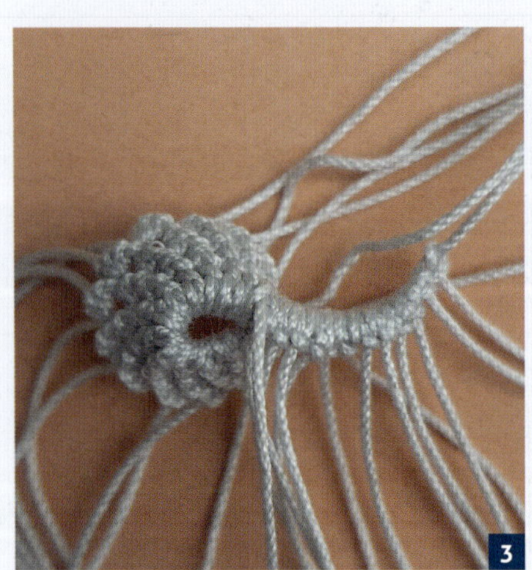

3

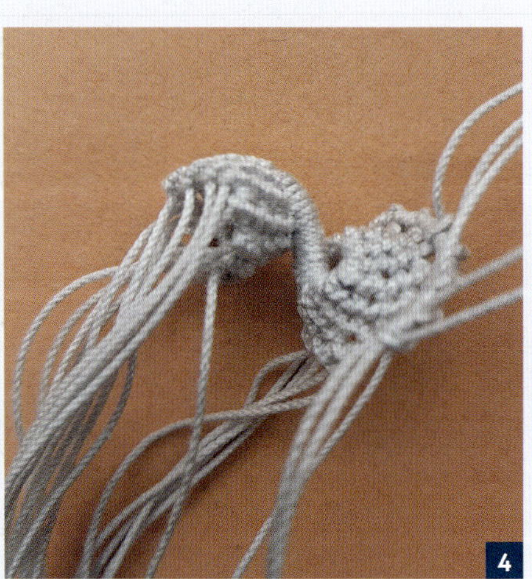

4

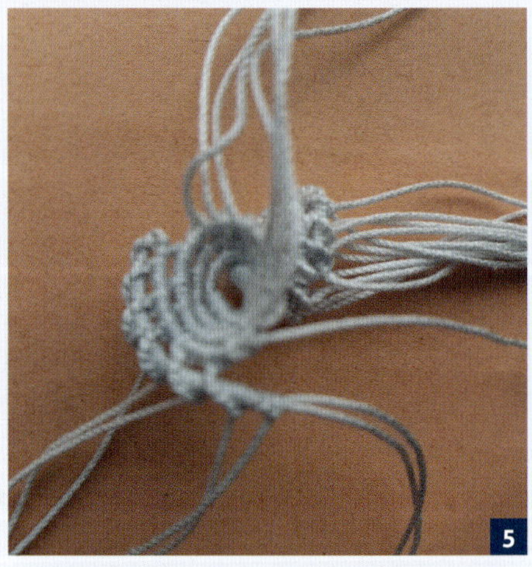

5

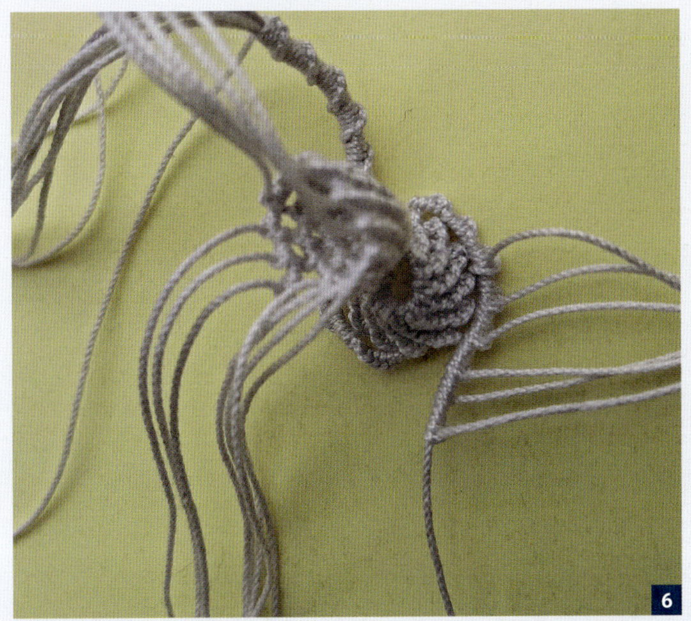
6

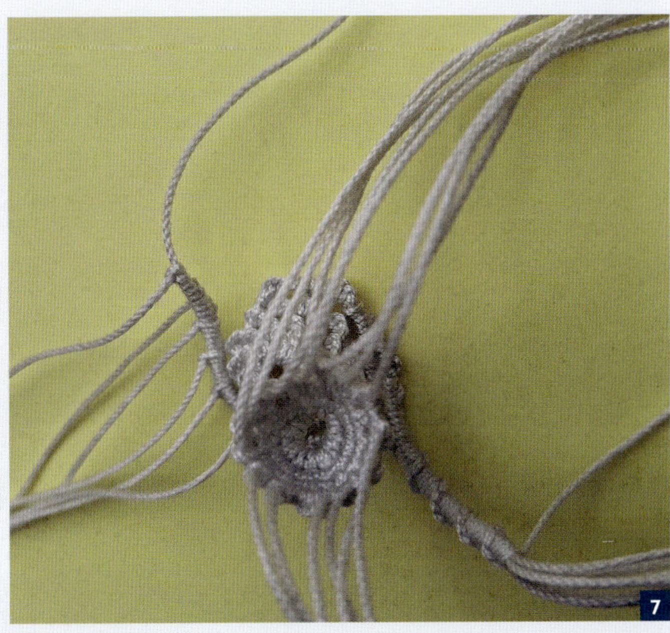
7

Bündel hoch biegen zum oberen Kegel, vom LF nach li der 7. Faden (inkl. LF) beginnt über das Bündel zu knüpfen, dabei bleibt der AF vom Bündel liegen.

2 Fäden auflösen, Rkn, 1 Faden auflösen, nächster Faden Rkn, 2 Fäden auflösen, Rkn, alles liegen lassen.

Unterer Kegel: Bündel im Bogen nach re, Nadel stecken, LF um Nadel und mit Rkn zurückbündeln.
AF liegen lassen, Bündel mit 3er Schlkn nach li auflösen, LF mit oben liegen gelassenen LF mit Rkn re über li verbinden. **[8–9]**

Arbeit umdrehen, von re beginnend 3 Fäden mit 3er Schlkn bündeln, weiter je nach Abstand mit 3er oder Rkn überknüpfen, wenn zu unteren Fäden gewechselt wird: 2 x 5er Schlkn, 1 Faden mit 3er auflösen,

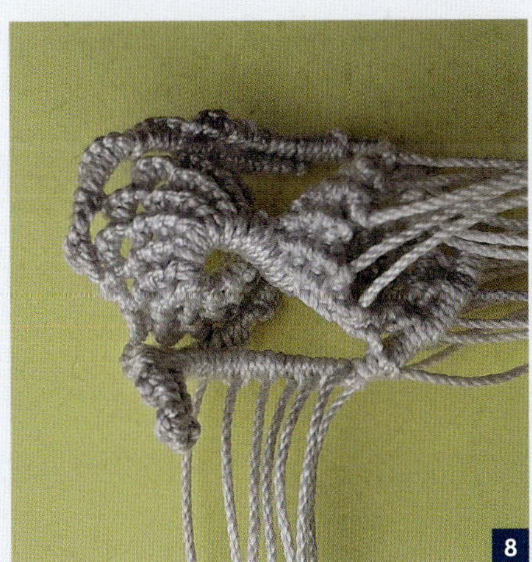
8

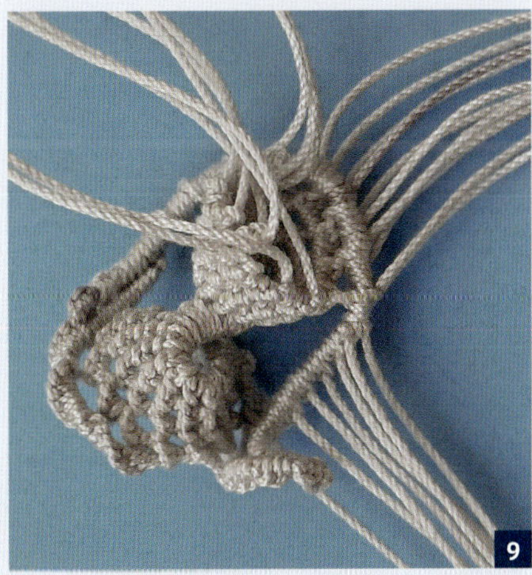
9

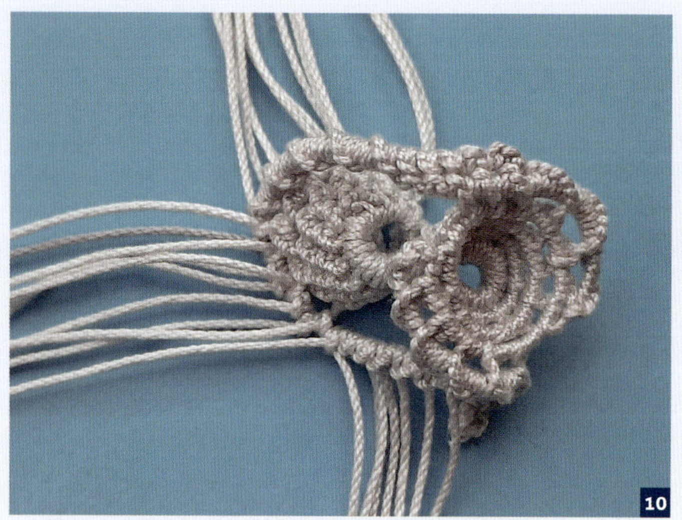

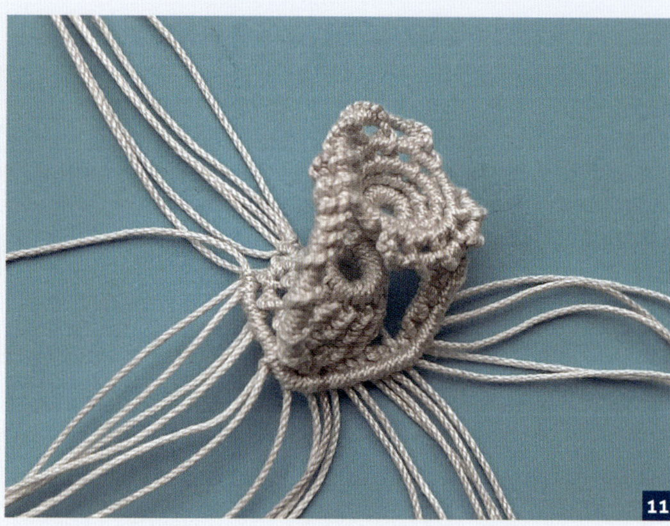

1 Faden knüpft mit 3er, 1 Faden mit 3er auflösen, 1 Faden knüpft mit 3er, LF liegen lassen. **[10–11]**

Es hängen noch 6 Fäden ungeknüpft. Diese von li mit 7 / 6 / 4er Schlkn bündeln. Letzten AF liegen lassen, Bündel überknüpfen, bei größeren Abständen 1 LF dazwischen auflösen bis auf 1 LF. Rechts bleiben 15 Fäden liegen. **[12–13]**

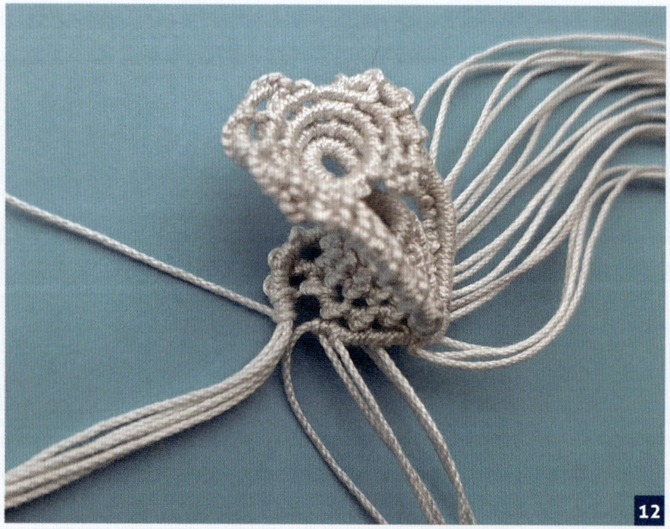

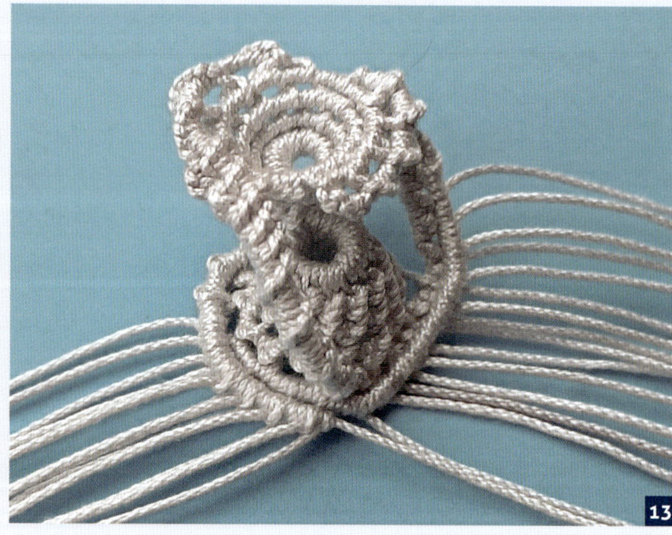

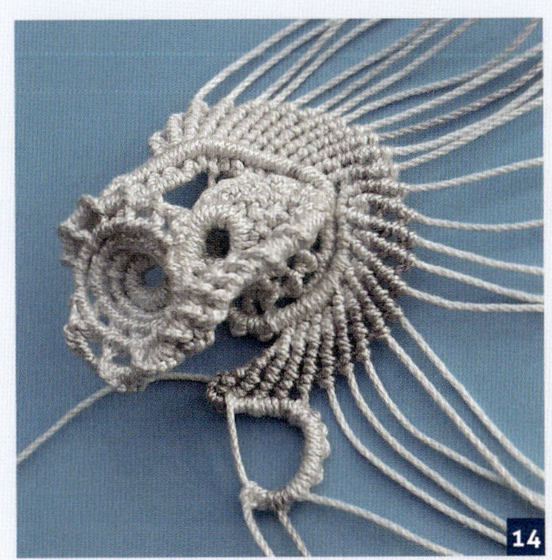

14

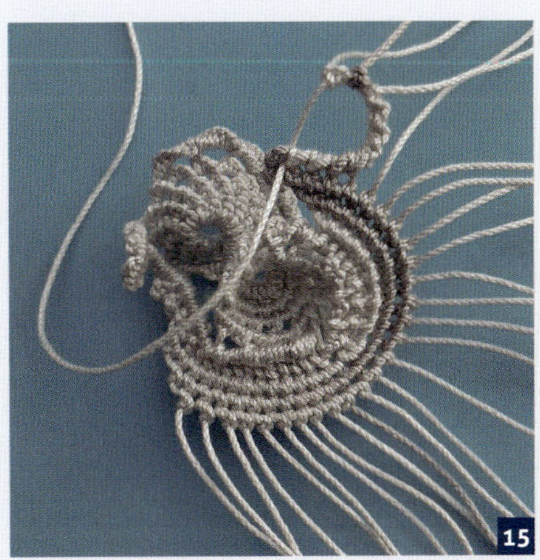

15

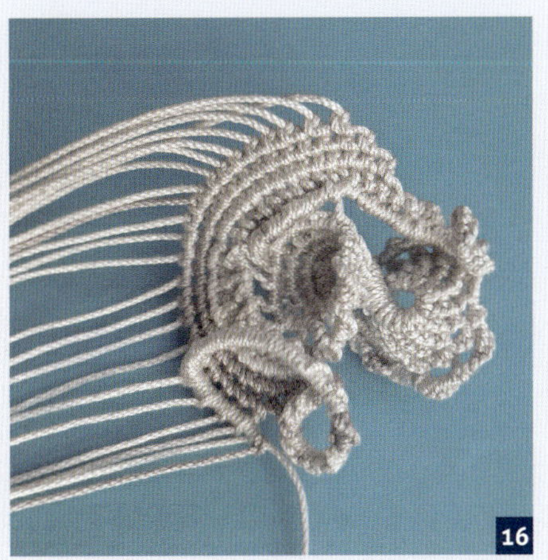

16

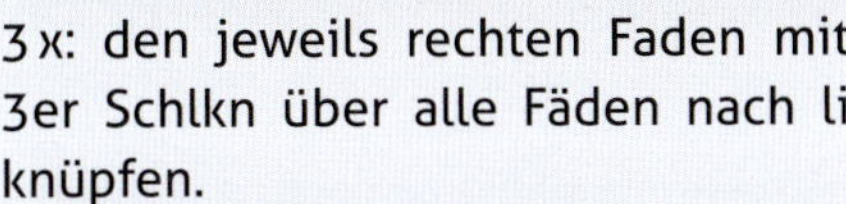

3x: den jeweils rechten Faden mit 3er Schlkn über alle Fäden nach li knüpfen.

Li Nadel stecken, 6 Fäden mit 3er bündeln, 1 LF herausschneiden, 7 Rkn, AF liegen lassen, mit 3er Schlkn auflösen, letzter LF schafft nach oben mit Sticknadel die Verbindung. **[14–15 Arbeit umgedreht]**

Kringel von li beginnend mit 4er Schlkn bündeln, evtl. AF wechseln, 14 Rkn, Bogen biegen und Bündel mit 5. Faden von re beginnend mit 4er Schlkn zu überknüpfen. Dabei nach 2. und 4. AF je 1 LF herausschneiden. Letzter Faden knüpft 3er Schlkn, 2 LF mit Rkn auflösen. **[16]**

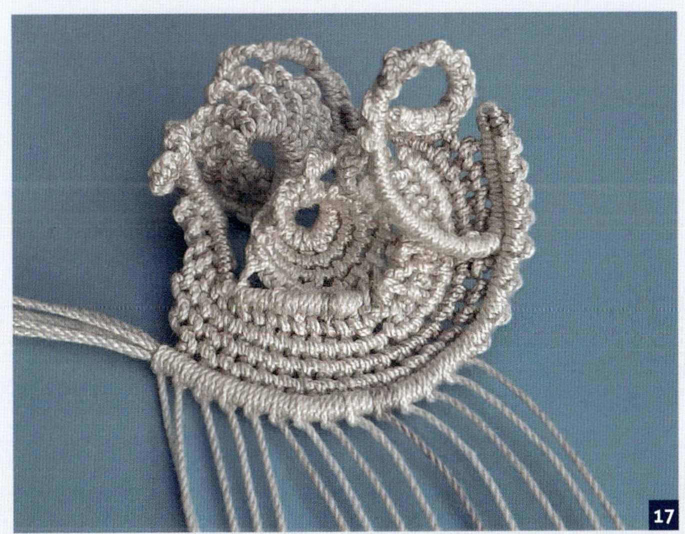

17

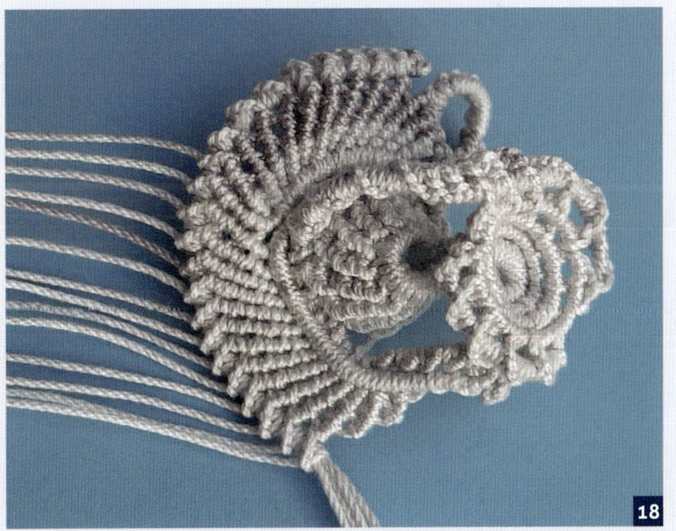

18

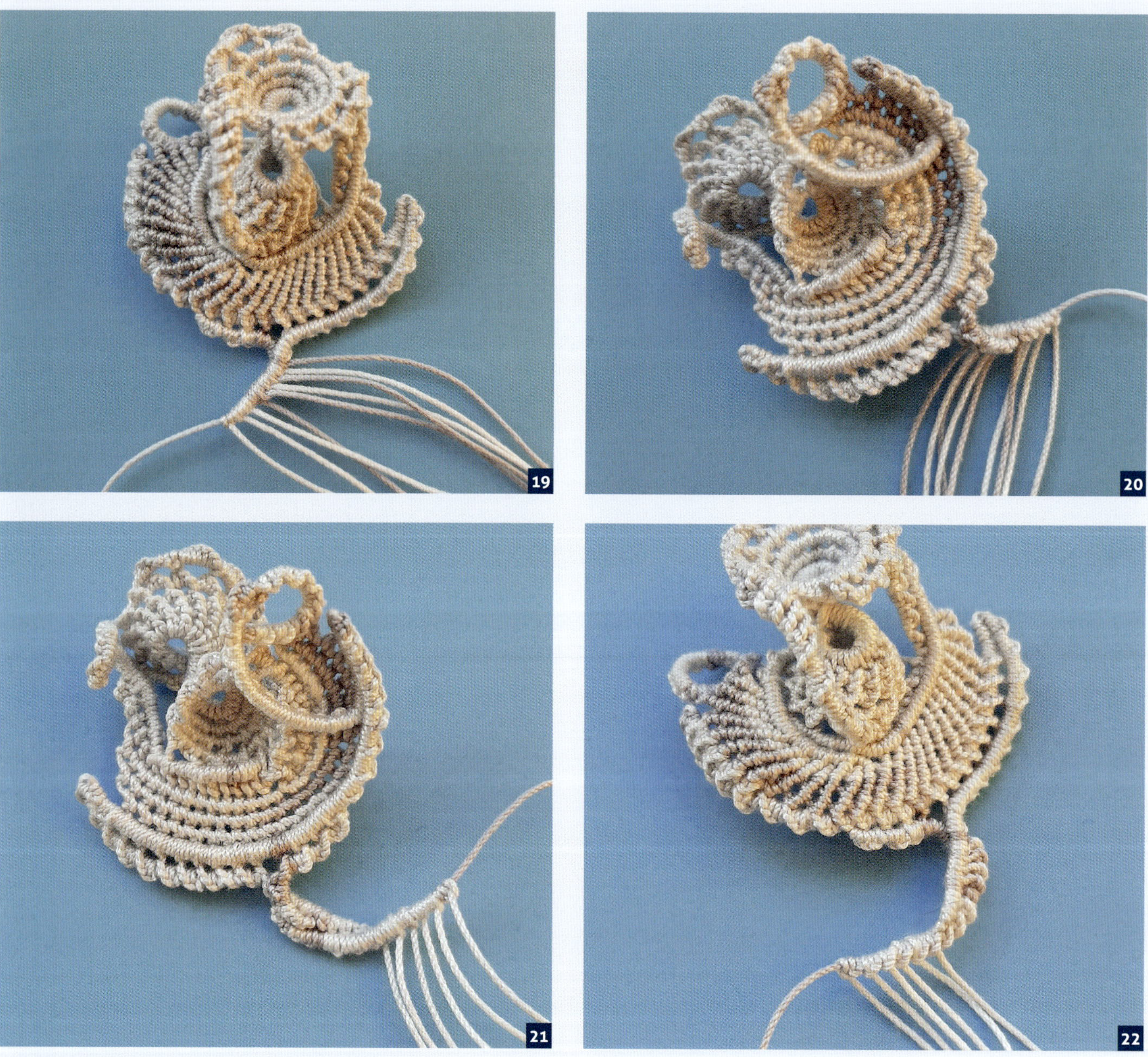
19
20
21
22

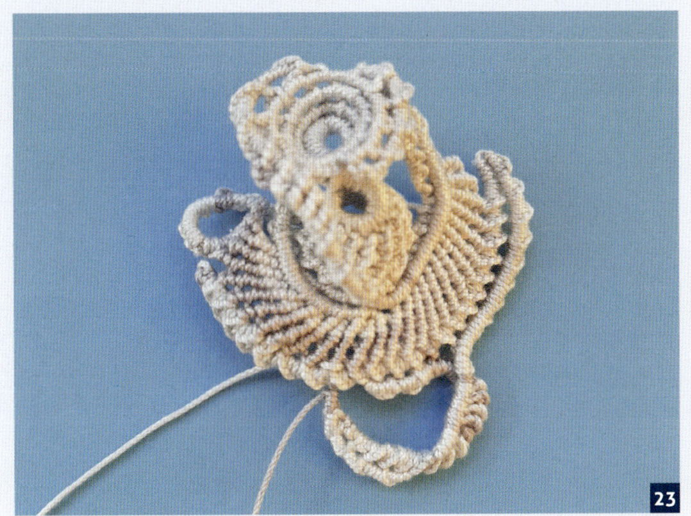
23

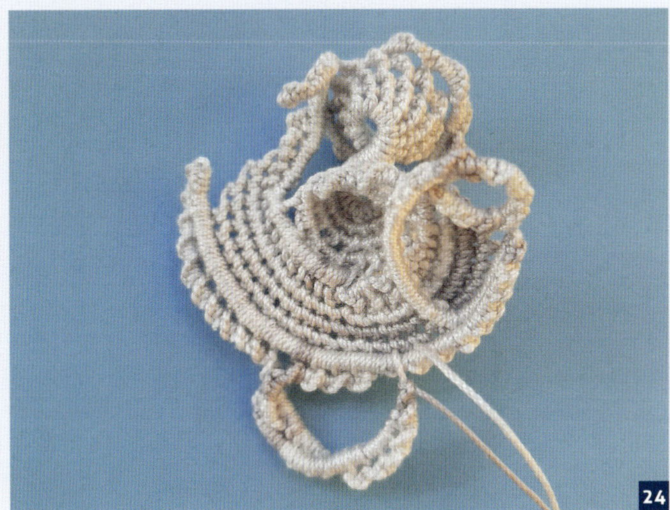
24

Rechts: Nadel stecken, LF um Nadel und mit 3er Schlkn auf 6 LF zurückbündeln, 1 LF herausschneiden, nächste Fäden knüpfen 6/5/4er Schlkn, dazwischen immer 1 LF herausschneiden, AF dazulegen, restl. Fäden knüpfen mit 4er Schlkn. **[17]**

Arbeit umdrehen und feststecken. **[18]**
Das Bündel im Wechsel mit 3er Schlkn und 1 LF herausschneiden, auflösen, liegen lassen.
Von li werden 5 Fäden mit 6/5/4/3er Schlkn gebündelt, 3 Rkn, AF liegen lassen, auflösen mit Rkn, liegen lassen.
Rechte Nadel stecken und nach li je nach Abstand mit Mehrfachschlkn bündeln, ab 5 LF immer 1 LF herausschneiden ehe der AF dazugelegt wird. Die Fäden vom linken Bündel mit Rkn überknüpfen und liegen lassen.

Bündel auflösen.
[19–20 Rückseite]

Arbeit umgedreht feststecken.
Bündeln nach re, dabei 2 LF heraus (am Anfang Rkn, später 3er Schlkn), mit 3er Schlkn auflösen, dabei noch 1 LF herausschneiden. **[21]**

Arbeit wieder drehen, 1. LF am Ende mit Knoten markieren, nach li mit 4er Schlkn bündeln und LF nach und nach herausschneiden, Faden mit Knoten bleibt bis zum Schluss! Als Aufhänger an der Arbeit befestigen, verknoten, verleimen. **[22–25]**

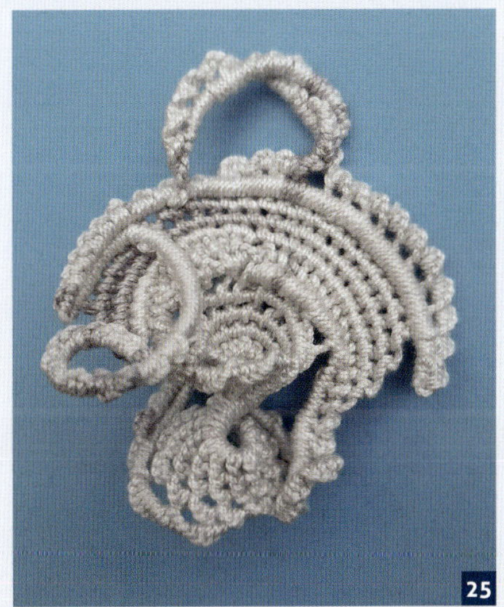
25

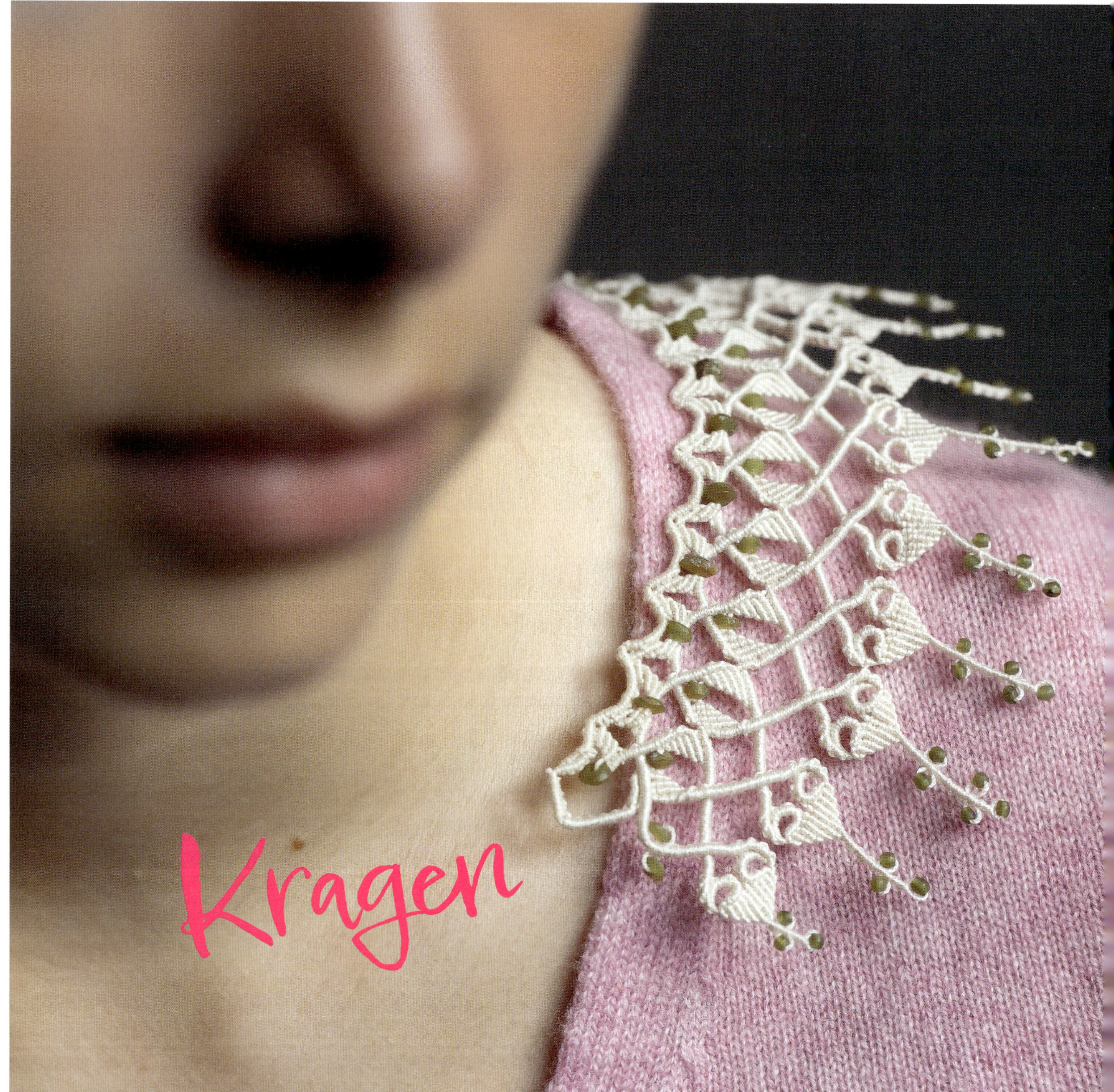

Kragen

Je nach gewünschtem Halsumfang eine Vorlage/Schnitt zeichnen (siehe Seite 76, **[24]**), evtl. von einem alten Kragen. Entsprechend dem Umfang benötigt man eine unterschiedliche Anzahl an Anfängen.

MATERIAL:

- 1 Knäuel 20er Lizbeth Garn
- Perlen in 2 verschiedenen Größen (2 und 4 mm)
- Einfädler

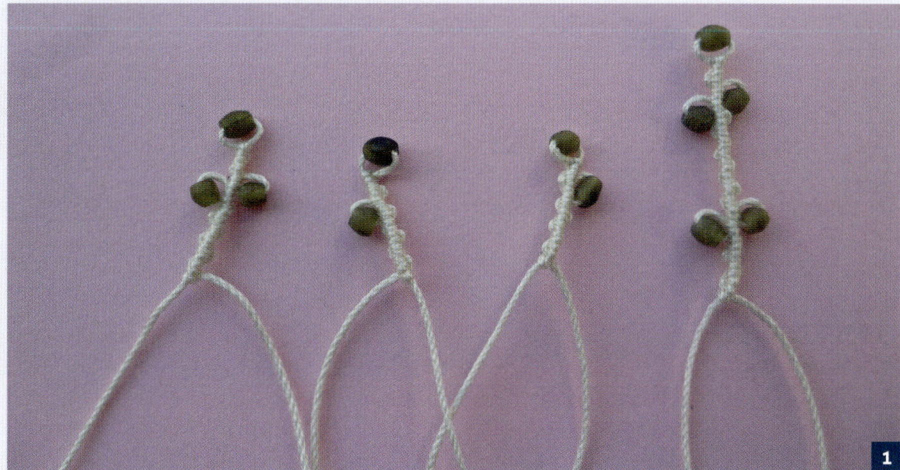
1

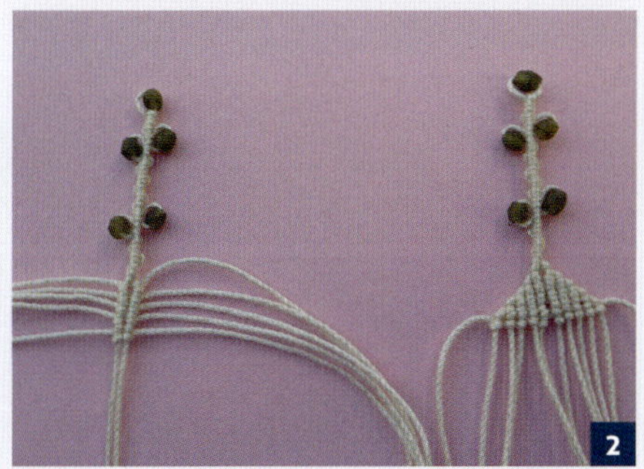
2

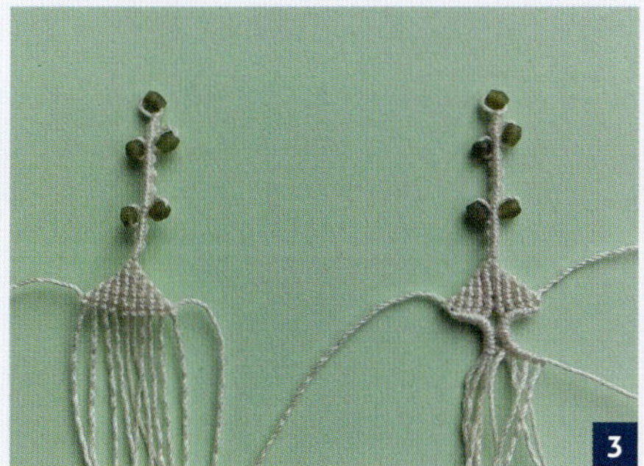
3

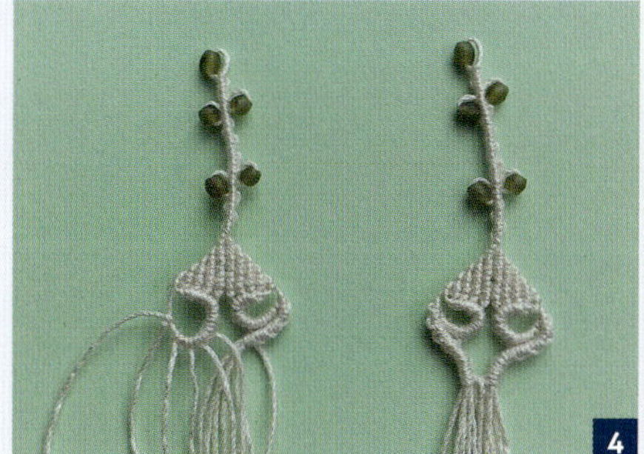
4

Je Anfang 6 Fäden und kleine Perlen (vorn und hinten in der Mitte habe ich kürzere Anfänge mit weniger Perlen geknüpft). Hier kann kreativ gearbeitet werden.

Alle Fäden werden mittig verwendet. 1 Faden, auf den 1 kleine Perle gefädelt und über 2 Nadeln gehängt wird, mit 3 Rippenknoten (Rkn) nach rechts (re) beginnend knüpfen.

1 Perle auf Arbeitsfaden (AF) fädeln, Nadel stecken, 1 Rkn, 1 Perle mit Nadel, 7 Rkn, 1 Perle, 1 Rkn, 1 Perle, 5 Rkn **[1]**

5 x neuen Faden nacheinander auf die linke (li) Seite aufschieben und mit Rkn nach re knüpfen.
Auf jeder Seite ein Dreieck nach unten knüpfen, indem immer der oberste Faden als LF überknüpft wird. **[2]**

Äußeren Faden jeder Seite liegen lassen, die anderen Fäden nach innen bündeln, 3 Rkn knüpfen, AF liegen lassen und Faden zu dieser Seite mit Rkn auflösen. Letzten LF im Bogen zu liegen gelassenen Fäden stecken und diesen als 1. LF mit 3er Schlingknoten (Schlkn) überknüpfen, bündeln, 3 Rkn.

Auf Vorlage aufstecken. **[3–5]**

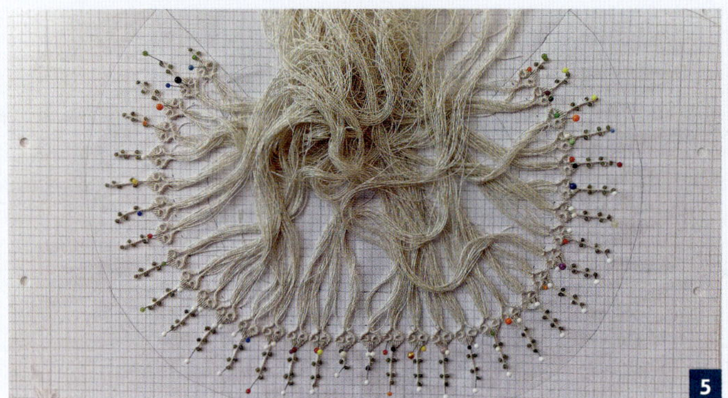
5

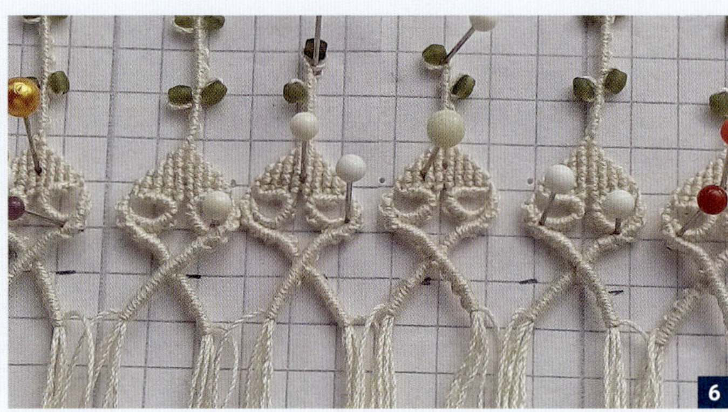
6

Von der Kragenmitte beginnend die Bündel kreuzen, auf der rechten Seite – li über re, auf der linken Seite – re über li, 8 Rkn knüpfen, nur Außenbündel 7 Rkn. **[6]**

Mittlere Bündel re über li kreuzen, alle anderen wie in der Vorrunde, 3 Rkn knüpfen, AF liegen lassen, Bündel auflösen. Die LF der Gegenbündel re über li mit 1 Rkn verbinden.
Wieder auf jeder Seite Dreieck nach unten knüpfen. **[7]**

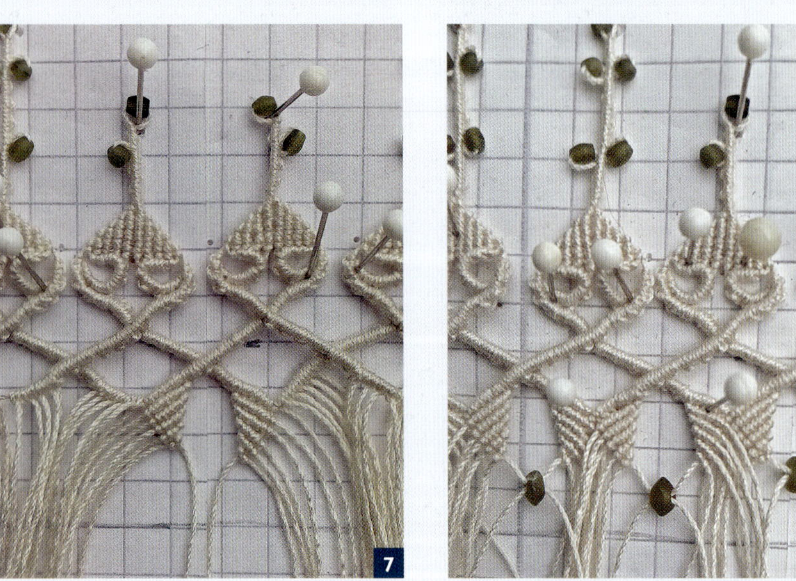
7 8

Die letzten AF der Gegenseiten werden gegengleich durch eine größere Perle gefädelt. **[8–9]**

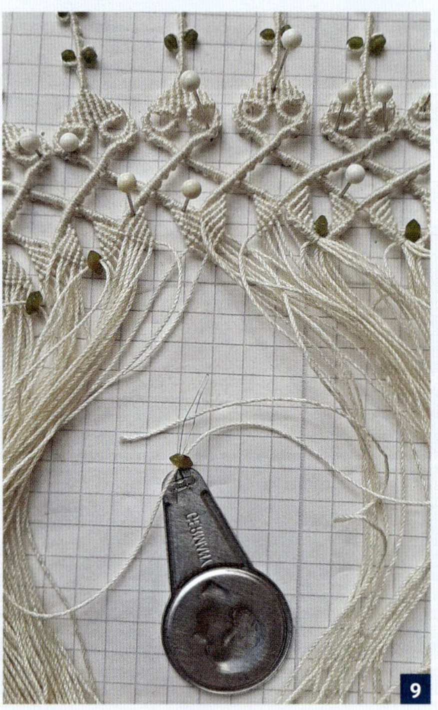
9

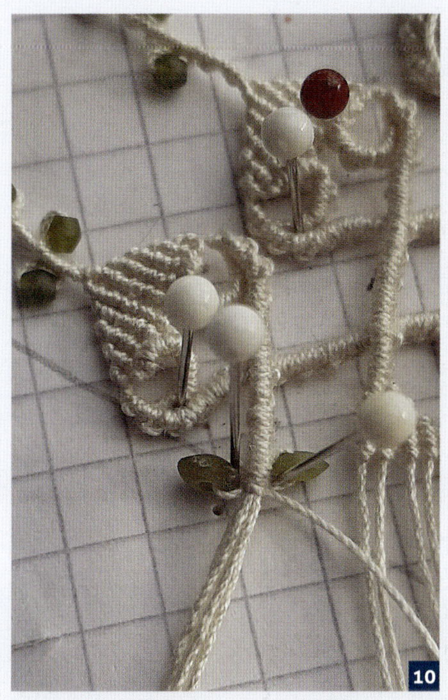
10

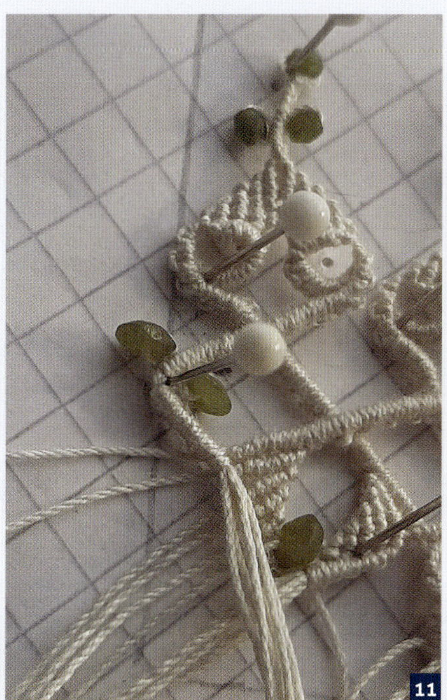
11

Jedes Dreieck von innen nach außen mit Rkn bündeln, Faden mit Perle knüpft 3er Schlkn.
Äußerstes Dreieck nicht bündeln!
Auf das Außenbündel jeder Seite innen 1 große Perle auffädeln, 1 Rkn, 1 Perle außen (jeweils mit Nadeln feststecken).
Bündel um Nadel und 6 Rkn knüpfen, AF dazulegen und von Dreiecksfäden überknüpfen. **[10–11]**

Diese Dreiecksfäden nach außen bündeln, innen Nadel stecken, Bündel um Nadel, AF knüpft 6 Rkn, liegen lassen.
Je Bündel 1 LF vorsichtig herausschneiden, 1 Rkn, Bündel wie oben kreuzen, 3 Rkn.
AF bleibt liegen, aus Bündel 1 LF herausschneiden, auflösen.

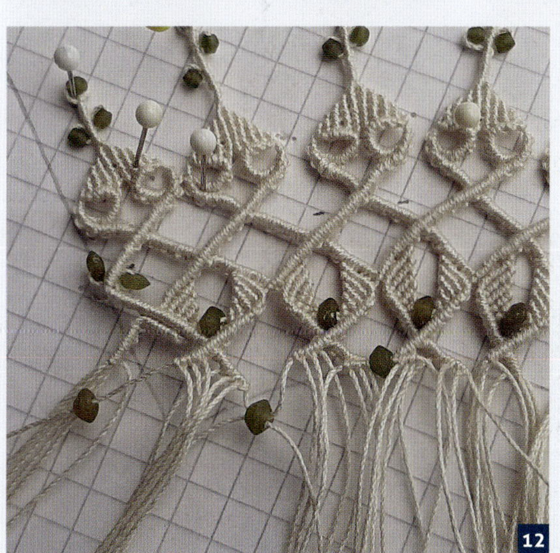
12

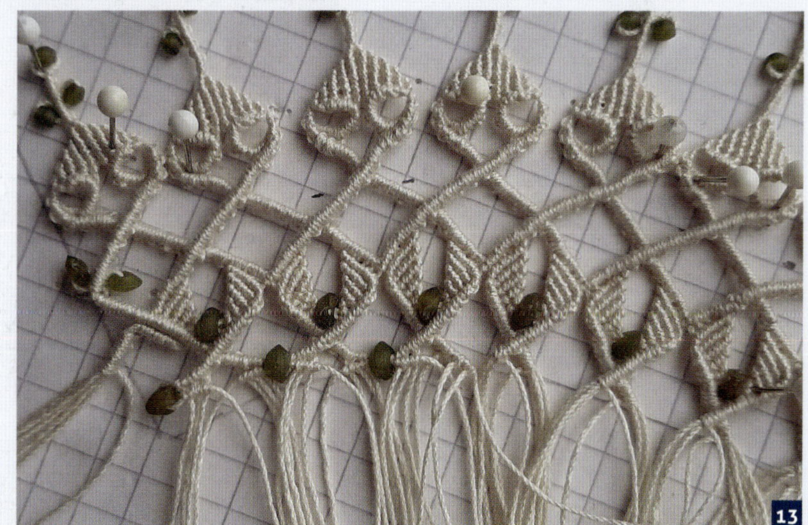
13

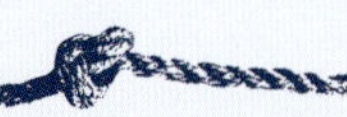

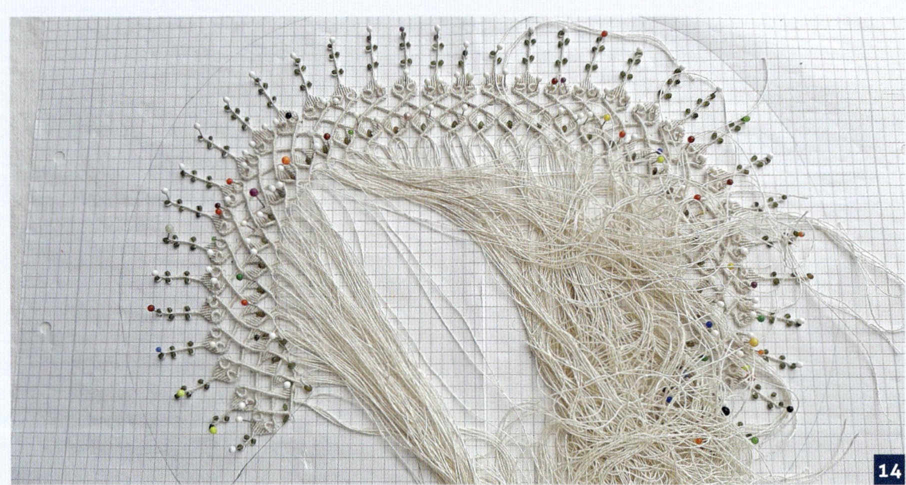

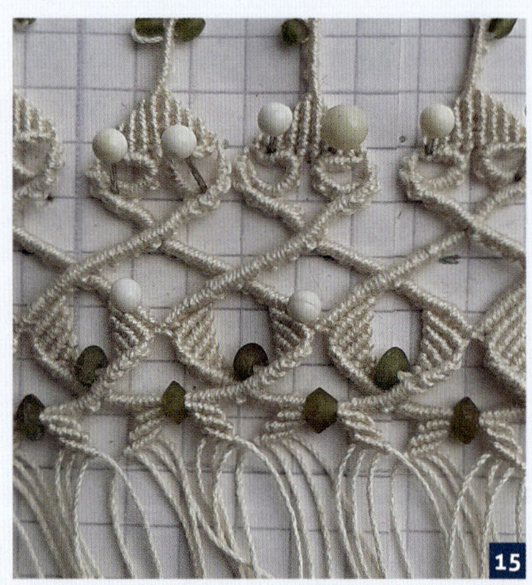

Perle wie oben auf Gegenleitfäden auffädeln und LF zur Seite überknüpfen. Der äußerste LF bekommt 1 Perle, Nadel stecken und zur Mitte zurück überknüpfen. **[12–14]**

Noch 2 x je 1 LF überknüpfen, letzte LF re über li mit 1 Rkn verknüpfen. In den Kurven wird die Knüpferei enger! **[15]**

Die linke Kragenecke ist der Beginn des Abschlusses.
Bündel bekommt 4 Rkn, Nadel stecken und Bündel um Ecke biegen, 3 Rkn, 1 LF herausschneiden,

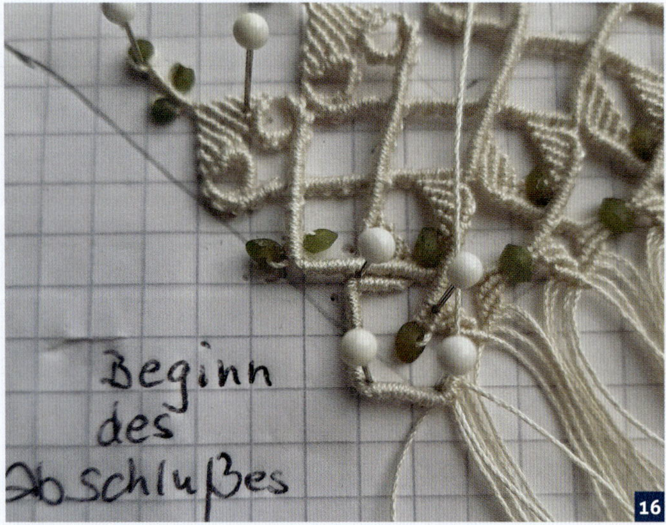

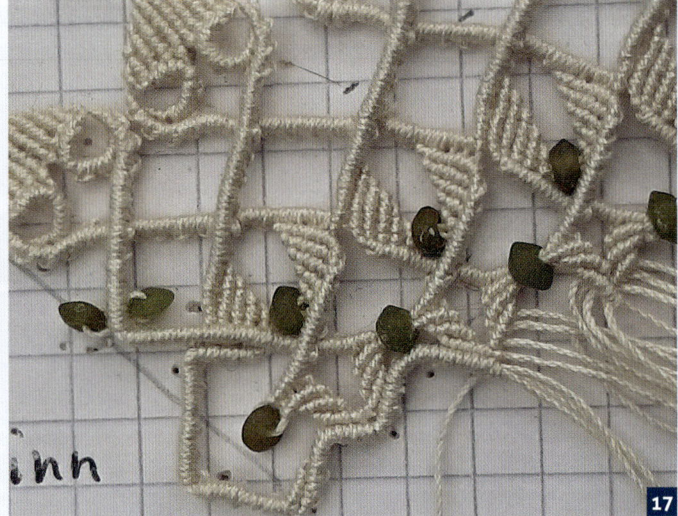

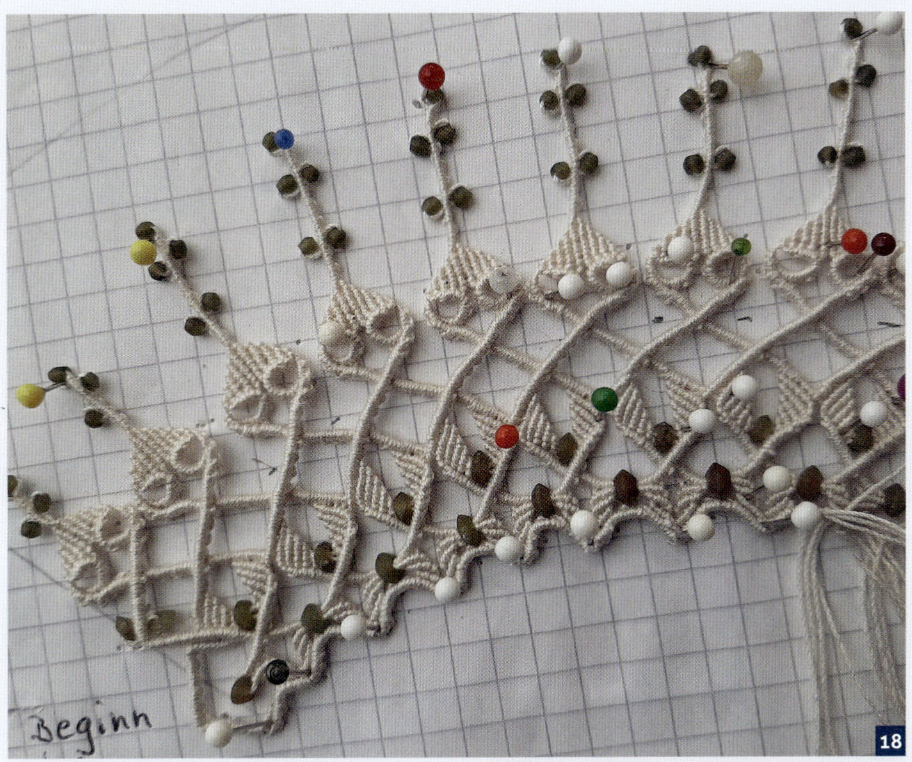

18

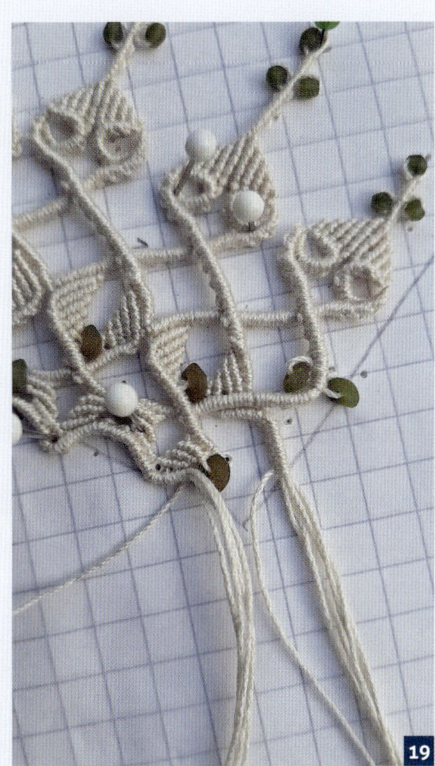
19

AF liegen lassen, um Ecke auflösen. Den 1. Faden li mit einem Knoten am Ende markieren! Er ist der 1. LF, bündeln auf 4 LF, ab jetzt immer 1 LF herausschneiden, ehe AF zum Bündel gelegt wird (nie den mit Knoten).
Es entsteht eine Zickzacklinie, bei der kreativ um die Ecken mit 3er Schlkn geknüpft wird.
Den Abstand durch die Perle mit 3–4 Rkn überbrücken. **[16–18]**

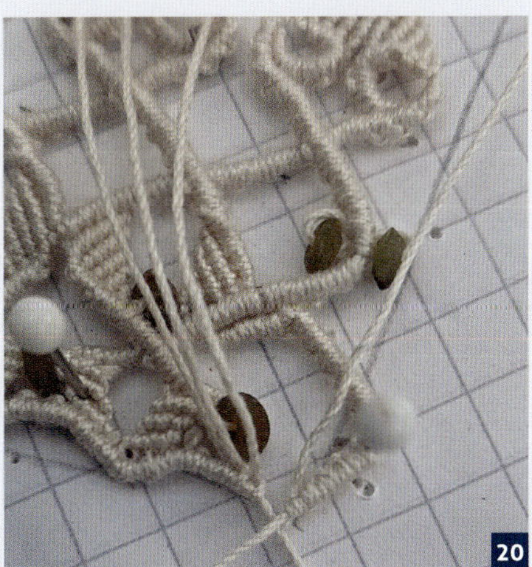
20

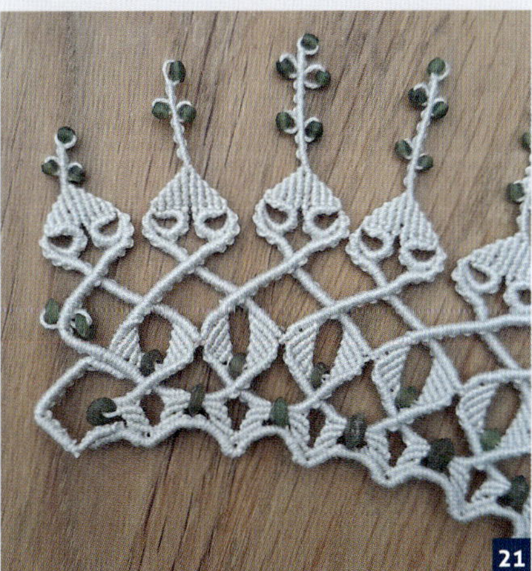
21

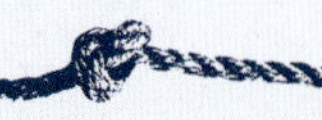

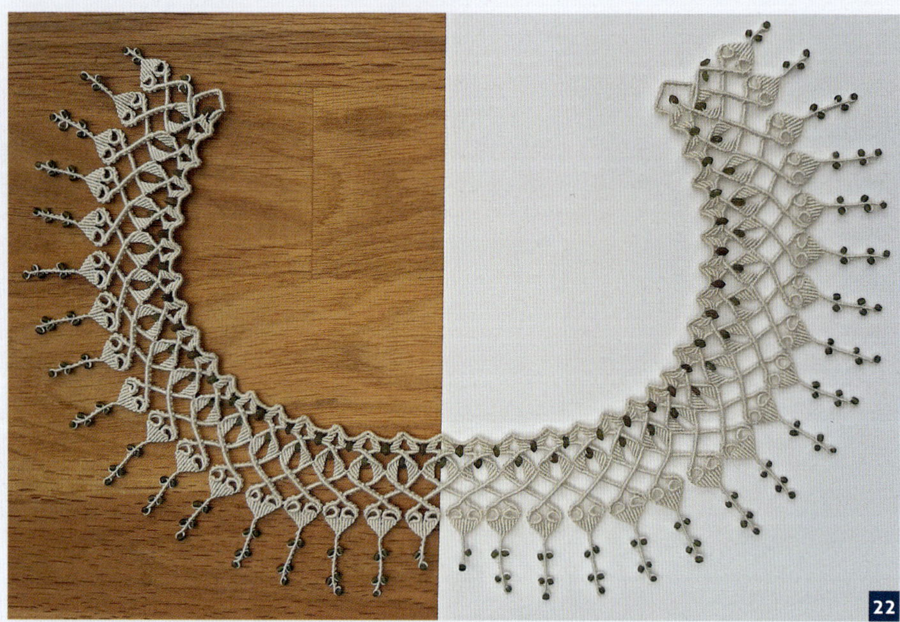

22

Nach dem letzten Bündeln 1 LF herausschneiden, 3 Rkn, AF liegen lassen, nach innen auflösen und liegen lassen.
Anderes Ende bekommt 4 Rkn, Bündel um Nadel, 3 Rkn, 1 LF heraus, 2 Rkn, 1 LF heraus, 1 Rkn, LF heraus schneiden.
Letzten LF am Ende mit Knoten markieren, bündeln, dabei herausschneiden und letzte 2 Fäden auf der Rückseite verknoten, verleimen. **[19–23]**

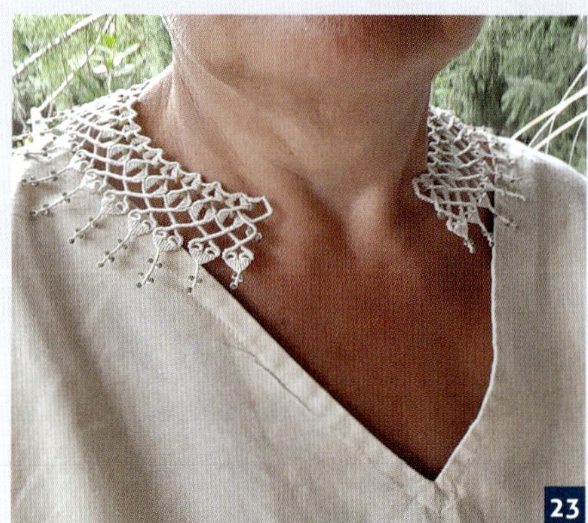

23

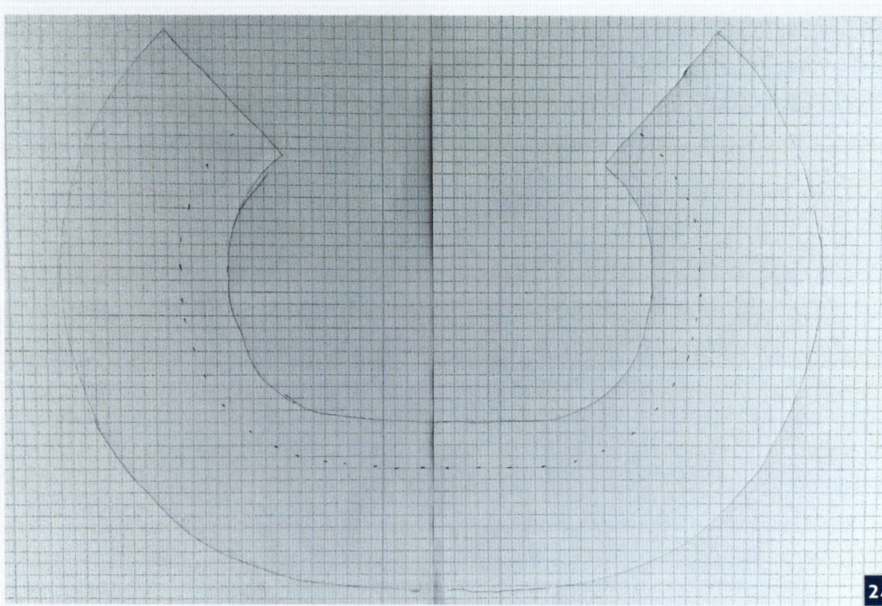

24

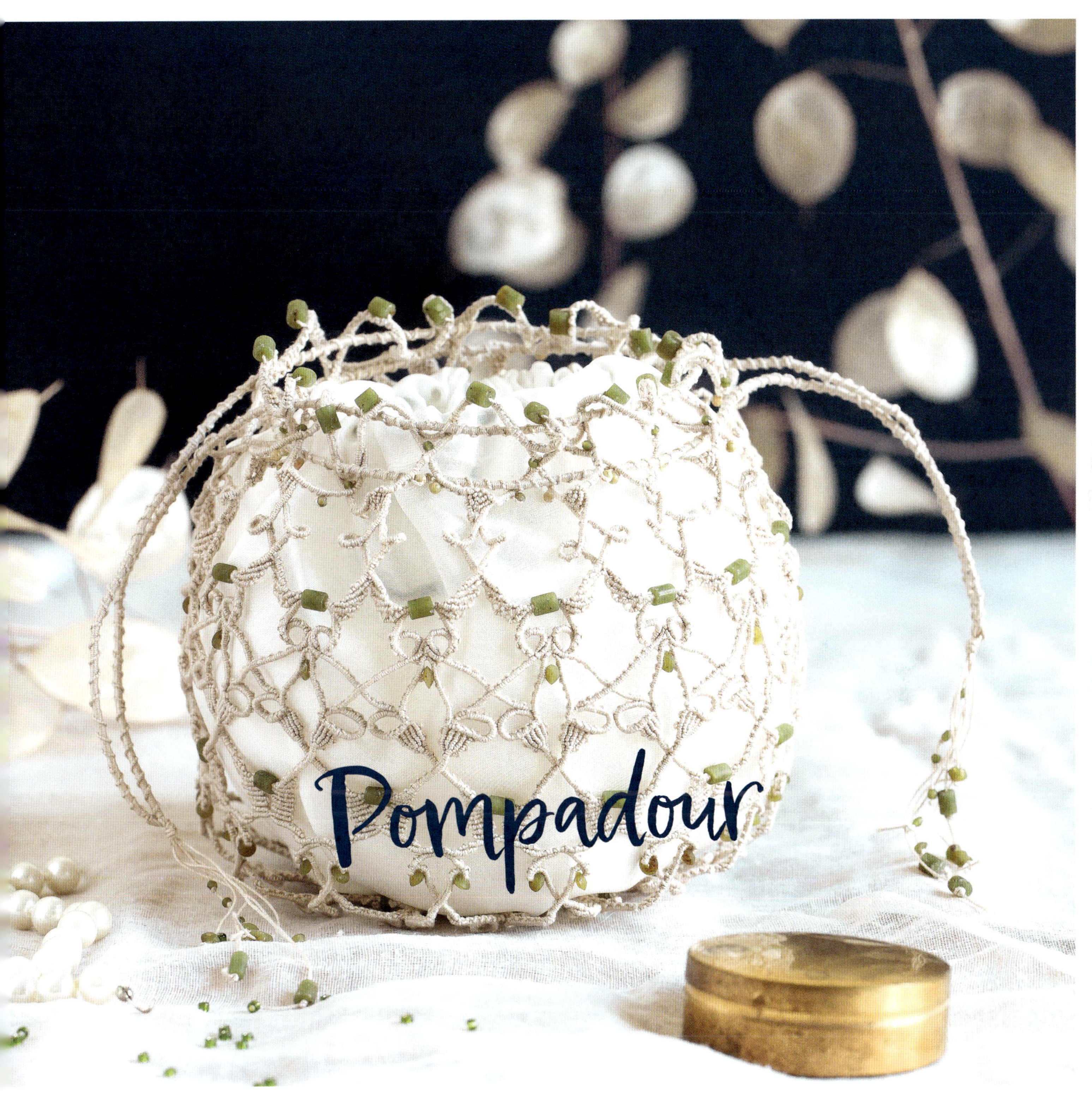

Pompadour

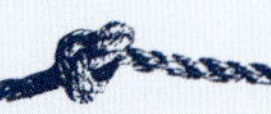

Material:

- Fäden à 160 cm 20-690 Lizbeth-Baumwollgarn beige
- Perlen 4 mm
- 4 Fäden à 300 cm für 2 Zugbänder
- 1 Styroporkugel 10 oder 12 cm Durchmesser
- Innenbeutel aus weißer Seide, P 10

Alle Fäden mittig verwenden, beginnend am Boden mit 2 Fäden und Brezel in der Luft, Knoten aufstecken und mit dem linken Teil noch einen Schlingknoten (Schlkn) nach rechts knüpfen.
Nächsten neuen Faden ebenso aufschieben, beide Enden vom Leitfaden (LF) mit einem Rippenknoten (Rkn) re über li verknüpfen. **[1–2]**

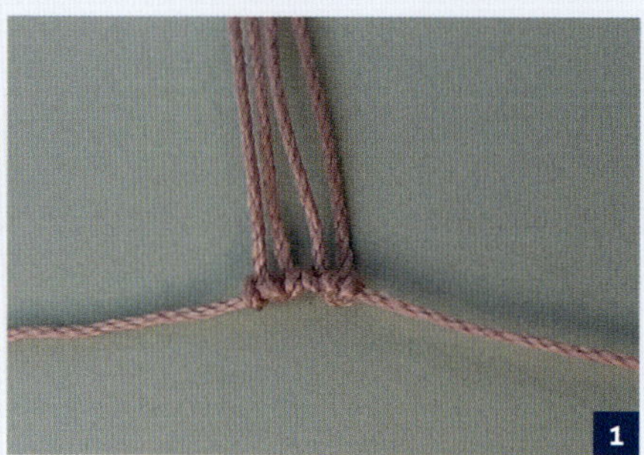

1

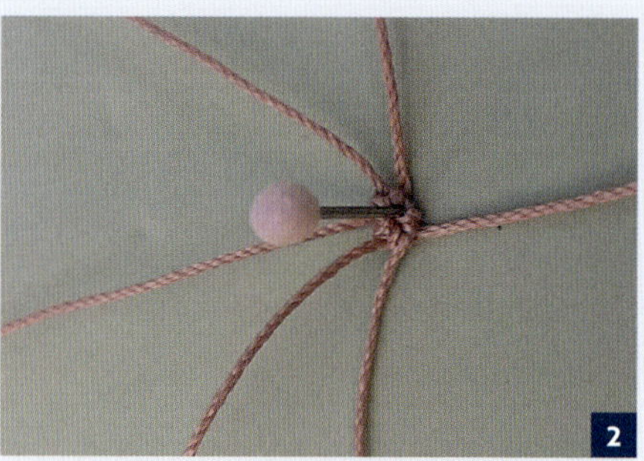

2

1 Runde im Wechsel: 1 neuen Faden mit Rkn und li Teil mit Schlkn nach re aufschieben, 1 hängender Faden knüpft 1 Rkn, insgesamt sind es 9 Fäden. 1 Runde nur Rkn knüpfen, nächste Runde abwechselnd Rkn und 3er Schlkn, 4. Runde 3er Schlkn dabei 2 neue Fäden in größeren Lücken aufschieben. **[3]**

Es folgt eine Runde mit Perlen: im Wechsel knüpfen 3 Fäden je 1 Rkn und 1 Perle wird aufgefädelt.

Weiterknüpfen, über jeder Perle werden 3 neue Fäden aufgeschoben mit 1 Rkn des linken Teiles nach rechts. **[4]**

2 Runden mit Bogen entstehen: innen Rkn und außen 3er Schlkn knüpfen, bzw. kreativ Knotenanzahl wählen. Fadenanzahl: 32 **[5]**

Je 4 Fäden bündeln, 5 Rkn knüpfen, AF liegen lassen, Bündel mit 3er Schlkn auflösen.

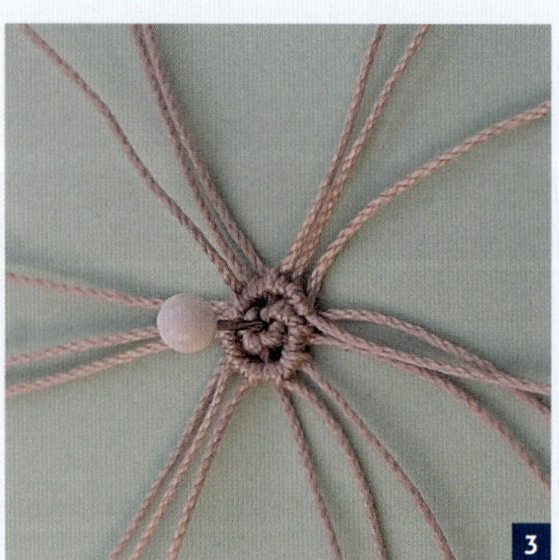

3

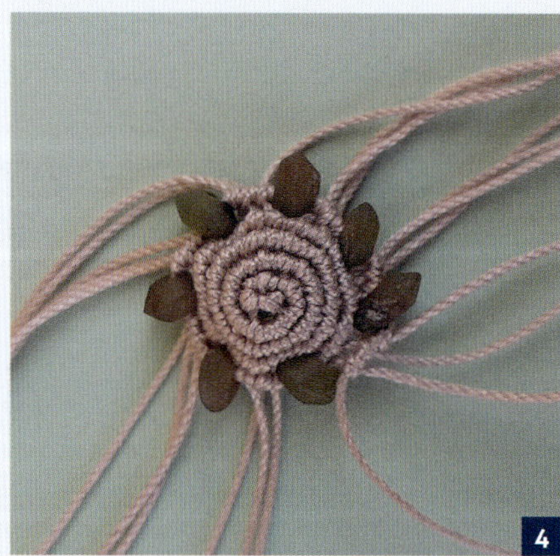

4

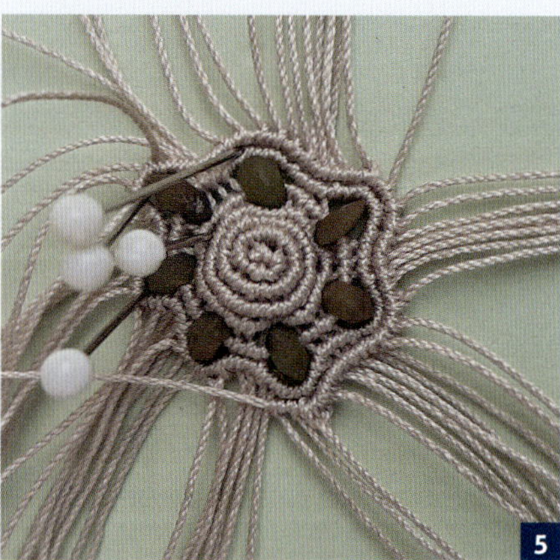

5

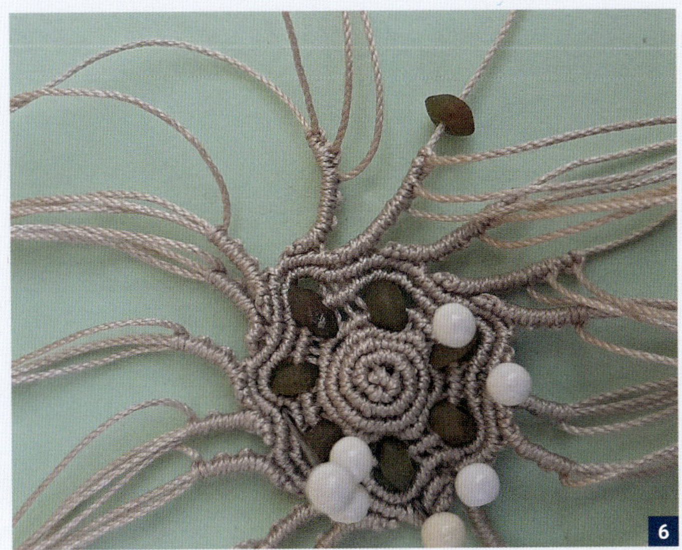
6

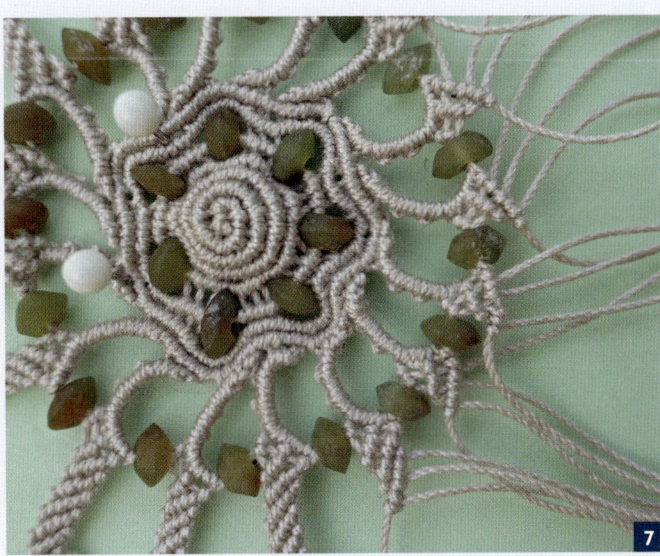
7

Der letzte LF erhält 1 Perle. [6]

Diesen als AF im Bogen nach re über die nächsten 3 Fäden knüpfen. Dreieck knüpfen. 4 x den jeweils oberen Faden als LF nach li knüpfen. [7]

Jedes Bündel: der 2. Faden von li knüpft auf den li Faden 4 Rkn, re Faden als LF bekommt 5 Rkn, diese 2 Fäden knüpfen über den LF vom Nachbarbündel. Die 2 re Fäden knüpfen li über re 1 Rkn und die 2 mittleren Fäden knüpfen re über li 1 Rkn. 5 x knüpft der äußere Faden jeder Seite nach innen 1 Rkn, innen 1 Rkn re über li [8–9]

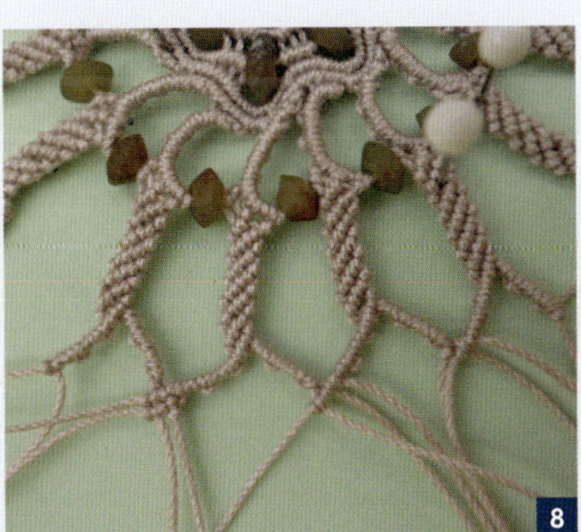
8

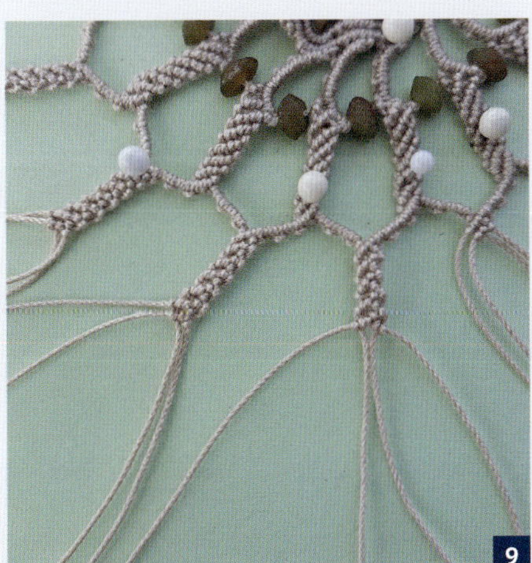
9

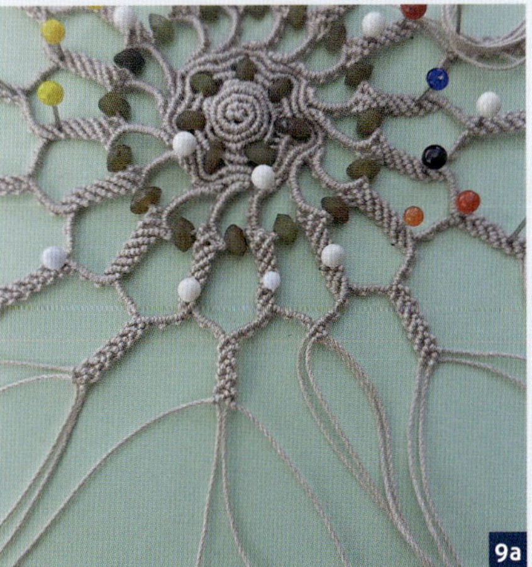
9a

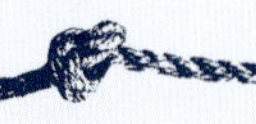

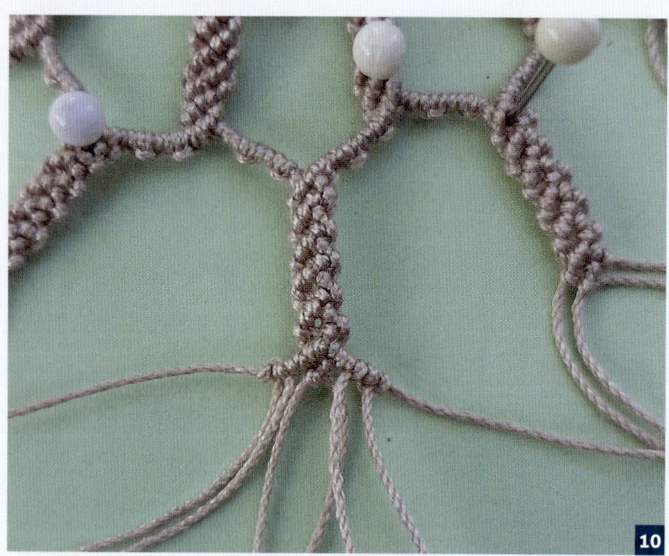

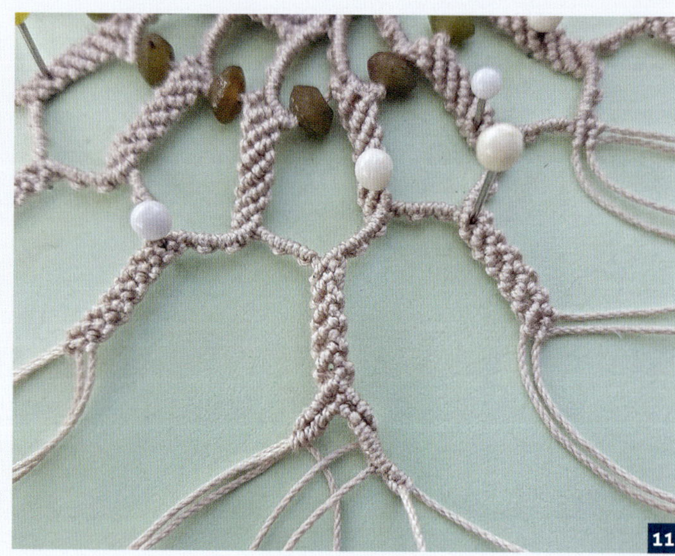

Auf äußere obere Fäden je 1 neuen Faden aufschieben, oberer neuer Teil knüpft 1 Rkn nach unten.

Innere Fäden re über li 1 Rkn und als LF nach außen, alle Fäden bündeln, mit 3er Schlkn auflösen. **[10–11]**

Auf LF gegeneinander 1 Perle auffädeln, mit 4er Schlkn zurückbündeln, 5 Rkn. **[12–13]**

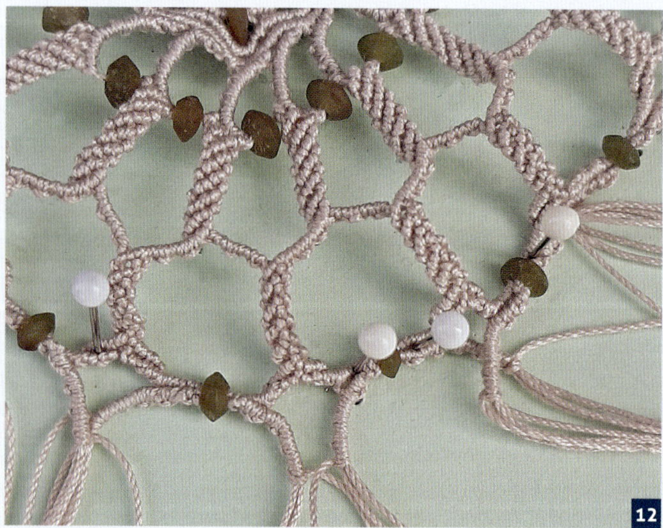

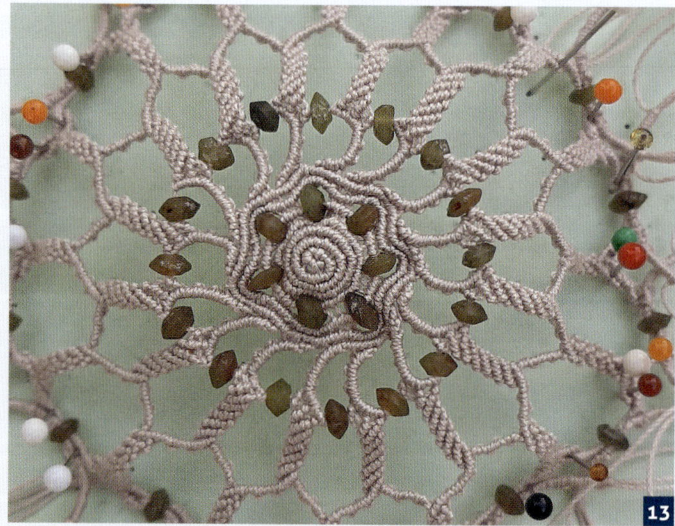

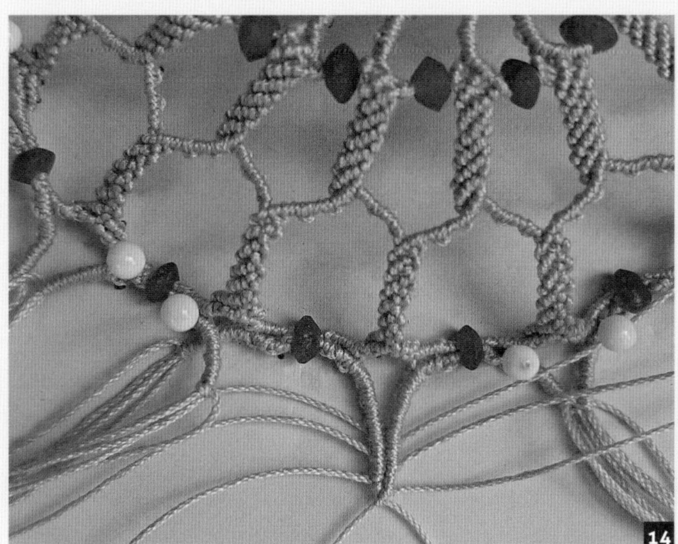
14

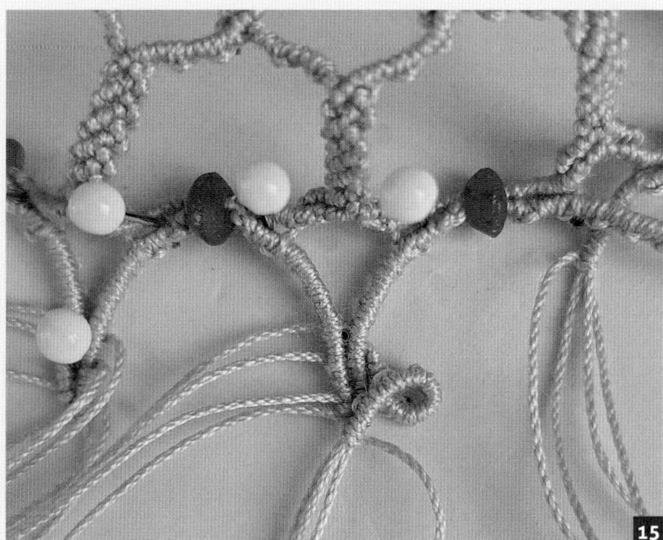
15

Bündel gegeneinander auflösen: erst auf eigenes Bündel nach innen 1 Rkn, Fäden re über li kreuzen und auf Gegenbündel nach außen knüpfen, letzte LF re über li 1 Rkn.

Von innen beginnend 3 Fäden mit 4er bzw. 3er Schlkn bündeln, 12 Rkn und Bündel im Bogen stecken, liegender Faden knüpft 10 Rkn. **[14–15]**

Mit Rkn auflösen, inneren Faden als LF nach außen überknüpfen, liegen lassen, alle Fäden nach außen bündeln. 3 Rkn, Bündel re über li kreuzen, 6 Rkn, AF bekommt Perle, liegen lassen.
Mit neuem AF nach außen beginnend 4 Rkn, auflösen. **[16]**

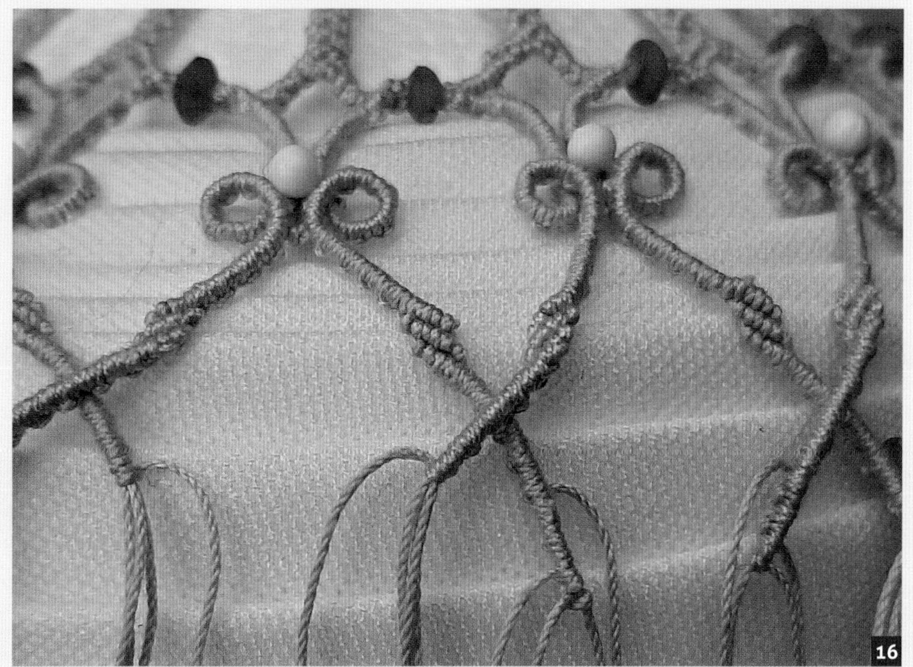
16

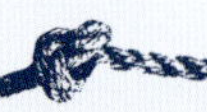

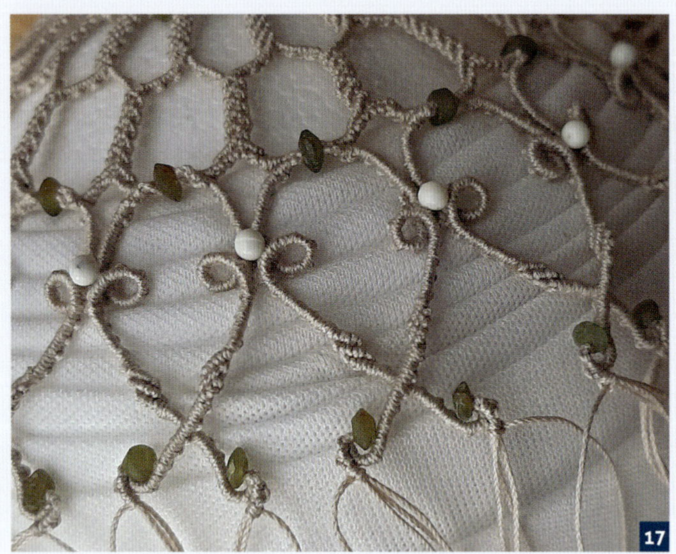

17

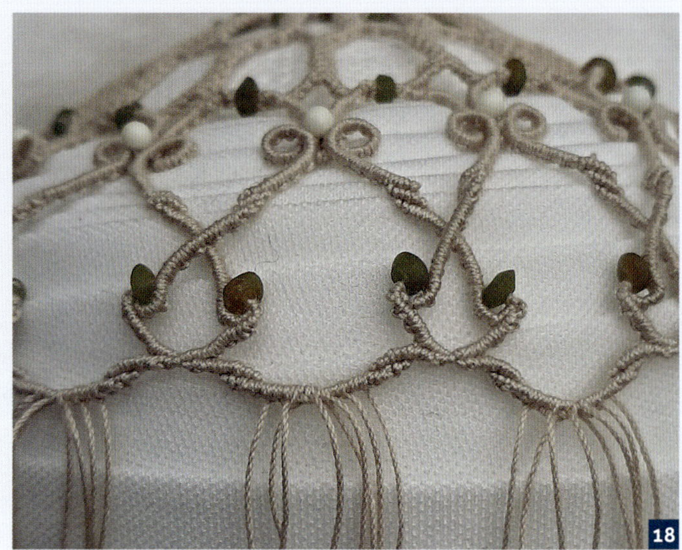

18

Faden mit Perle ist LF, Bündel nach oben stecken, mit 3er Schlkn bündeln, 2 Rkn, auflösen, LF re über li 1 Rkn, nach jeder Seite zurückbündeln.

Mit 3er Schlkn auflösen, bündeln, auflösen, LF re über li 1 Rkn. [17–18]

Diese weiter als LF 3 x nach außen und innen im Wechsel mit 3er Schlkn überknüpfen. [19]

Auf LF gegengleich Walzenperlen auffädeln.

Als LF weiter nach außen mit 3er Schlkn überknüpfen, 2 nächste Fäden wieder nach außen überknüpfen.

Nach außen mit 3er Schlkn bündeln. 5 Rkn, Bündel re über li kreuzen, 3 Rkn. [20–21]

19

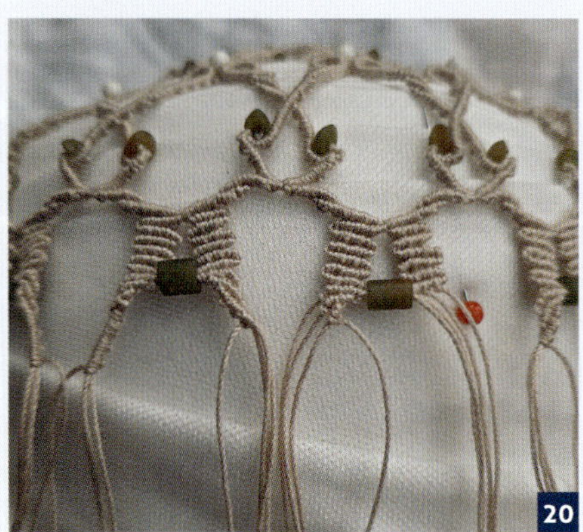

20

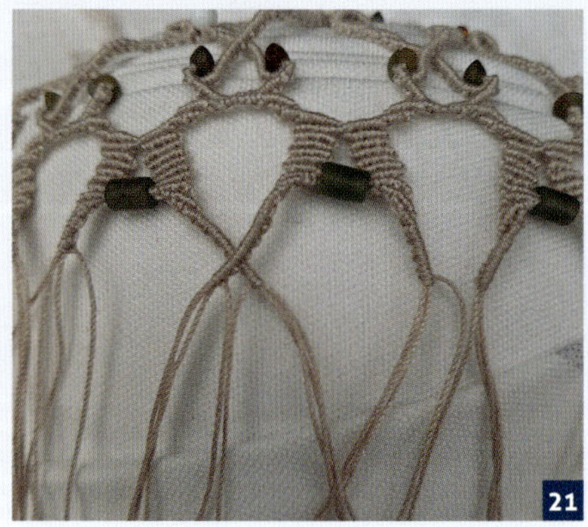

21

AF zum Bündel legen, je 1 neuen Faden à 100 cm mittig aufschieben, inneren Teil über 1-3-1 LF nach außen knüpfen, 2 x: Nadel stecken, über jeden LF einzeln nach innen knüpfen, Nadel stecken, nach außen knüpfen. AF bleibt liegen, von anderer Seite beginnend mit 3er Schlkn bündeln, 5 Rkn im Bogen. **[22–23]**

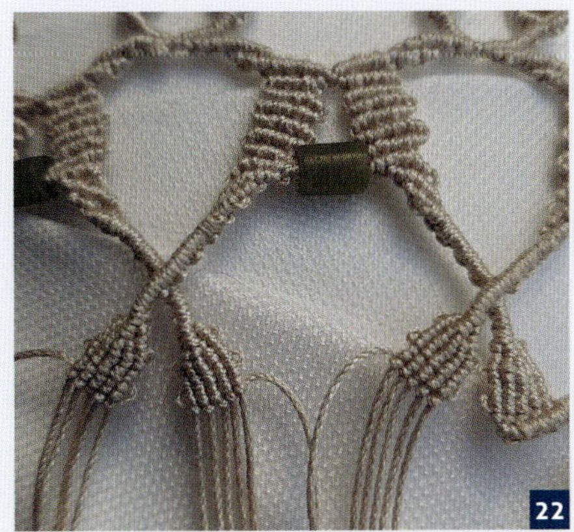

22

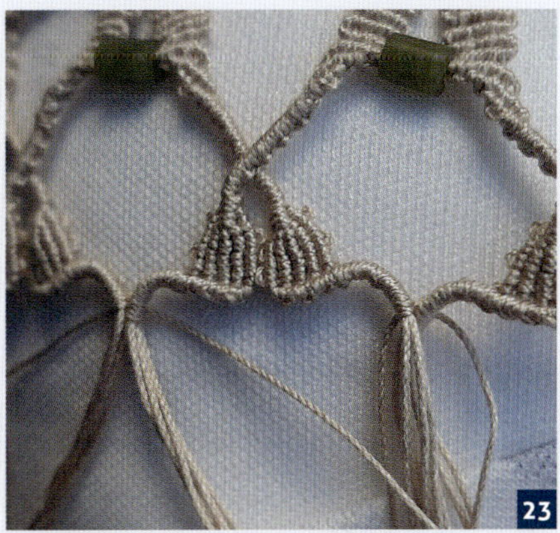

23

AF re über li und über Gegenbündel knüpfen, auflösen mit Rkn. LF schafft Verbindung an Ecke von unten, je 3 Fäden mit 3er Schlkn zurückbündeln.
Innen: 5 Rkn, Bündel kreuzen, 11 Rkn, bei Bedarf 1–2 Schlkn mehr
Außen: 8 Rkn, Perle auf LF gegenseitig auffädeln. 3 Rkn auf Gegenbündel, AF liegen lassen, mit Rkn auflösen, letzte LF re über li 1 Rkn, liegen lassen. **[24–25]**

AF vom Innenbündel liegen lassen und 2 Fäden werden vom Faden des Außenbündels überknüpft, LF auflösen und letzte LF re über li mit 1 Rkn knüpfen.
Auf jeder Seite obersten Fäden liegen lassen, alle Fäden bündeln, 5 Rkn, auflösen.

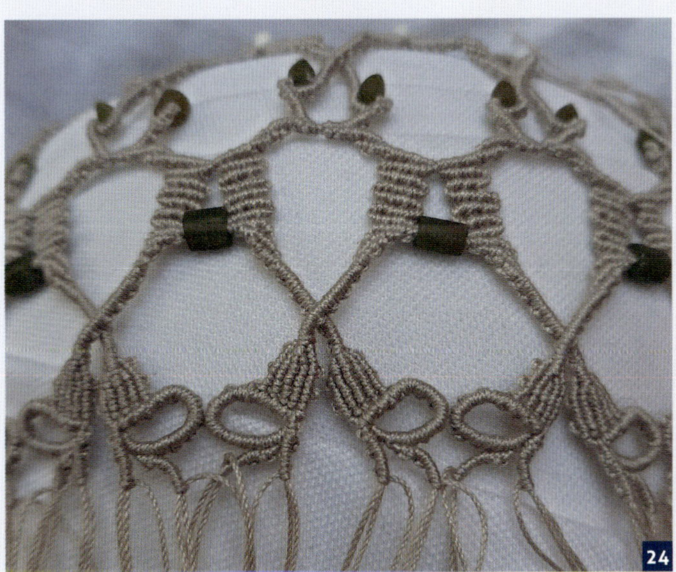

24

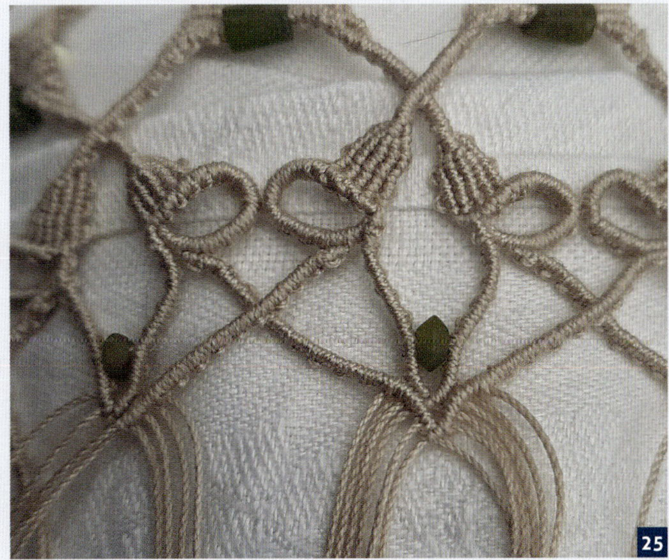

25

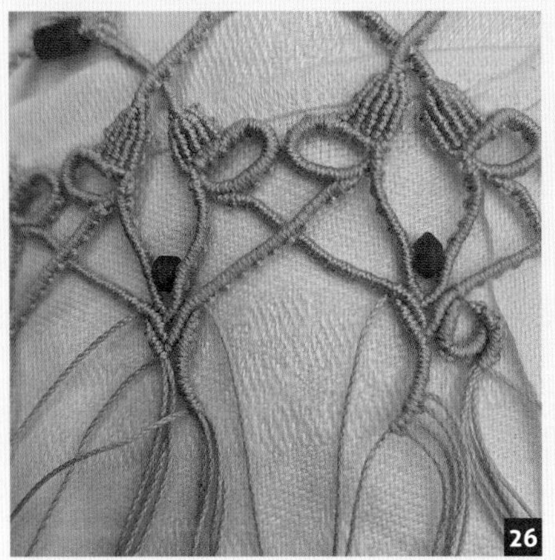
26

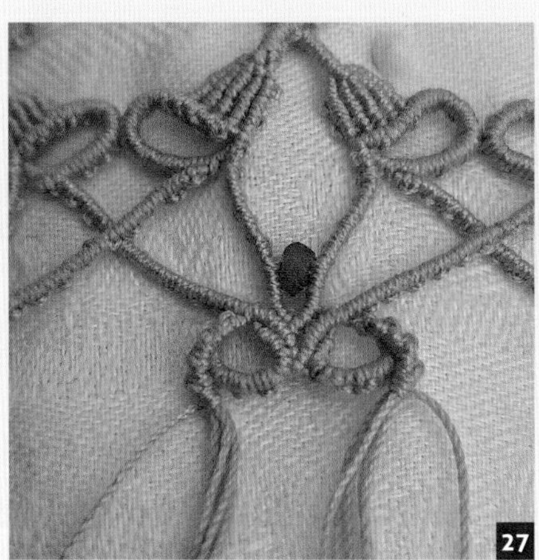
27

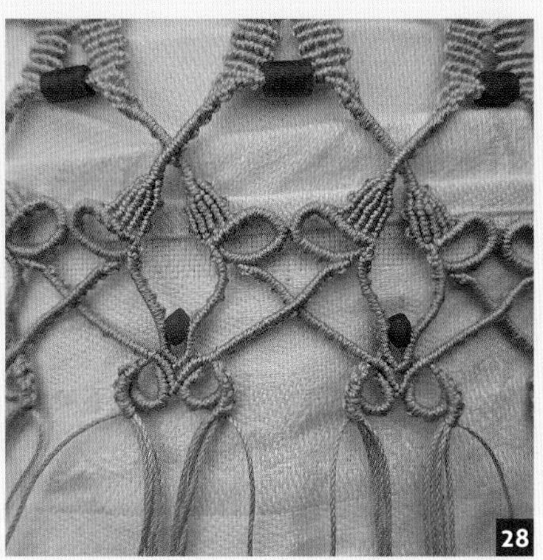
28

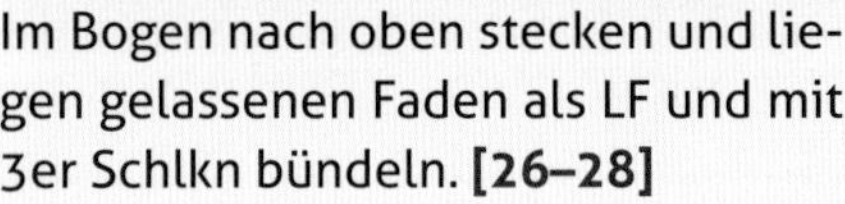
Im Bogen nach oben stecken und liegen gelassenen Faden als LF und mit 3er Schlkn bündeln. **[26–28]**

2 Rkn, 1 LF herausschneiden, auflösen, Perle gegeneinander auf LF auffädeln. **[29]**
LF nach oben mit 3er Schlkn überknüpfen, liegen lassen. Nächsten Faden nach oben überknüpfen, weiter bis Dreieck entsteht. **[30]**

3-mal den oberen Faden als AF mit 3er Schlkn nach unten knüpfen, letzte LF re über li mit 1 Rkn verbinden. **[31]**

Fäden mit Rkn bündeln, 1 LF herausschneiden, Bündel kreuzen, 8 Rkn. AF liegen lassen, mit neuem AF 12 Rkn, Kringel stecken, liegen gelassenen Faden zum Bündel legen. 5 Rkn, Bündel kreuzen, 3 Rkn. **[32]**

Auflösen, Viereck knüpfen: In der Mitte beginnend 2 Fäden re über li und als LF nach außen überknüpfen. Wiederholen, letzte 2 Fäden re über

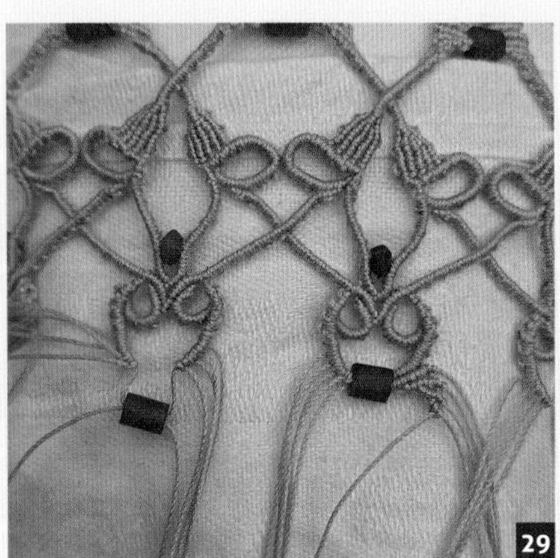
29

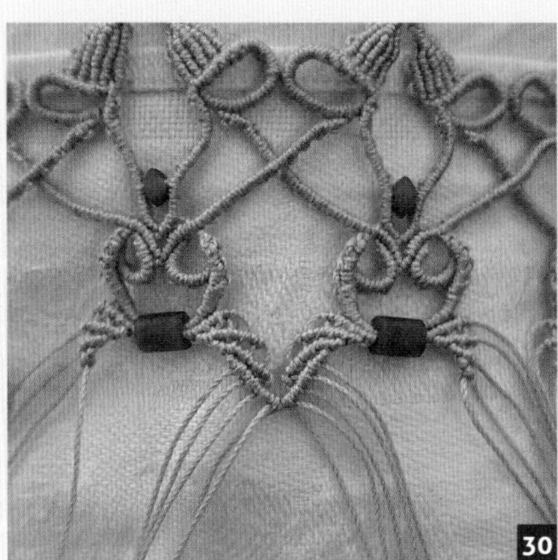
30

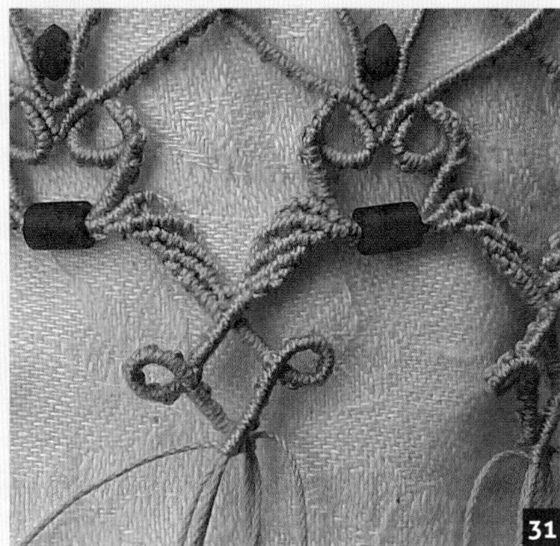
31

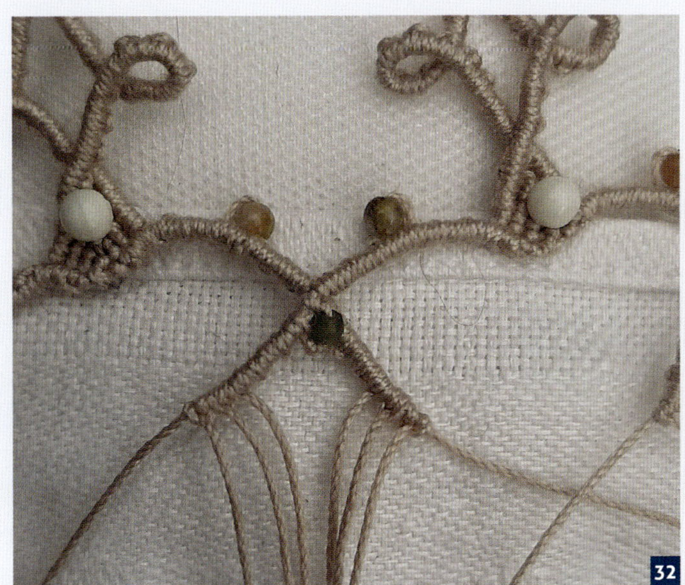
32

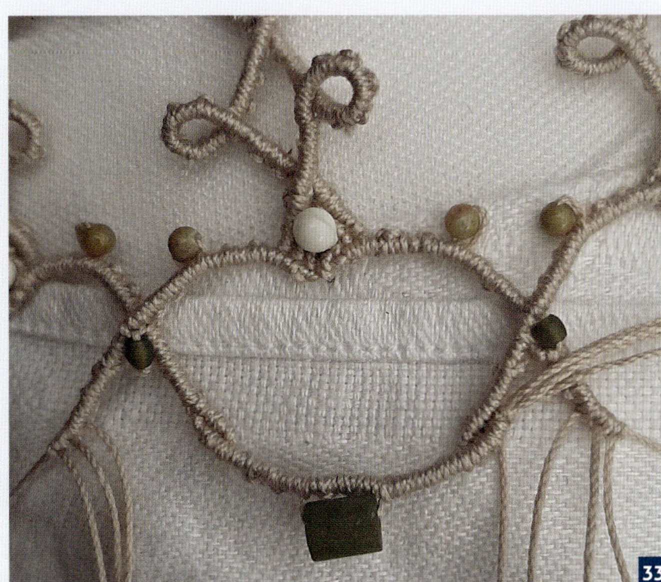
33

li 1 Rkn und nach außen bündeln. 5 Rkn, Perle, 6 Rkn, Bündel kreuzen. Auf li AF Perle auffädeln, jedes Bündel 6 Rkn, auflösen. **[33]**

An einer re Seite eines Rapportes beginnen: obersten Faden als LF nach rechts, bündeln, linke Hand knüpft. *6 Rkn, Perle auf AF, mit neuem AF 5 Rkn, Perlenfaden dazu, 6 Rkn, liegende Fäden dazu bündeln, dabei auf 4 LF herausschneiden, 6 Rkn, Fäden dazu bündeln und wieder herausschneiden.*
Ab * wiederholen, in der gesamten Runde während des letzten Bogens bis auf 1 LF herausschneiden. Beenden. **[34–36]**

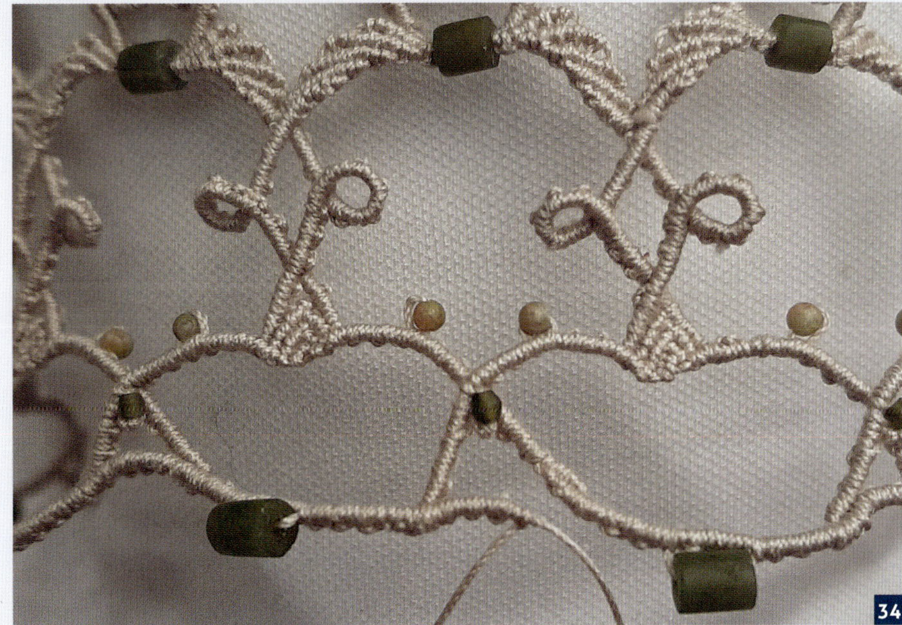
34

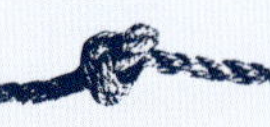

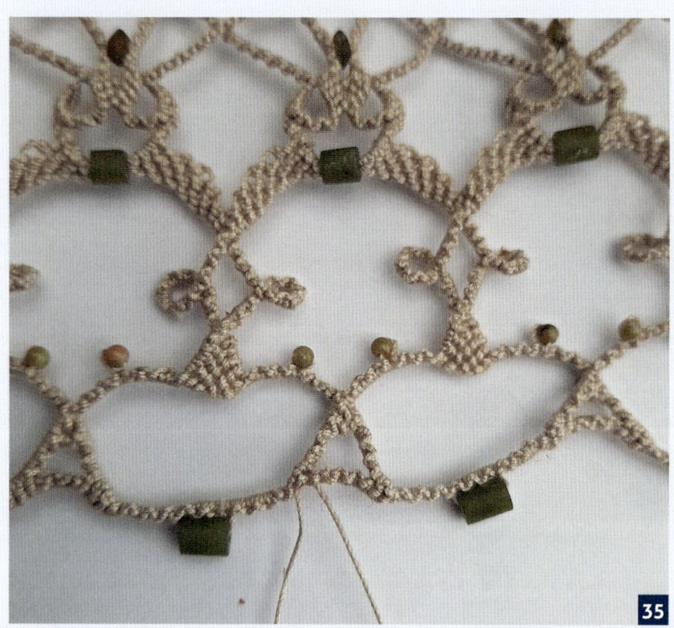

35

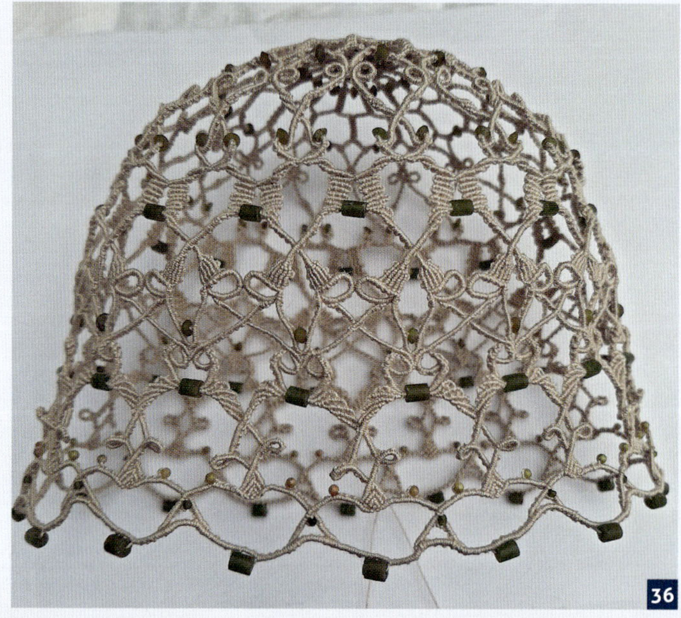

36

Futterbeutel als Schlauch nähen, Seide weiß P10 oben und unten Zugband. [37]

Styroporkugel mit Stoff auf gewünschte Dicke umwickeln. [38]

2 Zugbänder: je 4 Fäden à 300 cm, AF mittig auf 3 LF mit 10 cm freiem Ende aufschieben.
Beliebige Anzahl Schlkn im Wechsel mal nach re und mal nach li knüpfen.
Bei Bedarf Wechsel des AF.
Gegengleich durch Ösen des Pompadours durchfädeln, Enden verknoten und mit Perlen am Ende verzieren. [39]

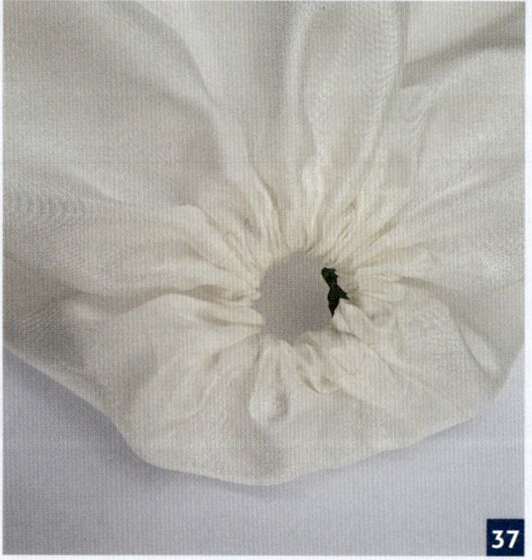

37

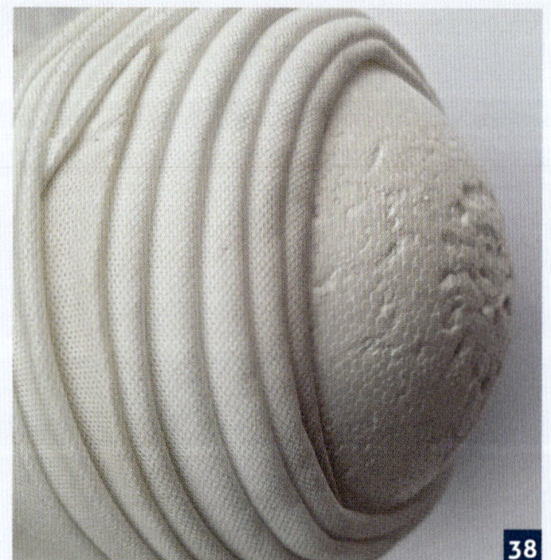

38

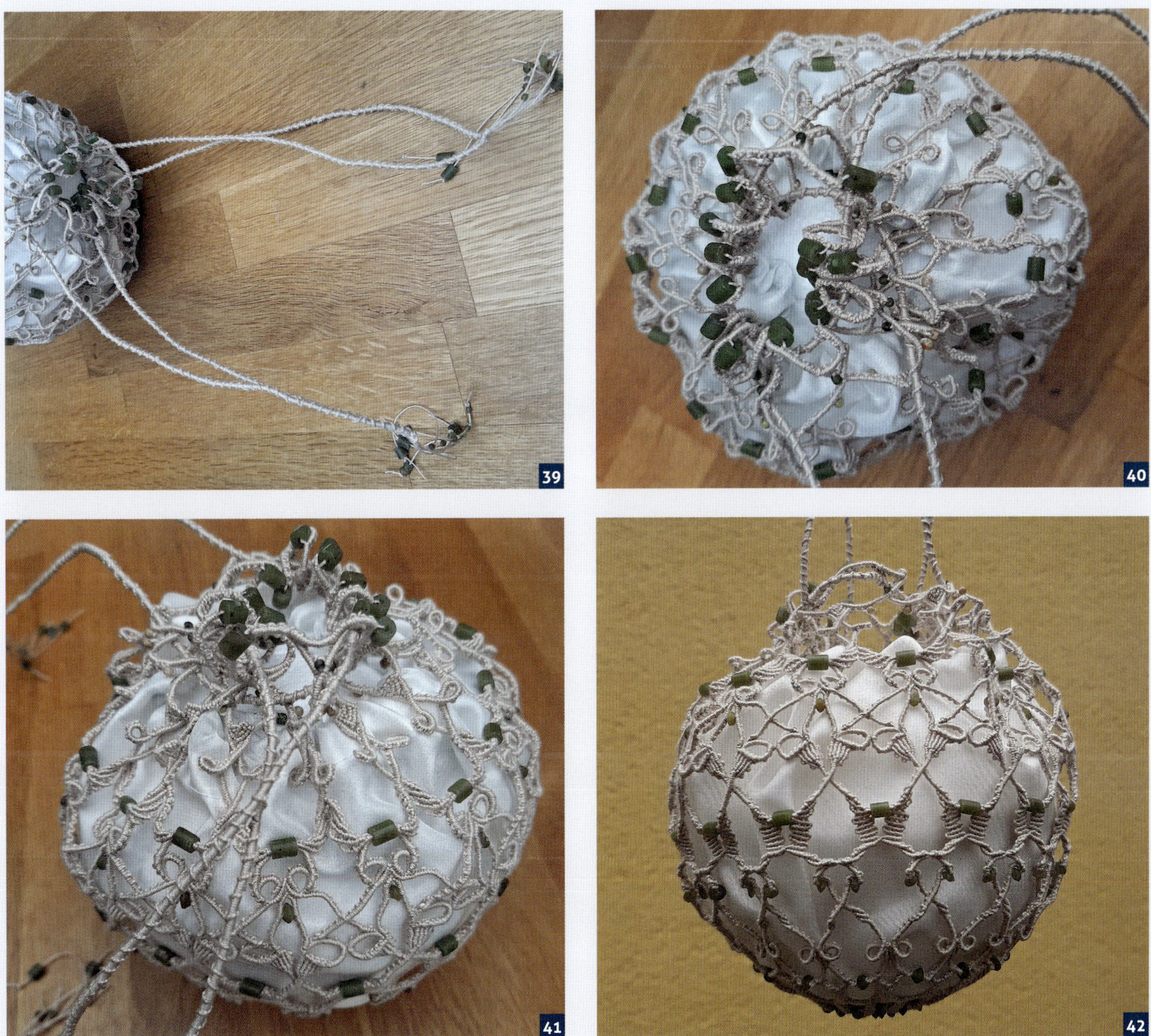
39
40
41
42

Heike Becker, 1959 in Halle (Saale) geboren, ist Handarbeiterin aus Leidenschaft und hat die Begeisterung fürs Stricken, Häkeln und Knüpfen von ihrer Mutter und Großmutter geerbt. Die Mutter von drei Söhnen und gelernte Physiotherapeutin hat vor rund 20 Jahren die Margaretenspitze für sich entdeckt und es in dieser Handarbeitstechnik mittlerweile zu wahrer Meisterschaft gebracht. Seit 2004 gibt sie Kurse dazu. Zahlreiche Ausstellungen und einige Preise zeugen von der Qualität ihrer Arbeiten.

Eine der Margaretenspitze sehr ähnliche Technik ist Makramee. Schon als Kind hat sie ihrer Großmutter beim Makramee-Knüpfen zugeschaut und sich zu eigenen Arbeiten inspirieren lassen. Diese alte, einfache Technik in Verbindung mit Details aus der Margaretenspitze bringt trendige und wunderschöne Ergebnisse, wie sie in ihren Büchern beweist.

2013 erschien ihr Buch „Margaretenspitze" in unserer Reihe „ABC der Handarbeiten", das mittlerweile viele Fans gefunden hat, es folgten 2014 „Weihnachtliche Margaretenspitze", 2015 „Schmuck in Margaretenspitze" und 2019 „Dekoratives in Margaretenspitze". 2017 erschien in der Mach mit!-Reihe des BuchVerlages „Makramee – dekorativ und schön".

www.heikesmargaretenspitze.de

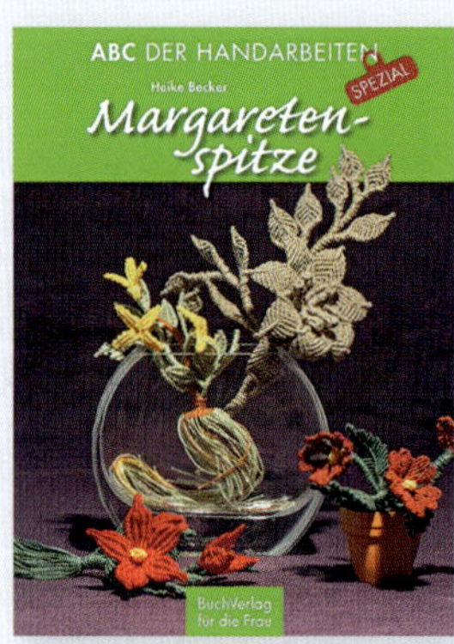

Margaretenspitze
ISBN: 978-3-89798-391-5

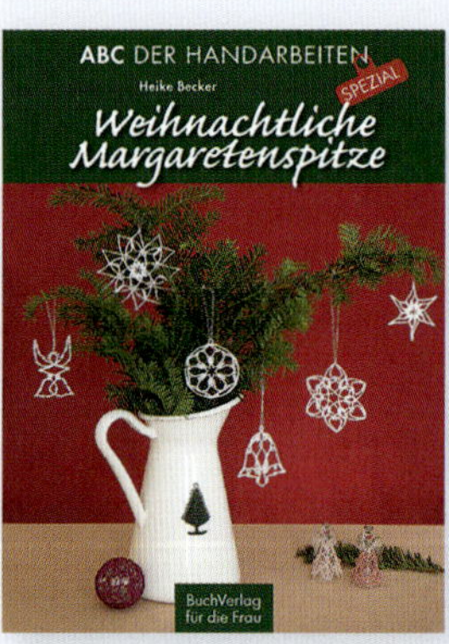

Weihnachtliche Margaretenspitze
ISBN: 978-3-89798-467-7

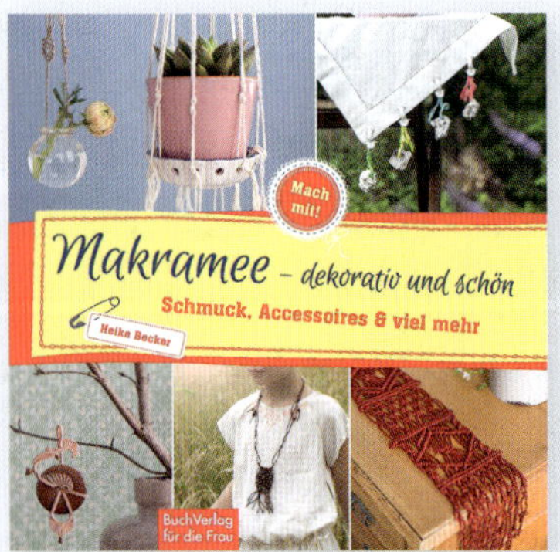

Makramee- dekorativ und schön
ISBN: 978-3-89798-524-7

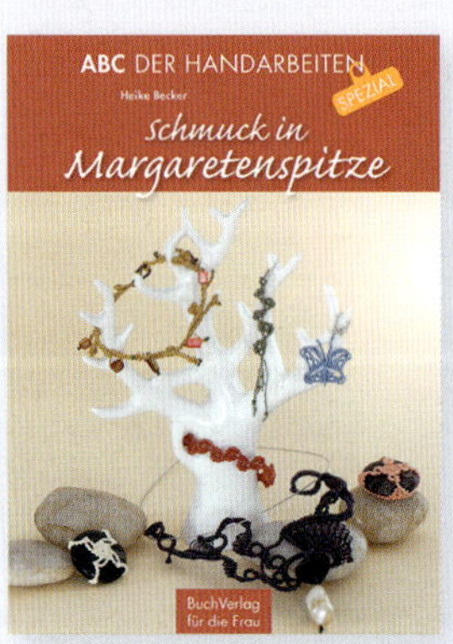

Schmuck in Margaretenspitze
ISBN: 978-3-89798-483-7

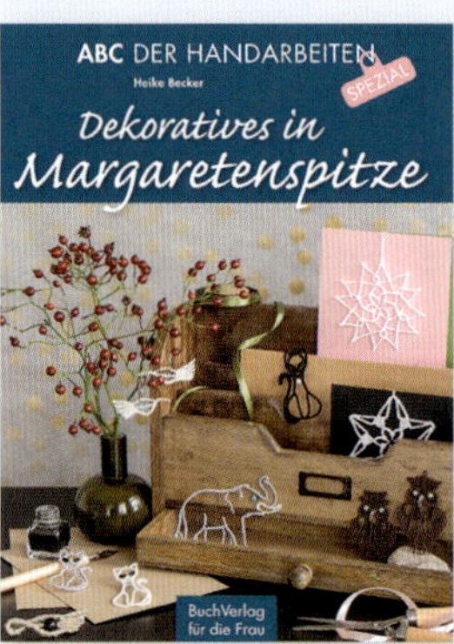

Dekoratives in Margaretenspitze
ISBN: 978-3-89798-557-5